潘军文集

第捌卷

剧作卷

文化艺术出版社
Culture and Art Publishing House

在书房（2011年10月，北京）

| 写作中（2006年10月，北京）

皖河边上（2009年夏，怀宁）

在外景地（2009年12月，河南）

和女儿在话剧《霸王歌行》首演海报前合影（2008年3月，北京）

北京人艺演出话剧《合同婚姻》海报（2004年3月，北京）

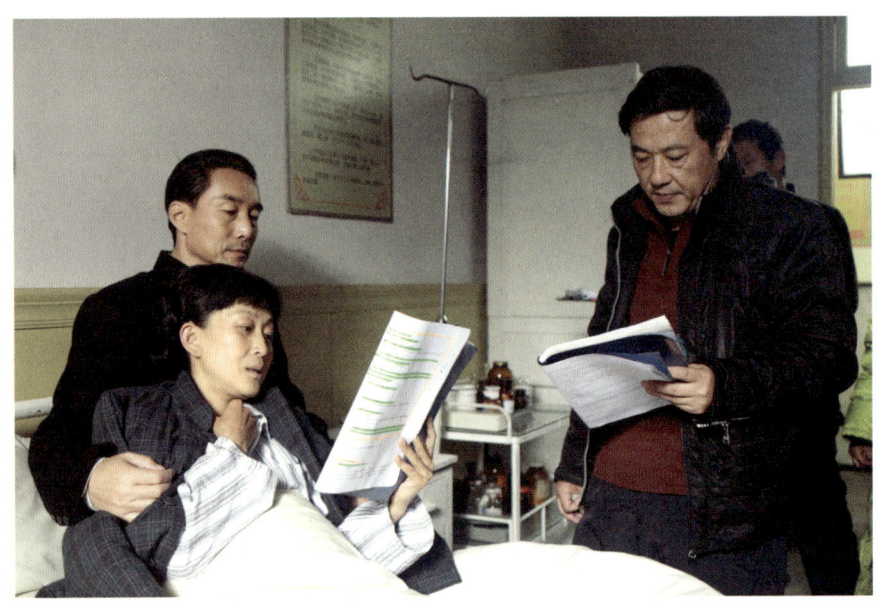

|《粉墨》拍摄现场,与演员陈瑾、施京明(2010年12月,上海松江)

|《河洛康家》工作照,和主演陶红(2009年11月,河南巩义)

在拉斯维加斯（2012年1月）

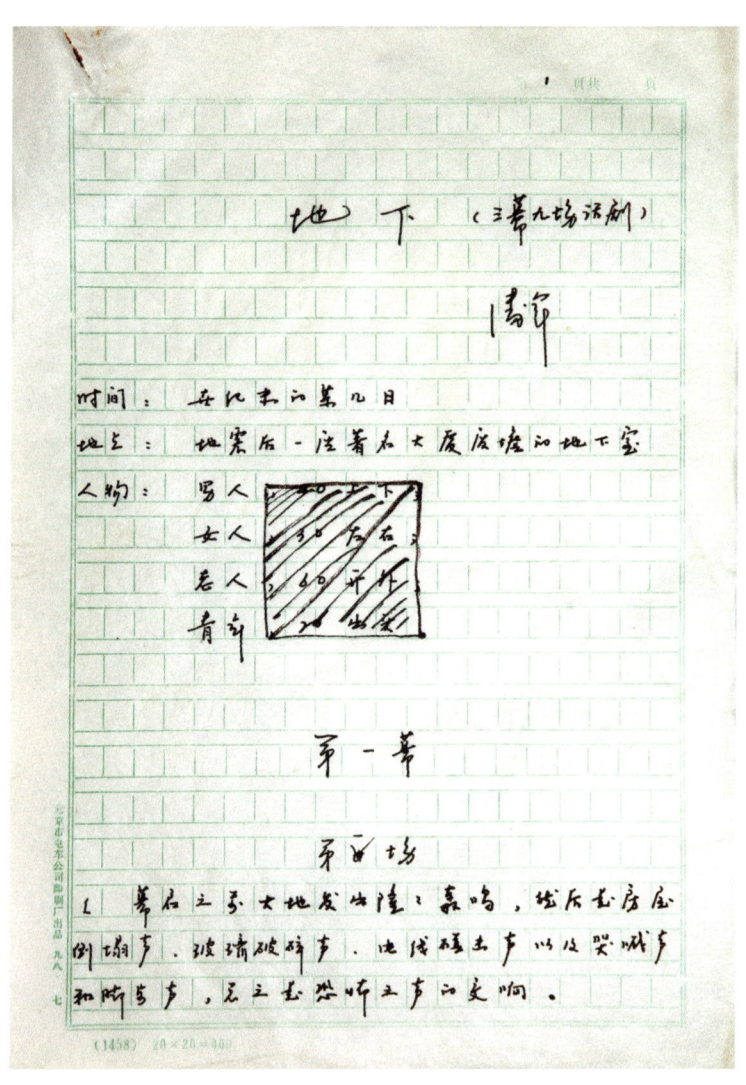

《地下》手稿

《潘军文集》第八卷
目　录

话剧

地下 …………………………………………………………… 3
合同婚姻 ……………………………………………………… 40
重瞳——霸王自叙 …………………………………………… 73
　　附录：
　　　从小说《重瞳》到话剧《霸王歌行》………………… 107

戏曲

江山美人 ……………………………………………………… 115
爱莲说 ………………………………………………………… 140

电影

草桥的杏 ……………………………………………………… 169
纸·盒子 ……………………………………………………… 217
天亮 …………………………………………………………… 261
天足 …………………………………………………………… 297
重瞳——霸王自叙 …………………………………………… 343
　　附录：
　　　关于电影《重瞳——霸王自叙》的编导阐述 ………… 396

潘军文集

第捌卷

话剧

地 下

（三幕九场话剧）

时　间：世纪末的某几日
地　点：地震后一座著名大厦废墟的地下室
人　物：男人
　　　　女人
　　　　老人
　　　　青年

第一幕

第一场

　　［幕启之前大地发出隆隆轰鸣，然后是房屋倒塌声、玻璃破碎声、电线碰击声以及哭喊声和脚步声，总之是恐怖之声的交响。
　　［一阵尖锐的救护车声呼啸而过，渐远。静场片刻，幕启。
　　［最初舞台上几乎一团漆黑，渐渐看清了天幕上出现的一场地震之后的破败景象。这是个黄昏，但舞台上应该是我们常挂在嘴边的那种"伸手不见五指"的黑暗，因为这是地下。不折不扣的地下。我们之所以看清了一切，是借助了主观的光。这种"规定情境"预示着这台话剧将呈现出有趣的欣赏——剧中人蒙在鼓里，我们却一目了然。
　　这应该是一个大厦的地下层，也即 B 层，很空旷——我们将会看到两个光区或者表演区，客观上它们没有联系，距离使之产生隔绝，连声音也受到阻碍。

舞台上横七竖八地躺着钢筋混凝土的断裂部件，还有压扁的汽车，地上散落着电线、摩托车头盔等东西，这些凑到一块却十分像一个现代装置，自然也是一面出色的布景。在静场中，我们听见了清晰的水滴声，滴得十分均匀，让人不禁想到时间这个庞大的概念。

可能是因为这格外透明的水滴声起了作用，我们突然发现一个东西动弹了，之前我们以为他也是某节断梁。这是个男人，仿佛大梦初醒，对几小时前地上发生的事浑然不知，看来遗忘是很容易的。

男人　（像平时那样懒散地打了个哈欠）又停电了？这阵子怎么老是停电？还真黑……（拎着裤子像是要去卫生间）门呢？这屋子面积怎么一下子变大了？（忽然想起）我的天！她还是让人把这堵墙打了！我说过多少次，这墙是承重墙，随便乱打是会惹出事的，弄不好整个楼都会塌掉！可，可她就是不听！她非得要弄出一个大点的厅来！要这么大的厅干什么？现在又不流行开家庭舞会了，即使想跳舞，花几块钱去体育场呀！我不会阻挡的……（叹气）唉，还是偷偷让人把墙打了。其实该打掉的是我那面墙。你把我长期撂到那间小屋里算怎么回事呀？那本来是女儿住的嘛！女儿如今也大了，你不穿高跟鞋还没她高呢！你们睡一床看上去别扭，再说，我又不老……没办法，还是打了！（发觉有点不对头）不对呀，这屋子也忒大了点。这比我们部长家还宽敞……这是哪儿？我怎么越摸越没谱……（尿憋得难受）没办法，管不了那么多了！（四下摸摸）这儿没彩电吧？（扯开裤子撒尿）啊，舒服！黑暗中撒尿还真是人生一件美事……

［男人的尿声听起来像雨似的。

［这声音打破了女人的梦境，她从一根倾斜的柱子后面爬起来。

女人　（梦呓般地）又下雨了？

［男人大吃一惊，听着。

女人　这阵子怎么老是下雨？想晒个被子都这么难……这雨怎么骚烘烘的？

男人　（慌张而语无伦次）你，你不是带孩子去北戴河了吗？我实在是……

女人　你做得太过分了。

男人　我可能是做过分了点，可这憋的滋味只有当事人才能体会，我实在不知道这儿是家……

女人　（有所触动）家？你总算还知道有个家……一走就是三年，把我们娘儿俩撇到一边

男人　（有点困惑）那是我梦中打的主意，我觉得在家里是个多余的人，就像丢到晾台上的那辆旧单车，不过打打气还能去菜市上遛遛。（觉得不可思议）你居然能看见我的梦？要不，就是你还在发梦——像你这种大白天里都唉声叹气的女人，梦里一般都会把自己看成是秦香莲的姐妹，这很自然……

女人　（抽泣起来）你太狠心了！

男人　你看，还加码了！不过说实话，我宁可在黑暗中听见你的哭泣，也不愿在白天里面对你的白眼。哭可能会令你伤心，但也令我感动，所以你每日一哭我就很快打消了某种念头，觉得你也不容易……

女人　你才知道?!

男人　不，我早知道了。其实从我们结婚的那天起，我就知道你嫁错了人，或者说我娶错了人。面对一个怨妇，我还有什么可说的呢？我是不会混，小四十的人了到现在还只是个副主任科员，但作为老婆你不能给我白眼，否则我就觉得整个人类没希望了。你更不应该用分居来惩罚我……

女人　（转为生气）你给我住口！照你的意思，分居是我有意造成的？

男人　我认为是你的责任？

女人　你放屁！当初是你口口声声地说机会难得，是你念念叨叨说学位重要……

男人　（不解地）这与学位有什么关系？我是没有学位，但不等于说就可以随便分居呀？

女人　你还好意思谈分居！（又开始抽泣）你一个人在外面花天酒地，我们娘儿俩对付一顿是一顿。我一个不到30岁的女人，平白无故地守了三年活寡……

男人　（着急地）你醒醒好吗？

女人　（哭泣止住）我没说梦话！

男人　（摸索着走过去）好好，趁现在我们都清醒着，孩子又不在家，好好谈谈……在哪呢？你咳嗽一声好吗？

女人　你以前不总是说我在你心里吗？

男人　我可没这么说过。我现在只想你在我床上……（摸到了女人，想抱）

女人　你别说来就来，这么久了，我还真不习惯。

男人　其实我也不习惯……不过，小别胜新婚呢！

女人　三年，这种小别我可不想再有了。

男人　三年？（自嘲一笑）以前说新三年，旧三年，缝缝补补又三年……

女人　你拿我当袜子呢？

男人　不，我给你当被子……（拥抱女人，突然感觉异样）你，你怎么一下变得这么胖？我都搂不过来了……

女人　（打掉男人的手）你撒手！回家抱你的苗条女人去！

男人　这是从何说起？在这个地球上我就一个家呀！

女人　这不是你的家！你滚！

男人　毕竟我俩还没离婚嘛，你让我往哪滚？

女人　（委屈而泣不成声）我知道，你回来是和我办离婚的……你变了，你嫌弃我……你走的时候我121斤，这三年我掉了15斤，可你还说……

男人　（暗自吃惊）那也还有106斤呀？你历史上体重可从来没有超过……

女人　（打断）王志平！你想离婚就实实在在跟我提别拿我的体重当借口！

男人　（恍然大悟）我明白了……怪不得这三年来你总是跟我过不去，原来你心里惦着的是另一个男人！你说，王志平是谁？

女人　（也有所困惑）你，你的手呢？

男人　（伸手）手可以给你，但今天你必须把话说清楚……手在这！

［女人抓住男人的手突然咬了一口，男人就惊叫起来。

男人　（气愤地）你居然还敢咬我！

女人　（严厉地）我要让你记住，你的中国名字叫王志平！

男人　我不是王志平！

女人　你真不害臊！你可以忘掉这个家忘掉你的妻子儿女，可我没想到，你连你的名字都忘掉了！

男人　（大为困惑而又无奈地）我什么时候叫过这么个破名字的呀，小琪！

女人　（惊讶）小琪？

男人　（镇静下来）陈小琪，咱们毕竟是读过书的人，有什么话坐下来好好说，这么东一榔头西一棒的，我都弄糊涂了！

女人　好，那我现在就让你清醒！（挥手就是一耳光，居然打着了）

男人　住手！你……你千万住手！我，我清醒了，我完完全全清醒了！小姐！

女人　小姐？

[两个人架在一起。

男人　是的，小姐？我们错了！我不是你丈夫，你也不是我老婆！

女人　（惊吓地后退）那，那我们是谁？

男人　（沮丧地）我们是一个男人和一个女人，我们压根儿就不认识！

女人　那，那我们怎么关到一间黑屋子里了？我可什么也没干呀！

男人　小姐，你别急，这儿不该是牢房，没有这么宽敞的牢房……你看得见我吗？

女人　我只听得见你的声音。

男人　我也是一样。你还记得现在是什么时间吗？

女人　（努力回忆）好像是黄昏了吧？我刚刚来接班……

男人　你干什么工作？

女人　我原来在纺织厂，后来厂子倒闭了，就到处找事做。我到这儿来看车，今天是第一次上班。

男人　这就对了。是黄昏，我到这儿来取自行车……然后，感到有人从后面猛推了我一把……

女人　我可没推你！我可能伏在桌子上打瞌睡呢！

男人　（彻悟）天哪！

女人　（害怕地）怎么了先生？

男人　（悲伤地）我们被埋在地下了！

女人　（惊讶地）埋……地下了？！

男人　（悲痛欲绝）该死的地震！

女人　（惊恐不已）地震?！不，不，这不可能……（哭泣）这不是地震！

男人　（放声大喊）喂——这儿还有活的！

喂——这儿埋着活人呢！快来挖我们上去——

［切光。

第二场

［灯光复明，照出的是另一个表演区。那边是一个电梯口，还有一个大约是停电时使用的步行楼梯的一角。

［老人和青年看上去像是来出差的外省人，携带着行李，穿着也很整齐。和第一场的人物相比，他们显得理智而清醒，对目下的处境胸有成竹。现在，老人似乎很悠闲地坐在自己的黑皮箱上，青年却站在楼梯台阶上倾听着。

青年　我好像听见那边有人在喊……还不止是一个人……

老人　那是错觉，年轻人。

青年　（厌恶地）你怎么还用这种口气对我说话？

老人　我说错了吗？

青年　你的话或许没错，但你的口气错了！你大概又忘记了现在的处境吧。

老人　我对眼下的处境很清楚。我们是在地下。

青年　那就请你不要再用地上的口气对我说话。那种口气牵动的表情让我很不舒服。

老人　（冷笑）你居然还能看见我的表情？

青年　（走下台阶）还需要看吗？我此生的不幸之一，是在黑暗中也摆脱不掉你的这种表情……与你一起埋到了地下，真是不可思议！

老人　（站起身，理理衣服）看来，人与人过于熟悉了，未必是一件好事。它至少限制了你的想象力。（踱步）其实，我倒希望你能忘掉我的表情而记住我的背影。

青年　（也冷冷一笑）你这么一说，我还真觉得你的背影有时候还是很动人的，比如说，上台领奖的时候……

老人　我知道，你们年轻人在嫉妒我，总认为我得到的太多。所以我已经在遗嘱中写明，把那笔奖金平均分配给你们青年人，我只看重荣誉。

青年　你以为那是荣誉吗？

老人　（困惑地）怎么，你对荣誉本身也持怀疑态度？

青年　你这么表达不准确，是那份荣誉本身就很可疑。

老人　这倒令我困惑了。我还是第一回听见人说，世界上有可疑的荣誉。这可是连叔本华也没有涉及的命题，倒很有趣。就像地下一样有趣——什么都改变了，变得让我很不适应。你刚才说，我说话的口气还是地上的样子，我想这或许是个错误。可是你完全使用一种陌生的方式同我对话，这难道不算是更大的错误？

青年　（自责地）不，我的错误在于应该用现在的这种方式——地下的话语方式，在地上与你对话。这才是我的错误，致命的错误。

老人　尽管你的观点还有待于推敲，不过我还是为你这种勇于承认错误的态度而高兴。你没觉得此刻我正面对你微笑吗？

青年　可是你的微笑同样让我不舒服。我感觉不到这种笑容的温度。

〔沉默。

〔老人重新摸回原来的地方，打开皮箱，拿出矿泉水和一包点心。

老人　还是暂时放弃那种有形而上之嫌的讨论吧，我们该吃点东西了——我还是应该谢谢你的提醒，否则我恐怕不会买上这一堆有利于心脑血管健康的食品。现在，我更关心的是我的胃。你要不要尝点？

青年　（卸下背包，也拿出食品）我有。

老人　（边吃边说）你不觉得奇怪吗？

青年　什么奇怪？

老人　我们这么丰衣足食地准备着，似乎有意在等待着这场考验。

青年　这只是个富有戏剧性的巧合。不过，你老人家的回忆录肯定会多上几页了。

老人　（叹息）这个时候说回忆录显得有些多余了。我只祈祷在这些食品消耗殆尽之前，听见上面响起挖掘机的声音……

青年　你认为我们会活下去吗？

老人　（生气地）这一点你也怀疑吗？

青年　我有怀疑的权利。（激动地）当初建这座大厦时，我们就怀疑过它的抗震能力。为此我们先后给你呈过五份报告，你压根儿就不理睬。

在你眼中我们永远是乳臭未干的毛头小伙子，不能让你产生信任。那时候你在想什么？作为这项工程的负责人，你想的是走下飞机舷梯时的荣耀，面对众多镜头的剪彩以及这个城市给你的荣誉……你不觉得惭愧吗？

老人　作为外请的专家，就只负责这座大厦的框架设计。防震应该是基础部门的责任。

青年　（气愤地）你这是狡辩！如果你没责任，我们干吗要出差再来这儿向人家道歉？

老人　我们只是起一点安慰作用，对方也并没有提出让我们负责。问题不是出在框架上。比萨斜塔的框架歪曲了几百年，不仅没有倒塌，反倒成了举世闻名的奇观……

青年　照你的意思，我们造了一片风景？因为北京的圆明园也是由于废墟而扬名四海的。

老人　（缓和地）这个问题，还是等回到地上以后再讨论吧！

青年　（沉重地）不，我们上不去了……

老人　（严肃地）在这样的时刻，我不能允许你散布这种悲观的论调，这很危险！

青年　我倒觉得，在危险的处境里谈论危险的话题，也不失为人生一件趣事。

老人　你这种情绪令我失望！

青年　事实是你从来就不对我抱有希望。在地上，我的作用充其量不过是你老人家的一根拐杖。不过，现在情况不同了。你对我开始寄有希望了。这希望是在地下诞生的，或者说，是黑暗使你对我产生了希望……

［灯光渐暗。而另一个表演区则渐明。

第三场

［灯光渐明后，天幕转为夜晚。废墟的轮廓挑着一弯惨淡的月亮，气氛有几分可怖。

［现在，男人和女人都已精疲力竭。男人沮丧万分地支着脑袋，女人仍在低声抽泣着。

男人　（心烦意乱地）你哭够了没有？

女人　（泣不成声）没有人知道我们在地下……我们会死的！

男人　暂时还死不了……

女人　可我会死！

男人　你那么大块，要死也一定会死在我之后……咱们干吗老谈死呀？不是还在说活吗？

女人　我怎么这么倒霉呀！（又开始哭）

男人　又来了！小姐，你就认命吧！（站起身摸向女人那边）其实，依我看老天爷对咱们不薄……

女人　还不薄呢！

男人　你听我说。假如我早一分钟来取车，假如你迟一分钟来接班，情况肯定比现在要惨，没准儿就砸死在大街上了。这是一。第二，你丈夫在美国，儿子在乡下姥姥家；我呢，今天一早老婆带女儿去北戴河旅游了！她们肯定都没事，安安全全的……

女人　（情绪有所好转）还有第三吗？

男人　有哇！第三就是安排我们滚到了一块……

女人　（警惕地）一块怎么了？你可别往歪处想！

男人　你？！

〔男人突然不说了。

女人　（着急地）先生，你怎么不说了？

〔男人还是不吭声。

女人　（越发着急地）先生！先生！

男人　（淡笑）怎么样，这黑漆漆的地下，两个人是不是比一个人强点？

女人　（不好意思）先生，对不起……

男人　咱们这也算是同舟共济吧！

女人　先生，同舟我懂，共济怎么讲？

男人　共济就是有东西一块吃……

女人　别说吃好吗？

〔女人肚子里发出饥肠辘辘声。

男人　什么响？

女人　是，是我肚子里响……

男人　很抱歉，我不该提……那个字。（故作松弛）这儿水倒不缺，就缺……那个。我们真还得想办法找点那个，没有那个，恐怕就死定了……

女人　（痛苦地）可我不想死！我儿子明年就该上小学了！

男人　你以为我就那么想死吗？放心，我们不会死，不会，至少一时半刻还不会死……（摸到一根柱子上躺下）我想上面该在抢救了，没准儿一觉醒来就轮到挖我们了。

女人　（埋怨地）你还有心思睡觉？你睡得着吗？

男人　睡得着睡不着没关系。我总还是个男人，这种时候我应该从容点。

女人　那你这不是在等死吗？

男人　其实，在地上活着也挺累。我忙忙碌碌几十年还不知忙了些什么。这下好了，一了百了。

女人　（着急地）可你刚才说老天爷让我们滚到一块，就是让我们做伴活下去！

男人　（欠起身）我这么说过？

女人　你就是这么说的！

男人　（站起来）这话还真叫人感动！你看，我的脸都红了……

女人　我拿什么看呀！

男人　你，你可以拿手"看"呀！要是发烫就说明红得厉害……来，脸在这。（摸过女人的手往脸上放）是不是很烫？

女人　（突然缩回手）你什么意思？凭什么让我摸你？

男人　（尴尬地）都这步田地了，我还能有什么意思？你生气了？

〔女人不吱声。此时他们差不多就是面对面地站着，但他们不知道。

男人　你肯定生气了。你鼻孔里呼出来的尽是凉气。

女人　（吓得后退一步）离我远点！

男人　这黑咕隆咚的我哪分得出远处……（七转八转，一下撞到了女人身上）

〔两人同时跌倒。

男人　（慌乱地）小姐，我不是故意的！小姐，你没事吧？小姐！

女人　（生气地）我没死！

〔男人吓了一跳，一边擦着女人喷到脸上的唾沫星子，这下他也生气了。

男人　（气恼地）我告诉你，别太拿自己当回事了！还蹬鼻子上脸呢！你以为你是谁呀？有这副好嗓门你朝上面喊呀？也不想想现在是什么时候……

〔女人突然哭泣起来。

〔音乐渐起。

女人　（难过地）先生，别怪我……我只是不习惯……我有三年没和一个男人在黑屋子里待过，对不起……

男人　（叹息）我不怪你。（停顿片刻）其实我这个人不坏。要不我怎么在机关待了18年还只是个副主任科员呢？（转为忧伤）打小我妈就说我心眼死，后来几乎所有的老师都说我没开窍，再后来工作了，处长科长又说我不灵活，如今我老婆也一直埋怨我太窝囊，连我刚上初中的女儿居然也说我不会混——还是当着她同学的面说的！可我，我就是不知道自己哪儿出了毛病……算了，不说了。还是抓紧时间想辙弄点吃的——这个字躲不掉。可上哪儿弄呢？这儿要是个超市就好了……你肯定饿坏了吧？

女人　（捂着肚子）还行……

男人　别骗我了，也别回避，这或许能激发我的想象力，我就不信这儿找不到一点吃的

女人　我有点闷。这儿好像没空气了……

男人　我倒觉得到处凉飕飕的。

女人　那是寒气。

男人　寒气也是气呀……

〔切光。幕落。

第二幕

第四场

〔幕启，天幕上又是一个白天，晴空万里。地下似乎也明亮了——当然是主观的光效。

〔首先亮起的是老人和青年的这个光区，我们可以看见老人在电梯间

用电动剃须刀剃须,然后又用小梳子梳头,一切如同地上的生活。青年在台阶上蜷伏着睡觉,用衣服盖着身体,分垫着头。

〔老人走出电梯间,开始打太极拳。

青年　(被声音弄醒)你倒是井井有条,和地上的生活毫无二致。

老人　我讲究秩序。

青年　(坐起来,用矿泉水漱了下口)我现在有点佩服你了。你这也算得上是大将风度,泰山崩于前而面不改色。

老人　我不过是个乐观主义者而已。在困难面前,人是需要一点精神的。

青年　(发出笑声)精神?

老人　这可笑吗?

青年　(走下楼梯)这座大厦是你设计的,你清楚现在我们这个位置很利于被发现,所以你的乐观确实有点可笑。用不了24小时,我们就被救上去了。到时候,你老人家又会上台作关于乐观主义精神的报告了。

老人　(气恼地)不像话!弘扬这种精神难道也值得你怀疑吗?

青年　不,我不怀疑。不过我有责任提醒你,你我随身携带的食品也就够对付24小时了。要是这之后上面还没有动静的话,你的精神恐怕就不起作用了。

〔老人停止在某个架势上,显然他有点心虚了。

青年　那时候,你设计的这座大厦便成了你最豪华的坟墓,我也成了你的殉葬品。等我们被挖掘出去,应该开始腐烂了……

老人　(恐惧而恼怒地)住口!你以为几句危言耸听就能动摇我的意志?

青年　但愿没有。我祝你老人家万寿无疆。

〔青年开始在台阶上做俯卧撑。

〔老人渐渐垂下了脑袋。

〔灯渐暗,另一个表演区渐亮。

〔转入另一个光区。可以看见男人和女人都在地下摸索着。

男人　你摸到什么没有?

女人　还没呢。

男人　无论摸到什么都别扔。

女人　（摸到头盔）一顶头盔。
男人　可以拿它当盆使。（摸到一团电线）我摸到了一团电线……
女人　留着晾衣服吧。
男人　晾衣服就算了。滴下来的那点水活命就不错了。也许有别的用处……（摸到一个罐头样的东西，尝了一口又吐出来）呸！
女人　（吓了一跳）怎么了？
男人　车蜡！我还以为是罐头……
女人　（有所启示）车蜡？
男人　没错，味道还挺高级的！
女人　（突然兴奋地大叫）我们有救了！（激动地向这边摸过来）你在哪呢？
男人　（击掌）在这……对，我碰到你的手了……（抓住女人）
女人　（拿过车蜡）太好了……
男人　（不解地）这东西不能吃，你别饿糊涂了！
女人　（越发激动地）我没糊涂，这儿有车！
男人　车？
女人　至少有一辆汽车，是白色的面包车，我接班时办的手续……车上肯定有吃的东西！
男人　你没记错？
女人　绝对不会！
男人　在哪个位置？
女人　我看不见呀！
男人　没事，只要有，就不会从我手中漏掉？
女人　你等等？刚才那团电线呢？
男人　在这，要它干吗？
女人　（拿过电线）把一端系在男人腰间，另一端自己握着）我不动，你动；以我为圆心画一个圆？
男人　（兴奋地）嗨！你可真有本事！
女人　（骄傲地）让我们开始吧！
〔音乐起。男人开始了搜索。
男人　我要来一个地毯式的轰炸！

女人　小心别碰着！

男人　放心……

女人　用手护着脑袋！

男人　护着呢！

女人　祝你成功！

男人　祝我们成功！

女人　要我为你唱支歌吗？

男人　省点力气，等我摸着了再唱……

〔男人接触到汽车，发出"咣"的一响———一束强光射在汽车上。

男人　（激动地）我，我……我摸到了！

女人　（不敢相信）真，真的？

男人　（用力敲击车身）你听！你听！

〔音乐声大作。

〔舞台上一片辉煌。

〔女人顺着电线摸到男人跟前，突然晕倒……

〔切光。

〔另一个表演区渐亮。

〔一阵汽车声……

〔老人从沉睡中惊醒而起。

老人　你听！这是什么声音？

青年　（懒散地）是汽车声。

老人　（如释重负地）他们总算注意到了这个位置！

青年　好像又开走了吧？

老人　（倾听着）走了？

〔汽车声远去，消失。

老人　（愤愤地）怎么能这样无视这座著名大厦的存在？！

青年　是著名的废墟和著名的人物。

老人　（不解地）简直不可思议！

青年　我倒觉得抢救工作，应该从最不著名的地方开始。因为那儿的人没有医疗费和人寿保险。（开始吃东西）

老人　你又吃东西了？

青年　对，我饿了。

老人　你应该有计划地消费。面对这种错综复杂的局面，我们得做好长期的准备。

青年　我可管不了这么多。长期？就是一口不吃又能坚持多长？

老人　上个月，我好像从晚报上看到一则消息，说有一名矿工在井下坚持了29天，终于等到了营救……

青年　我看到的是一名青年矿工。

老人　是吗？（故作从容地）那我还告诉你一个消息。临来之前，我去医院做了全面的体检，除了心脑血管不那么尽人意，其他方面结果超出了我的想象。而且，坦率地说，我的性功能也毫无障碍。

青年　这我相信。你的肉体甚至比我还年轻。

老人　虽然你的话属于溢美之词，但对我的鼓舞还是很大的。现在我似乎更相信那句老话了：生命在于运动。

〔老人又开始练习太极拳了。

〔灯渐暗。

〔音乐转为一种轻松的旋律。

第五场

〔天幕又是一个阳光明媚的早晨。

〔表演区同样改变了光效，看上去很温馨。那辆面包车现在清晰地出现在舞台上。在它边上的水泥柱子上摆放着食品、矿泉水和一把口琴，显然都是从汽车上弄到的。

〔舞台上还拉着两根电线。一根通向高处，那是水泥的位置。另一根则通往幕后，让人觉得蹊跷。

〔女人在高处用头盔接水，洗脸，擦身子，然后摸着电线走下来，敲击汽车。

女人　喂，该起床了！

〔男人从车上下来，打了个舒畅的哈欠。

男人　几点了？天还没亮吧？

女人　我们哪有天亮天黑的。反正都是晚上，每个晚上都在停电。

男人　你说，这车里怎么就没个电筒打火机什么的？

女人　有根蜡烛也成呀？

男人　这黑灯瞎火的真受不了。

女人　我可知足了。你看，吃的喝的都是一水的进口货，住在车上比睡席梦思还舒服。哎，你去洗脸吧，给你"盆"。

男人　我得先上卫生间。（摸到那根电线，往幕后走）

女人　哎，走远点！

男人　知道知道，文明咱懂。（下场）

〔静场。

〔音乐渐起，女人的情绪转为忧伤。

女人　这日子何时是个尽头啊？黑漆漆的，什么都看不见……这么久了，上面一点动静也没有！这么高的楼，我们在最底层，什么时候才能轮到挖我们出去？什么时候我才能看见阳光？呼吸到新鲜的空气？让我看看我的儿子，我的家？

〔停顿片刻。

女人　志平，你已经有九个月没给我们写信了。你寄来的钱，我都替我们的儿子存在银行里……志平，地震那会儿，你要是知道我被埋在这阴森潮湿的地下，你会飞回来吗？要是我死了，你会把儿子接到美国去吗？志平，我做梦都盼着你回来？志平……

〔男人不知不觉地上场，下意识地应了一声。

男人　我在呢？（发觉不对）你不是在喊我吧？

〔女人拭泪，不语。

男人　人在困境中都爱自言自语。自己对自己说上一会儿，心里会舒坦一些。我已经这么过了不少年了……

女人　（打断）你吃点东西吧。

男人　（拿起食品，又放下）我暂时不饿。

女人　你是担心东西吃光了。

男人　怎么说呢？这地下和地上总得有点区别。平常时期和非常时期也得有点区别。不过，你可以随便用——男人和女人更应该有所区别。

女人　（有些感动）你这人……挺好。你叫什么名字？我不喜欢什么先生小姐的。

男人　（思索片刻）你就叫我志平吧。

女人　（意外地）你？

男人　我一点没有占你便宜的意思。这不是啥也看不见吗？你可以把我想象成那个混蛋！

女人　你怎么骂他？

男人　不该骂吗？他把你们娘儿俩一扔就是三年，你居然还舍不得骂他一句混蛋？而且还是个冒充的混蛋。这可不像你的性格，小琪。

女人　你喊我什么？

男人　（停顿一下）很抱歉，不知从什么时候开始，我就把你当做我们家那口子了……

女人　（生气地）你住口！

男人　（接近女人）你听我解释嘛！

女人　我不听！别碰我！

男人　我都碰你几回了！你不是说我这人挺好的吗？

女人　挺好我就得做你老婆？

男人　我不是那个意思！

女人　那你是什么意思？

男人　（为难地）我，我不过是想和你做一个游戏……

女人　游戏？我们又不是孩子！

男人　大人也是需要游戏的！比孩子更需要！游戏可以缓冲你的疲劳，可以减轻你的烦恼，可以调整你的心情，可以圆你的梦——我们是不是太累了？太烦了？太苦了？

女人　（有所触动）那，那怎么个玩法？

男人　（高兴地）其实很简单。你拿我当你的志平，可以随便撒气解恨；我呢，拿你当我们家那位，我……

女人　（警惕地）你也随便来吗？

男人　我就同你说说话……

女人　就说说话？

男人　像夫妻那样唠叨。

女人　没别的了？

男人　保证没有——你干吗老防着我？在地上的时候我就过着分居生活，难道在地下还有什么奢望？

女人　（不禁笑了）这有意思吗？

男人　（沮丧地）我想总会有一点吧？要不这日子怎么过呢？

女人　那，那我依你。

男人　谢谢你，小琪！

女人　你可说来就来！

男人　那当然，小琪。

女人　多别扭……不对！

男人　怎么不对？

女人　你这不是让我老公和你老婆成一家子了吗？

男人　（无奈地）这只是个游戏嘛！一切全都是假设和想象，何必那么当真呢？我只是想消除我们之间的一种障碍，让我们在这黑漆漆的地下过得轻松一些……要是真的，你干我还不干呢！

女人　（轻松地）你们男人是不是都怕自己老婆同别人好了？

男人　这还用问吗？

女人　假如你老婆不留神同别人好上了……

男人　打住！

女人　我是说假如！

男人　这种事没有假如！

〔静场。

女人　（试探地）你生气了？

〔男人不语。

女人　你真生气了，志平？

男人　（缓过劲来）让我怎么说呢？说真话你会以为我不宽容，说假话嘛我自个儿心里又憋得慌……小琪，我知道你其实也不容易……

〔男人和女人不自觉地进入了假定的角色，但似乎又让我们感到，这并非一个游戏。

女人　你要是知道这个就好了。我是做好等你回来离婚的……其实，我没做什么对不起你的事，我就同他单独看了几回电影，有一次他送我回来，在胡同里抱了我一下……

男人　既然你把问题摆开，我不妨接着你的话说几句。你苦闷、寂寞，这我能想象出来。可你不该去同主任那种货色扯！

女人　他不是主任，是科长……

男人　那是他以前的职务——这号人就是会混！可他除了头上有顶破帽子，手里有点小权，他还有什么？一见他那个过早的谢顶我就恶心！

女人　他不是谢顶。

男人　那他肯定弄了个假发什么的。他这人浑身上下就没什么真东西……

女人　不，他对我是真心的。我每个月的液化气都是他来换……算了，咱们别谈他了。你好不容易回来一趟……你坐下歇会儿，我给你……

男人　你别忙，我就站着挺好，坐了一天的飞机，回家就停电，这时差会颠倒了……不过，总算是回家了。

〔音乐。

〔切光。

第六场

〔天幕如同第五场。

〔表演区灯光渐亮。老人披着衣服、支着脑袋在瞌睡。青年从电梯间落下来，显然他刚才是爬上去探听外部情况了。

青年　（忧虑地）还是没有一点动静！我的表早已停止了起动，时间凝固了。居然是死还是活至今仍是个悬而未决的问题，可直觉早就在帮助我抵御了恐惧——这个与生俱来的局限。我感到奇怪？是我的神经过于紧张导致了麻木，还是我的心理因为不肯屈服于一个老人而显得刻意的强盛？年轻看来是个荣誉，然而在地上的时候，我却将它忽视了！从我成为"上班族"的那天起，这荣誉便在不知不觉中消失，暮气像风一样追逐着我，提醒我怎样去察言观色和见风使舵。似乎只有这样，才能抵达希望的彼岸，踏上成功的台阶——但这些还是很可疑。我的思想成了一块风干的牛肉，血脂偏高，血压也同样偏高，腰围却以每年两公分的幅度增长——我早就在怀疑，这具150磅的身体是否还挂在我的名下？或许是这个原因，我才肯将它交给死亡而毫不迟疑？最明显的例子是，从前我每次坐飞机都十分害怕，机舱里的铃声让我战栗不已。直到这次，我突然不害怕了——我甚至敢于去假设坠机的那个辉煌的瞬间，把它和传说中的凤凰涅槃相提并论。我在一万米的空中明确地感觉到，我的生活又开始与诗歌接近了，而在这之前，它却是一篇社论。（停顿片刻）这很好。在没有时间概念的黑暗空间里，非常便于我思考某些问题。我似乎从来没有这么清醒过……

〔一阵汽车声驶过。

〔老人突然惊起，倾听着。

青年　你大概醒了吧？

〔老人不语。

青年　我知道你醒了，你的左手举在耳边，但仍然无法使车停下来，真遗憾，汽车居然敢于藐视权威？

老人　（咳嗽几声）我没有什么遗憾。我已经是这把年纪了，我的才智已经毫无保留地贡献给了社会，生活上也没有什么可牵挂的，可以接受命运的任何安排——这或许就是你们所说的那种"平常心"吧？

青年　这也算"平常心"？

老人　一个人连生死都置之度外，难道还不算是"平常心"？

青年　我看是别无选择。或者叫无奈。没办法，死亡是不理睬特权的，要求人人平等。我顶多只能把最终的安息地腾给你，以表示对你的尊重。倘若有求生的可能，我保证你老人家优先……

老人　（冷笑）你真令我感动！

青年　你是不是觉得我的言词很虚伪？

老人　我没有必要将这层纸点破。我们在地下不过是几十个小时，你的变化已经让我惊讶不已了！

青年　这倒令我欣慰。

老人　我感到困惑的是，我一直是器重你的，把你当做我最得力的助手，没想到你居然会对我怀有如此深厚的成见？我甚至怀疑，在我沉睡的时候，你不止一次地对我萌生过杀机……

青年　（大笑）我可不屑于扮演一个地下杀手。

老人　就是你现在的这种笑声也让我的身体感到不安，但是，我无所谓。

青年　能让你害怕是我的荣誉。

老人　害怕的只是我的身体！

青年　这也是对我的褒奖。不过，你放心，我唯独不想征服的就是你的身体。地震发生时，你应该记得，我是伏在你老人家身上的，就像电影里通常所见警卫员保护首长那样。

老人　难为你做出了这种反应，这我也会牢记在心，等到了地上……

青年　（打断）我不指望有所回报。那个时候，我不过是把你当做了一个老人，法律和道德都规范了我做出类似反应。当然，我更希望你是一个小孩。

老人　尽管这样，我们还是没有摆脱死亡的阴影。（忧伤地）当一个人的生命临近以小时来计算的时刻，说不害怕，那是自欺欺人。

青年　我现在确实不感到害怕，而且，我似乎也习惯了生命在黑暗中的状态。我越发觉得，死亡和黑暗是同样有趣的话题。

老人　这话题非常沉重！古今中外，能割舍生死的人毕竟寥寥无几呀！

青年　你刚才不是还在夸夸其谈"平常心"吗？

老人　我是在强调一种精神。

青年　岿然不动？视死如归？人类的患得患失根本就不配去想这些体面的话题！相比之下，我倒觉得动物在对待生死问题上比我们要达观得多。你见到过一只鸟的尸体吗？除了被人类所射杀，我们都不知道所有的鸟儿最后去了什么地方……

老人　是呀，这些鸟最后都飞到哪里去了？

青年　（感慨地）我想，它们一定是去了它们该去的地方……这地方早就为它们看好，远离人类，远离它的同类，甚至远离一切需要远离的环境，它们用最后一点力气振动疲惫接近极限的双翅，向死亡之地飞去……多么清洁！多么高贵！多么美丽！

老人　（不无感叹地）鸟的一生是自由的，所以它有权利选择最完美的死亡方式。而我们是不自由的，我们需要承担种种责任，这便意味，活着是一种义务。比如说，你不能以死来免去你对父母的孝心，我同样也不能用死来勾销对子女的抚育。还有，我们都希望在有生之年对社会多做贡献，同时也使我们的遗憾尽可能地减少。等有朝一日到了弥留之际……（停顿）就是现在吧，我们才会感到问心无愧……

青年　你感到了？

老人　（伤心落泪）我没有料到命运会作出这种迅速而有失公正的裁决！你知道，无论是我的精力还是我的体力，我至少还可以再干上10年。

我已经制订好了下个世纪的工作计划……

青年　你倒成了跨世纪的人才。

老年　我是非常有信心的！

青年　你还有什么遗憾？

老年　一言难尽！我准备9月份去洛杉矶出席我儿子博士学位的加冕典礼；10月份我要参加小女儿的婚礼；11月份是我夫人的个人画展，我是剪彩人之一；12月份北京要召开我的学术思想研讨会……我的日程排得满满的，所以别人见我需要预约……现在说这些又有什么用呢！（怆然涕下）

青年　你最好冷静一下。如果你刚才能说的这些都属于遗憾的话，那么我确实也有几桩。和你相比，我感到莫大的惭愧。你有那么多有出息的孩子，我却至今是孤家寡人。你已经离过两次婚了，我却还没有过一次成功的恋爱。就这么给埋了，还是真有点不甘心。可又有什么办法呢？我们出不去，外面的人目前也没把我放在眼里，我们的食品差不多已经吃光，死亡开始抚摸到我的肩了——假设死是无疑的，我们是否也该像西方人那样，请神父来替自己作临终前的告解？我是个缺乏信仰的人，但我从不怀疑宗教的精神，我相信每个人的心中都会有一位上帝，它的名字不一定叫耶和华。而且我也相信地狱是存在的。

老人　你怎么不相信有天堂呢？

青年　我也信，只怕是你我都拿不到天堂的入场券。

〔沉默。

青年　你该又说我危言耸听了。但我知道此刻你在战栗，这很好，真的很好。我觉得你可以做我的神父了。

老人　（困惑地）你什么意思？

青年　（诚恳地）我需要忏悔。

老人　忏悔？

青年　是的。

老人　这合适吗？

青年　当然合适。

老人　如果你心里感到烦闷，我们可以交交心，或者作些批评和自我批评。忏悔我看就不必了吧？

青年　（毅然地）不，我需要忏悔！

［静场片刻。

［音乐起。

青年　（走至台口，双脚跪下）我亲爱的主啊，请饶恕我这个无足轻重的小人物！我深知末日已经来临，我愿意接受这最后的审判……回想起来，我的种种过错让我感到魂不附体，现在，当我别无选择地把这具肉体交还给您时，我才意识到，我的灵魂是多么的有失清洁，我几乎是枉来人世走了一遭，我的行为如此有失检点，丧失了做人的很多原则！我的野心让我焦躁不安，我的贪婪驱使着我做出了许多泯灭良知的选择，疯狂的占有欲像一块阴云始终盘桓在我的心间，使我远离了人类的善行和美德；我无法摆脱功名的追逐就像无法与自己的影子分手，为了一点膨胀的私欲，我不惜出卖自己的人格，践踏自己的尊严……我生活在阳光下，而我的心里只有阴暗，我对这个世界缺乏真诚与激情，所以最终被它抛弃势在必然——人类的宽容、和谐、安宁以及美好，全都背叛了我！这种众叛亲离的折磨却造就了我的卑鄙与委琐，某个时期我似乎青云直上、神采飞扬，而正义与良知水一样从我的指间滑过。我虽然才二十几岁，但我的心早已衰老。在我的眼中，看不见一条地平线，可是每日总是那么行色匆匆，与一些肮脏乏味的事情打着交道。我甚至没有了梦想——一个无梦的人是不配拥有明天的！亲爱的主，倘若您能赐我第二次生命，我会格外谨慎地去支配它的，以一个人的原则去安度每一天的每一秒钟——我仿佛听见了……

［青年忏悔时，老人始终感到忐忑不安，似乎青年是在替他做忏悔。这个结果是出人意料的，谁也没有想到，一个作为神父的人竟显出比告解者还不安的状态。只有在青年说到"我仿佛听见"时，老人才为之一怔。

老人　（急促地）你听到了什么？

青年　一个声音……（站起来）

老人　是汽车声吗？

青年　不，是丧钟在敲响……

老人　丧钟？（失望地）丧钟为谁而鸣？

［幕落。

［全场灯暗。

［音乐响彻舞台。

第三幕

第七场

〔幕在口琴声中徐徐开启。

〔天幕上又是一个夜晚。

〔男人和女人都坐在汽车上。男人在吹着口琴,是一支轻快的曲子。女人在"开车",一副煞有介事的样子。

〔大幕完全拉开后,"车"也就到"家"了。女人先下车。

女人 (得意地)怎么样,我车开得还稳当吧?

男人 不赖。刹车还不够自然,先用脚点一下,不要一下踩住。

女人 (娇嗔地)人家才学半天工夫嘛!

男人 你很聪明,这我和你谈恋爱时就看出来了。(下车)

〔现在他们仿佛不是生活在黑暗之中,很容易地就判断出了对方的位置,几乎都是脸对脸地说话了,这有点不可思议。

女人 真的?

男人 那还用问?要不我能那么痛快地就娶你了?

女人 你这话的意思,好像我还不配你痛快?王志平呀王志平,你忘了当初是怎么死乞白赖地缠着我,我家的门槛都让你给踏凹了,连我爹的痰盂都是你抢着倒!

男人 (下意识地)你爹不是74年就过世了吗?那时我才刚上初中,求婚是不是早了点?

女人 (生气地)呸!你倒咒我爹?

男人 (醒悟过来)对不起,我,我又……出去了……(马上改口)那也没什么,不过是我表达感情的一种方式吧。我尊敬你爹,当然也尊敬他老人家的痰盂,这叫爱屋及乌。

女人 (哭起来)你要不是把我爹哄好了,我才不嫁你呢,比我大13岁……

男人 这也不算大。我在美国的邻居汤姆,新娶的一位太太比他小23岁呢!

女人　（逗趣地）你是不是也想比试比试？

男人　（羞涩地）当然……

女人　当然？

男人　（改口）当然不会……我犯得着吗？家里的太太好好的，我，我吃饱了撑的？

女人　别人不都说，老婆是人家的好吗？

男人　也有人说"糟糠之妻不下堂"呀！这人和人不一样。要不，我能一拿到学位就回来吗？

女人　（有所触动）你真是这么想的？

男人　我人不是都站在你面前了吗？

〔女人不禁落泪。

〔音乐渐起。

男人　小琪，你怎么了？

女人　我，我不敢信……

男人　（也受到感染，但克制着）我这个人就这么点出息。什么绿卡呀签证呀，没什么劲。美国再好，可毕竟是人家的地盘。家再破，那也是我自个儿的。狗还不嫌家贫呢！你看，现在不是挺好嘛，这么大的屋子，就咱们两个，虽然停电，可我照样能看见你的笑脸——我真是很久没有看你的笑脸了！你的声音也变温柔了，像是从别的女人身上移植过来似的——不不，你就该是这种声音，我梦中熟悉的声音。现在我能每天听见你的声音，真好！

女人　你的声音也变了。

男人　是吗？

女人　你以前说话气没这么粗。

男人　我这是因为激动！

女人　真难为你了，你见到我还能激动……

男人　这话说的！（凭感觉搂住女人）这很正常，一别三年……（突然意识到不对，连忙放下手）不对！

女人　（并没有觉得）怎么不对了？

男人　（掩饰）应该是……相见时难别亦难，这是句唐诗。

女人　我知道，是李商隐的。

男人　你还知道李商隐？

女人　不是你教我的吗？你临走的那天晚上，也是停电……你就点了根蜡烛，念了这首诗——"春蚕到死丝方尽！蜡烛成灰泪始干"，我一听就哭了……

男人　我干吗要这么书生气呢！这都世纪末了，还玩这种古典情调的才子佳人，酸溜溜的！

女人　我一点也不觉得酸。

男人　我倒觉得心里有点酸了……（停顿片刻）不过现在好了！这三年咱们总算苦过来了，我多少也挣了点钱，还带了几件电器。车买了，过几天你就办执照，每天上下班接我——让我也享受一下部长厅长的待遇。

女人　我想跑出租。

男人　跑什么出租呀！

女人　跑出租挺好呀，楼下老陈一天能净挣小两百呢！

男人　我不稀罕你出来挣钱。

女人　美国的女人都是在家里？

男人　那倒也不是。咱们干吗要套人家美国模子呀？我是怕你累了。

女人　我可不想在你手下讨生活。你要是再走三年，我还不得饿死？

男人　我不会走了。明天我就去新单位报到，专业虽不完全对口，但工作环境还不错。

据人事部门透露的风声，我可能还另有安排。

女人　还安排什么？

男人　（难以启齿）大概让我当主任吧。

女人　当主任？

男人　据说还不是副的，是一把手。

女人　和你在家一样。

男人　哪能这么比呢！我，我要管很多人，很多事！

女人　管那么多？

男人　当然。怎么说如今的我也算是个可用之才嘛！

女人　你不嫌累？

男人　（困惑地）累？怎么会累呢？我都憋了十几年了！其实我早就具备这个能力。你看我们楼上老吴，除了吹牛拍马还会什么？就这样还混成了副处！再看对面老孙，不就是局长的小舅子嘛！一提拔就去劳动服务公司当了总经理，吃喝拉撒全报销，手里还掌握着几套房子，爱给谁就给谁。每次我见到别人上他家送礼我这气都不知打哪出！什么东西！（突然停顿）你在听我说吗？

女人　（疑惑地）你是王志平吗？

男人　我……

女人　你以前可不是这样想的。

男人　（伤心地）这股怨气我一直憋在肚子里。

女人　出国的时候，你对我说，你这辈子只想圆一个梦……

男人　没错呀，我是想圆这个梦。

女人　不，不是这个当主任的梦……

男人　那，那是什么梦？

女人　我记不清了。但我记得你原先的那个梦想很光荣。你说人的梦想应该是光荣的。后来，蜡烛灭了，你搂着我，你问我：如果我们都是瞎子，这到底是幸福呢还是痛苦？

男人　那当然是痛苦了！

女人　（果决地）不！你当时不是这么说的！你说瞎子心里的世界比我们这些正常视力的人要大得多！也丰富得多！瞎子心里没有落日没有衰老，没有消失的云彩，也没有凋谢的花——你说你要是瞎子，我就永远是18岁！我们的梦想也永远是18岁！你说这个梦想就会像一只鸽子，永远不知疲倦地去蓝天上扑腾腾地飞着——这个天空比现在要蓝得多，广阔得多，是梦中的蓝天，云彩像羊群一样，像波浪一样，像白牡丹一样！

［男人受到震动，悄悄走到一旁坐下。

女人　（转为忧伤）可是，我挺纳闷儿，我们干吗要等到眼瞎才看到这个梦呢？你一走三年，信越来越少，现在总算把你盼回来了。可你的心思又一下让"主任"迷去了。我不反对你当什么主任，不过经你刚才这么一说，我怎么觉得这脸挂不住呢？

男人　（沉重地）小琪，你别说了。你……你坐我边上来……

［女人走近男人，仍然是"看得见似的"行动，她坐到男人边上，很乖巧的样子。

男人　（内疚而动情地）原谅我，刚才我只是一时的冲动。过去的几分钟,我好像睡过了很长的一觉,浑身酸溜溜的。我也不知道自己哪根神经搭错了,会,会那么去想。这次回来,一进家我就感到特别轻松,真的,就是能和你这么挨着说会话,我就很知足了……我还需要什么呢?没有什么比两个人心心相印、相知相爱更幸福的事了。

女人　你不是说,老天爷是让我们做伴的吗?

男人　对,是让我们做伴的!

女人　让我们互相挨着,去走每一天的路……

男人　是的……

女人　这路很长……

男人　是的……

女人　不太好走……

男人　是的……

女人　可我们会走过去的……

男人　我们会……

女人　一直走完……

男人　走完……

〔男人和女人相视着,在他们的眼中,黑暗完全消失了。

〔舞台上出现温馨的光效,音乐渐起……

〔男人和女人就这么久久凝视着。

〔光渐暗。

第八场

〔天幕如同第七场。

〔表演区灯光渐亮。老人在喝最后的一滴水,与几日前相比明显地苍老了,衣着也很不整洁,领带松松垮垮地挂在脖子上。青年躺在台阶上,他也失去了以前的那种精神状态。看来,他们确实到了最后的时刻。老人把矿泉水空瓶扔到地上,发出空洞的一响。青年欠了欠身,又躺下了。

老人　(绝望而有气无力地)最后一滴水!生命的三要素已经失去了两个,只剩下这一点稀薄的寒气了……面对人力不可抗拒的因素,我只能把它视作自然规律——这要是意识形态范畴的问题就好了,我一定会有办法推翻它!可偏偏不是!我现在是真的感觉住在坟墓里了,但我并没有死亡呀！我的呼吸还算正常，脉搏虽然弱了点，不过跳动得还比较匀称。老天爷你怎么就不高抬贵手放过我一马？让我这么一个活生生的人去体验死亡的过程？（叹息）如果真是体验也就罢了，那不过是一次紧张的彩排，就像舞台上那样，等大幕徐徐落下，我便会从容地爬起来，走到幕前去用鞠躬迎接观众的掌声与鲜花……

〔青年禁不住地笑了，笑得很冷淡。

青年　有道是"寂寞身后事"，你倒还挂记着掌声和鲜花。您真算得上一个彻底的乐观主义者。

老人　（沮丧无比地）面对黑暗，能听见你发出的笑声，不论是怎样的笑，对我都是莫大的安慰。你随便笑吧。

青年　你觉得我在笑吗？

老人　我看不见。现在我已是个百分之百的盲者。即使从你的声音判断，我也很难把握我们之间的距离。我痛恨这黑暗，但我却没有反抗的勇气，只能忍耐……

青年　忍耐也是面对黑暗的方式之一。不过我觉得，最好的方式还是视而不见。

老人　视而不见？

青年　（慢慢爬起来）这个方式意味着黑暗与光明的界限消失，如果我们做得更自然一些，或者还能打通现实与梦想的路线。

老人　（渴望地）光明！似乎现在才懂得光明的价值，为时已晚……

青年　光明并不是黑暗的反义词，梦想也不是现实对应的另一个方面。你所理解的那种光明其实是光亮——一根火柴就能使你满足。

老人　不，我渴望的是阳光！

青年　那也还是个光亮。它或许能照暖你潮湿的身体，但无法进入你失血的心灵。

老人　（困惑地）我怎么听不懂你的话？

〔青年走下台阶，显得步履艰难。

〔音乐渐起……

〔舞台上的光效随着青年以下的独白而出现相应的变化。

青年　（深情地）我这几天也一直在思考，什么才是光明？我对光明的理解是从这黑暗的地下形成的。我想起了一件往事。那是很多年前，我还是个小学生。有一天，我从黄河的故道边走过，远远看一个消瘦的老人面对一截新鲜的树桩默立着，他已显佝偻的身影在夕阳中微微战栗。我觉得奇怪，就问：老爷爷，您在干吗？老人沉痛地对我说：孩子，我在悼念一棵树，它刚被人砍杀了！老人肃穆的神情使我不敢窃笑，我又问：树知道痛吗？老人说：它痛，但它忍受着。它忍受的其实是我们人类的无知。十几年后，我陪一位来自西半球的女士去游览一个著名的园林。当她看见一棵小树被扭曲着置入盆中供人玩赏时，不禁放声大哭！她说：这么好的生命为什么不让它植根大地去自由地生长？为什么要如此摧残它？！

　　老人　（不解地）你的故事不乏动人之处，但我还是看不出，这与对光明的解释有多大的关系。

　　青年　所以我们是悲哀的一类。所以这个世界至今还充满着虚伪和邪恶，暴力肆行，战争不断，城市里见不到蓝天，乡村也失去了田园的气息。人类主宰着这个日益污浊的地球，从不放弃占有与征服。河流在污染，树木在枯竭，丹顶鹤一去不返，鲸鱼集体自杀——多么黑暗！这才是真正的黑暗！这黑暗是人一手造成的，人生活在黑暗之中却习以为常。信任失踪了，诚实在瓦解，城市的每个角落都在举行假面舞会，街头巷尾传递着流言蜚语，行贿者畅通无阻地受到款待，撒谎者成为大雅之堂的座上宾，卖友者做好了平步青云的准备，变节者正在争取法律的保护，高倍望远镜满足了偷窥者的欲望，网络能使下流的话语变得迅捷，伪币开始成为商品流通的工具，而商品又成为人类交际的手段，以巩固可疑的情感……还需要说什么呢？世纪末，世界已经濒临堕落的边缘……

　　老人　（沉重地）我是看不见希望了。但在这弥留之际，我们就向往着光明……也许是我平时太大意了，对地上的一切，我都十分地眷恋。假如有来生，假如上帝能赐我第二次生命，我会像现在珍惜一滴水那样去妥善支配我的分分秒秒。（叹息）我这一生留下的愧恨太多了，得到的意味着失去，这句老话针对我还是比较合适。我确实得到了很多，可最终都找不出一件足以慰藉我的东西，而失去的那些，现在看来都显得珍贵——所以我将是死不瞑目！我是多么想得到再生的机会！上帝，请伸出你宽厚仁爱之手拉我一把吧！带我走出这道黑暗的幕障，给我光明……

　　青年　其实，光明不在上帝手里，而是在我们自己的心中。

　　老人　（惊愕地）你说什么？光明在，在我们心中？你是这样说的吗？

青年　光明在我们心中沉睡了多年，难以苏醒。除非……

老人　（迫切地）除非什么？

青年　除非我们脱胎换骨，丢弃那些不当的欲念……

老人　（打断）我们可以一切重新开始。人之初，性本善……

青年　除非我们不以怨报怨，以仁爱之心待人……

老人　（打断）我们可以试试！

青年　除非我们让正义和公道返回人间……

老人　（打断）这应该也不算太难吧？

青年　除非我们让良知首先醒来……

老人　（打断）这很容易！

青年　容易？

老人　我想是的。

青年　也许就是很容易。比如说，每个人都不说一句假话，这是连三岁的孩子都能做到的，又有什么难呢？如果每个人都不说一句假话，那么谎言便失去了市场，真理就会回到原来的位置上。如果这个世界上人按人的原则、鸟按鸟的原则、树按树的原则去生存发展，所有的生命和睦相处，人类向往的那种光明便会从天而降——这个世界就会被爱心汇聚的圣光照彻！这个世界就会接近透明而无限辉煌！

〔音乐止。

〔沉默。

老人　（坐下）只可惜，我们是看不见了……

青年　是的，我们看不见。我这番话算是对下个世纪的赠言吧，尽管我是个微不足道的人。有幸活着的人们，我由衷地祝福你们：好好活着！

老人　我们在黑暗中等待着死神的光临，我好像已经听到了他迟疑的脚步声……为什么迟疑？是被我们洗心革面的虔诚所感动，还是错误地计算了我们的大限？你听！你快听！脚步声似乎远了……越来越远……

青年　先生，那是外面的风声。

老人　你是说，死神已随风而去？从此远离了我们？

〔老人开始变得有些癫狂，竟发出了令人不寒而栗的大笑。

老人　太好了！这是一个奇迹！奇迹！

青年　先生！

老人　奇迹呀！

青年　先生！

［老人在笑喊声中突然倒下，青年努力将他扶起……

［切光。

第九场

［天幕上又是一个阳光明媚的早晨。

［舞台上两束光同时照出两个表演区。

［这边，男人和女人依偎在一起，看上去很甜蜜；

［那边，老人靠在断柱上奄奄一息，青年正把所剩无几的水往他嘴里灌。

［以下的表演交错进行。

女人　我有点冷……

男人　那，那我把空调关了。（做一个虚拟的动作）

女人　我还是冷……

男人　那……（抱紧女人）这样好吗？

女人　这样好……咱们睡吧，儿子今天不回来，咱们踏踏实实地睡一觉。

男人　我扶你去车上睡——真不该赶上这时候装修，屋里乱糟糟的，还老停电……

女人　等装修好了，你一定得给我买张最好的床——我好像几辈子没睡过一觉了。

男人　没问题，我至少会买张结实的。

女人　什么意思？你还嫌我胖？

男人　不是这个意思。

女人　那是什么意思？

男人　（为难地）我是说……叫我怎么跟你说呢？反正是好意思吧。

女人　（明知故问）你说，什么好意思？

男人　（羞怯地）一说出来，我就不好意思了……去睡吧，当心碰头。

［女人会心地一笑，上车。

男人　（对车里）祝您做个好梦！也祝我在你梦里美满幸福……

女人　美的你！（将车门关上）

［男人伸了个懒腰，自己也坐下，支起了脑袋。

［老人发出了一声呻吟。

青年　先生！你醒醒！先生……

老人　（有气无力地）我，我还活着吗？

青年　您还活着……

老人　可我怎么觉得是死过了一回？

青年　我们都死过了一回。

老人　就是说，我们还活着？

青年　对，我们活着……

老人　人不可能死两次，对吗？

青年　人可以置于死地而后生……

老人　（叹息）早知会死，何必要生呢？

青年　这由不了我们。您不是最讲辩证法吗？

老人　你真不该把我弄醒……

青年　先生，您得坚强些！

老人　我刚才好像做了一个梦……梦见了我那白发苍苍的母亲，在一个桥头等着我——那是什么桥呢？是奈何桥吗？我走近她，给她下跪，可是，她竟给了我一耳光……（摸脸）现在我的脸还有点发热……

青年　（递水）先生，您喝点水吧？

老人　怎么还有水？不是都喝光了吗？

青年　这是最后一瓶。前几天我一直在喝上面漏下来的生水——现在生水也没了。不过我相信，我们最困难的时刻已经过去了。

老人　别骗我了，年轻人。我已经接受了上帝的安排，你还是帮我解释一下那个梦吧！我觉得它意味深长……

青年　自己的梦应该自己解释。

老人　如果那座桥就是奈何桥，我母亲在桥头拦住我，是否意味着我的阳寿未尽？或者……

青年　或者什么？

老人　（难以启齿）或者我在世上做得不妥，无颜去九泉之下拜见她老人家？

青年　先生，您能作出这种解释，我为您感到……

〔老人一阵咳嗽，似乎又昏迷过去。

青年　先生！先生！

〔这边，女人突然拉开了车门，男人吓了一跳。

女人　我还是感到冷……

男人　车里不是有床毛巾毯吗？

女人　（害羞地）你，你怎么这么傻呀！

男人　（明白过来，走进车）你是说……

女人　你知道我说什么？

男人　你的意思是……

女人　你知道我什么意思？

男人　（语无伦次）当然，我知道……其实这也是我的意思……是的，冷，一个人都会感到冷，尽管是夏季，那车倒挺宽敞，是的，比较宽……可是，可是我还是一点准备都没有……

女人　你以前可不是这个样子。

男人　对，没错，我以前很从容，手知道往哪儿放……

女人　你以前这个时候脾气最好……

男人　是吗？我脾气一直很好的……

女人　我是说最好……你一点也不慌。

男人　我现在慌了吗？（手脚无措）还真有那么一点……

〔女人走近男人，紧贴着他。

女人　抱我……

〔男人试着拥抱女人。

男人　那，那我抱了……

女人　抱紧我……

男人　那我真的抱紧了……

女人　你的心跳得好快……像第一次那样的，你的呼吸又短又粗……

男人　我，我希望永远是这样，是第一次……

〔男人和女人开始抚摸。

女人　你瘦多了……胡子长得好快……等来电了，我帮你好好洗个澡……

［男人突然把女人推开。

男人　不，这，这只是个游戏！

女人　这不是游戏！

男人　这不是真的……

女人　这是真的！

男人　这是个梦……

女人　这不是梦！不是！不是……

［女人一头扑到男人怀里。

［这时，传来了隆隆的挖掘机的声音。

男人　你听！

女人　我不听！

男人　你听你听！这是上面发出的声音啊！

［男人和女人倾听着。他们的造型被"定格"。

［那边，青年从地上挣扎爬起来，跟跟跄跄地走向老人，唤醒他。

青年　（迫切地）先生！你听！

老人　（呻吟般地）什么……

青年　你听！这是挖掘机的声音！

老人　别再骗我了……让我就这么睡，睡过去吧……

青年　先生，这是真的啊！你听，这声音离我们越来越近了！

［青年扶住老人，倾听着。

［挖掘机声越来越清晰，此起彼伏。

［这边，男人和女人又"动"了起来。

男人　你听清楚了吗？

女人　（喜出望外地）天哪！我，我们真的活过来了！

男人　我们活过来了！

女人　感谢上帝！

男人　感谢你，亲爱的！

女人　亲爱的？

男人　（动情地）是的，我感谢你！感谢你和我做伴，帮我度过了黑暗与死亡……是你给了我超凡的勇气和过人的毅力，让我找回了一个男人的品质……这黑暗中的分分秒秒对我是多么重要啊！我，真想守住它！也守住你……可是……

女人　（大梦初醒般地）可是只要有一线阳光射进来，咱们这个梦就刺破了是吗？

［男人沉痛地低下了头。

女人　（梦呓般地）不，这不是个梦，不是个游戏……这应该是真的，亲爱的！

［挖掘机声越来越近。

［女人像受到惊吓似的躲到男人怀里。

［造型再次"定格"。

［那边。老人终于清醒了，像充了电似的爬了起来，令人难以置信！

老人　（激动地）是挖掘机的声音！德国进口的那种履带式挖掘机！它的工作进度是惊人的！年轻人，我们的祈祷奏效了！我不是说过嘛，这座著名的大厦怎么会被遗忘呢？

［老人的语气又回到了"地上"——这似乎是无法改变的。

［青年一时愕然。

青年　先生，您又活过来了！

老人　应该说是我们活过来了。

青年　（坚定地）不，我只是刚刚诞生！

老人　这不过是另一种修辞表达方式吧。总之，我们没有死。

青年　真是遗憾！

老人　（惊讶地）遗憾？应该感到幸运才是呀年轻人！

［青年发出一阵狂笑。

老人　你笑什么？

青年　不该笑吗？

老人　对对，应该笑！应该用笑声来庆贺我们活过来了……

青年　（打断）不，我只是刚刚诞生！

老人　年轻人总改不掉自身的固执……

［幕后传来呼喊：下面有人吗？

［老人立刻收拾起来。

老人　我的领带呢？我可以想象出外面云集着很多记者，我可不想他们说我有失体面……

〔幕后传来呼喊声：下面有人吗?

〔这边。男人和女人在深情地"凝视"着。

男人　在喊我们呢……

女人　我们不急……

男人　对，不急……

女人　亲爱的，抱我！

〔两人紧紧拥抱。

男人　亲爱的，闭上眼……

女人　（幸福地）这样真好……

男人　是的，真好……

〔一缕阳光射入。

〔音乐骤起。

〔我们看见老人衣冠楚楚地拎着皮箱迎着阳光从容不迫地走去了，还一路招着手。

〔舞台上剩下了男人、女人和青年。他们位于舞台的两侧，像雕塑一样。

〔幕后的喊话声：下面还有人吗？

〔大幕在音乐声中徐徐落下。

（全剧终）

1999 年 4 月 16 日

北京——合肥

合同婚姻

（多场次话剧）
——根据作者同名小说改编

人物表：

苏　秦　男，40岁，自由撰稿人。

陈　娟　女，33岁，某外企部门经理，苏秦的"爱人"。

李小冬　女，35岁，机关干部，苏秦前妻。

高宗平　男，42岁，某公司业务经理。

顾菲菲　女，30岁，陈娟同事。

第一场

时　间：当代，春天里一个雨夜

地　点：北京，地铁口

［幕启或者"亮场"时，传来十下钟声，由远而近，在夜间显得非常清晰。紧接着就是闪电和雨声，打破了这种宁静。

［一个四十岁的男人顶着报纸上场，他叫苏秦，高挑个，偏瘦，是一个自由撰稿人。他是来躲雨的，一边在打着手机……

　　苏　秦：（打电话）……喂，你声音大点行吗？我这儿下雨呢……小马，你还在海口呢？那儿不是早没戏了吗？别逗了，到时候就不好说了。生意场上有句话，叫"千万别和朋友合伙……"我挺好的，挺自由，待在家里……我整天就是看看闲书，上上网，给无聊小报写点准风月谈，够吃够喝就行。回犁城干吗，那儿已经没什么牵挂了。好，你多保重，常联系。……（挂上电话，看看天色，雨还在下）好家伙，这天可是说变就变啊，就跟人脸似的……看来还真一时走不了，还不如带把吉他在地铁里卖唱。别以为地铁里卖唱的都是奔钱来的，其实这是人家的舞台啊！这人活着，得有两样东西，一个舞台，一个床。舞台嘛，可大可小，看你能耐了，可是床得舒服——人生有一大半时间是在床上度过的……

苏　秦：（打电话）……喂，你声音大点行吗？我这里在下雨呢……

〔舞台一角出现了李小冬，她是苏秦的前妻，三十五岁，看上去是在机关工作的那种女性。

李小冬：（打电话）我是谁你难道听不出来吗？

苏　秦：听出来了。我怎么可能听不出来呢？

李小冬：你在哪呢？声音乱糟糟的！

苏　秦：北京啊，在外面，天正下雨呢……有事吗？

李小冬：你什么时候回犁城迁户口啊？

苏　秦：我最近特别忙……

李小冬：别老说忙，这都拖几年了？苏秦，我告诉你，咱们离婚就是离婚！

苏　秦：李小冬，你这话是什么意思？我哪点不像是离婚？我以前回去，顶多就是蹭你一顿饭吃，我蹭过你一次觉睡了吗？

李小冬：别废话，我只想你尽快回来把户口迁走！

苏　秦：我已经辞职了，你叫我往哪迁啊？往街道居委会？

李小冬：你往哪迁我不管，但你必须迁走。

苏　秦：你是不是……最近不方便了？

李小冬：这你少管。

苏　秦：我没有想管的意思，我是关心……

李小冬：你要是真关心我就快点把户口迁走。

苏　秦：你这人怎么老户口户口的没完啊？如今这年代是揣着身份证和信用卡满世界转悠，户口已经没有意义了。

李小冬：但对我有用。

苏　秦：有什么用？

李小冬：它是一个家的证据。我们已经不是一家人了，就没有必要继续共同掌握这个证据。

苏　秦：深刻。太深刻了。其实到现在我才知道，你是一个深刻的女人。

李小冬：其实你想说的是，我是一个刻薄的女人。对吗？

苏　秦：我是说，你刚才关于户口的话让我感慨万千啊！

李小冬：是吗？我对你还有这么大的……魅力？苏秦，你该不会是想回头再来和我谈恋爱吧？如果是那样的话，你应该去和我妈说，看看她老人家还有没有兴趣认你当第二回女婿……

苏　秦：废话，我就是回头，也是和你谈恋爱，又不是和你妈。

李小冬：行了小子！我没工夫听你瞎白话。我们在一起那几年，你觉得有意思吗？

苏　秦：怎么说呢？和你过日子有点像打麻将当相公。

李小冬：这话新鲜。

苏　秦：虽然也打也摸，可是和了不算。既没有赢家的喜悦，也没有输家的懊恼。一句话，平庸，太平庸。你看，我守着一个深刻的老婆，却带来了一份平庸的日子。

李小冬：好了，我现在已经帮你结束了那个平庸的时代了，所以，我郑重地请你回来把户口迁走，开始你辉煌的时代去。还有……

苏　秦：还有什么？

李小冬：把你的新地址通知你所有的朋友，别再往我这里寄东西了，为了本破杂志，我还得三天两头地为你跑邮局，你不觉得难为人吗？

〔李小冬下场。

苏　秦：行，这事我立即就办……喂，你怎么样？过得还好吗？你不是说要来北京开会吗？到时候告诉我一声，我去机场或者车站接你——虽说如今咱们领了"绿卡"，又急了……

〔响过一阵轻雷……

苏　秦：（不无感叹）这女人……当初在大学的时候，就这么较真儿！这人哪，还真是有个命的问题。要是当时分手，也就彻底分了。谁知道，临毕业的时候，她又跑来找我，说"我还是跟你好吧"。我问她，你现在想通了？她涨红了脸说，你都看过我了。……这事要搁在今天还能叫事吗？看过了？我本来不就是想看吗？睡过了又怎么样？（忽然听见有人喊，吃惊地回头——）

［走来了打着伞的陈娟，她的年龄在三十岁左右，穿着入时。

陈　娟：（将信将疑）是苏秦吗？

苏　秦：你是……啊，陈娟！

陈　娟：（高兴地）真是你啊！老天爷，怎么在北京遇上你啊？还好吗？

苏　秦：挺好。我可是早就知道你在北京傍上大款了啊！调过来了？

陈　娟：算是吧。

苏　秦：怎么叫"算是"啊？

陈　娟：我是……一句话说不清楚。怎么，在等人？

苏　秦：躲雨呢。

陈　娟：李小冬一起来了吗？

苏　秦：没呢……我们领"绿卡"了。

陈　娟：办移民了？

苏　秦：她没移，我移了……

陈　娟：她挺好的吧？

苏　秦：她……提拔了……

陈　娟：当处长了？

苏　秦：不，是由老婆成了前妻。

陈　娟：（意外地）你们……分了？

苏　秦：不，是离了。

陈　娟：这么回事啊！这可一点也看不出来啊！

苏　秦：能看出来的离婚根本就不叫离婚。离婚嘛，都是悄悄的……都离三年了。

陈　娟：你们男才女貌的可是很般配啊！

苏　秦：我们般配，但不合适。我琢磨着，婚姻这东西啊，不是选劳模，两个优秀的人在一起未必就有一份同样优秀的生活。倒是两个合适的人在一起，可能会有一份合适的日子。难得合适啊！

陈　娟：是因为你不好吧？

苏　秦：天大的误会。咱们是老同事，我是那种人吗？是合不来……

陈　娟：那你当初怎么就到一块了？我不信你们男人这套借口。

苏　秦：当初……嗨，别提当初了。分开了，也挺好的。不过离婚的时候可费了劲呢。

陈　娟：是财产问题？

苏　秦：没有理由啊。到了民政部门，接待我们的那位过了中年的女人一本正经地质问我们，你们离婚，有什么"非离不可的理由"吗？言下之意是我们的理由不过硬。我便纳了闷，这离婚原本是人的一项权利，干吗还要出示"非离不可的理由"呢？我就说，当初我们结婚的时候，你们可没有问过"非结不可的理由"啊。

陈　娟：（笑了）你可真会说。

苏　秦：你呢？过着资产阶级的日子吧？

陈　娟：我也刚离……

苏　秦：哦！

陈　娟：我很简单。有一天公司里没事，提前下班，一推门就看见他和一个女的滚在沙发上……我连那个女的脸都没看清楚。

苏　秦：气晕了？

陈　娟：我把门带上了。

苏　秦：你倒冷静。

陈　娟：过了会儿，那女人抱着衣服走了。他立刻就对我跪下了……我一下就火了，我说你起来好不好？你这样做对得起刚才为你脱裤子的那位吗？她会很伤心的！这样一说，他又站起来了——第二天我们就办妥了。

苏　秦：陈娟啊，你可真让我刮目相看了！那时候咱们在一个办公室，我可一点没看出来你原来是具备大将风度的啊！

陈　娟：我变了吗？

苏　秦：各方面都变了——是往好的地方变。我这可不是恭维你啊。

陈　娟：别张嘴瞎话就来。你过得还好吗？

苏　秦：挺好的啊，挺自由，待在家里……还没买房子呢，先租着。我整天就是看看闲书，上上网，为无聊小报写点准风月谈，够吃喝就行……

陈　娟：你倒自在。

苏　秦：可仔细想想，我也弄不清楚为什么要在这北京扎下来。这人活着，得有两样东西，一个舞台，一张床。舞台嘛，可大可小，看你能耐了，可是床得舒服——人生有一大半的时间是耗在床上啊……我不是到北京来找舞台的啊!

陈　娟：就是说，是来北京找床的了？

苏　秦：天涯何处无芳草，我干吗偏要来北京……嗨，我自己也说不清楚了。

陈　娟：哎，你晚上还有别的安排吗？

苏　秦：没有，我本来想等雨停了就走……

陈　娟：你看，雨已经停了……咱们去酒吧坐会儿？

苏　秦：去那干吗？

陈　娟：那也不能在这戳着吧，跟盲流似的？

苏　秦：（看着陈娟，想了想）要是你不介意，去我那儿坐会儿。

陈　娟：（也看了看苏秦，点了点头）看来，这个主意不错……

〔暗场，音乐起……

第二场

时　间：紧接前场

地　点：苏秦住宅

〔灯亮时，苏秦和陈娟已经坐在沙发上交谈了。

陈　娟：你这儿不错啊，什么都是现成的。租金多少？

苏　秦：一个月三千。

陈　娟：那还不如按揭一套合算。

苏　秦：我也这么想过，可是……

陈　娟：可是什么？你这些年应该赚了点钱吧。

苏　秦：不是钱的问题，假如我要是在外地遇上一个可以做老婆的女人怎么办？再把北京的房子卖了？

陈　娟：你刚才不是说，不打算再结婚吗？

苏　秦：话也不能说死啊。有时候想想，婚姻也确实还有婚姻的好处，比如生病了，身边能有个人倒个茶递个水什么的……

陈　娟：得，这还不如雇个保姆。

苏　秦：我不是那意思。

陈　娟：苏秦，你这种男人啊，我大致是知道的。吃饭睡觉的时候想要婚姻，看书打麻将的时候又要独身，当你拥有一个人的自由的时候又在缅怀两个人的温馨……天下的幸福哪能都让你一个人占去了？

苏　秦：我是说，我还不老吧？也还有点魅力吧？难道后半辈子就这么下去？太孤独了，也太残忍了。

陈　娟：你不是孤独，是寂寞。

苏　秦：对，是寂寞。孤独发自心灵，寂寞源于肉体。心灵这玩意儿，我一个人可以对付，可肉体……肉体是个奇怪的东西，太奇怪了，尤其是这个年纪……

陈　娟：你啊，骨子里还属于那种古典情种，像那种一夜风流的事八成不会干。可你又见谁爱谁，对谁都真诚。

苏　秦：我呢，不爱主动追逐女人。但是一旦遇上相互顺眼的，也不轻易错过。人与人的相遇与错过，往往都是瞬间发生的事。

陈　娟：这话我同意。不过我还想问问你，你对女人的要求，是不是就一个"顺眼"？

苏　秦：当然不是。从前我对女人的要求是八字方针——通情达理，温柔贤惠。现在觉得这个标准过于迂腐了，都什么年头了，还这么古色古香？不现实。就做了修改，多加了四个字——看着顺眼，聊着开心，睡着舒服。

陈　娟：我太同意了！

苏　秦：这也未必不是件好事。对社会嘛，或许增添了点不安定的因素，但对个人却是非常的自由了。

苏　秦：其实啊，这男女的事情，是既简单又不简单。简单嘛，是说上床就上床；不简单嘛，是说下床就下床……

陈　娟：（大笑）好！

［说着，苏秦站了起来，伸了个懒腰。

陈　娟：（敏感地）你这该不是在向我下逐客令吧？

苏　秦：哪里哪里！我这腰好些日子不用了，却还老酸……

陈　娟：（看了看表，起身）哟，还真是不早了啊！

苏　秦：别啊！你看，咱们算得上是看着顺眼，聊得开心……

陈　娟：话说完了？

苏　秦：最后四个字暂时不好说——没有调查就没有发言权——要不，咱们先从简单的做起？

陈　娟：简单？！

〔突然停电了。

苏　秦：你看，停电了，真是天意……

〔另一个光区里，出现了李小冬，苏秦又走向了她——这是苏秦的主观。

李小冬：看来，你小日子过得不错嘛。用你的话来说，是不平庸了，对吗？

苏　秦：现在还说不好……我说，你干吗老惦记着我的事啊？

李小冬：（冷笑）惦记？

苏　秦：怎么，这话也伤你自尊了？我知道，我现在不过是你窗前的一棵树，虽然给你既遮不了风也挡不了雨，可偶尔看上一眼，也不失为一片风景吧？

李小冬：即使是风景，那也是失败的风景。

苏　秦：是啊，一棵风吹雨打的树，将渐渐在你的窗前苍老，变成一堆枯枝败叶……可你就从来没有担心过，有一天这棵树会被人砍了去？

李小冬：我倒是希望早点被人砍了去，免得……

苏　秦：免得什么？免得挡住了你的视线？

李小冬：是。

苏　秦：你……撒谎！

李小冬：撒谎是你们男人的专利。

苏　秦：你绝对是在撒谎！李小冬，我知道你不是这样想的！你不是！

李小冬：我就是这样想的。这么想，又有什么错？我不喜欢和一个曾经做过我丈夫的男人继续保持那种暧昧的感觉。我讨厌这种感觉，它很肮脏！

苏　秦：可是它最真实！

〔一阵沉默……

苏　秦：是的，我们离婚了……三年了……可是这三年里我怎么老是心神不定呢？

李小冬：你没有必要这么想，你不欠我什么。我自然也不会再要求你什么了。

苏　秦：不，我不是这个意思，我是觉得怎么有点行影相吊呢？有时候我甚至会想，我们真的离婚了吗？

李小冬：这难道还需要怀疑吗？

苏　秦：毋庸置疑，可它一点也不真实啊！

李小冬：等你有了新的相好，它就特别真实了。

〔李小冬消失，回到客厅，来电了。

苏　秦：哦，灯亮了……这灯亮得一点也不是时候……

陈　娟：我喜欢明朗。

苏　秦：那，那就别含蓄了。陈娟，你别离我那么远好吗？

陈　娟：我不就站在你跟前吗？

苏　秦：男女之间，手摸不到的地方就是远啊！

〔两人拥抱……

〔灯渐暗……

〔音乐渐起……

第三场

时　间：紧接前场

地　点：苏秦的大床上

陈　娟：苏秦，我问你一个问题——我是老几啊？

苏　秦：什么老几？

陈　娟：我是你第几个女人？

苏　秦：这个问题我不予回答。

陈　娟：你可是我第二个男人啊！

苏　秦：第二个？有一个计算公式，只要按照女人所说的数目乘二，再加三，就是女人实际的男人数——二二得四，加三为七——我起码是你第七个男人！

陈　娟：你坏死了！那我再问你一个问题——和她们比，我怎么样？

说实话，有那么费劲吗？

　　苏　秦：嗨，你这个人刚才在沙发上没有什么问题，怎么一上床这问题就不断啊？

　　陈　娟：你肯定认为我不够好……

　　苏　秦：你没见我一脊梁都是汗吗？我觉得啊，咱们还真是做到了那"十二字方针"了。

　　陈　娟：你这么说，不是在暗示让我马上嫁给你吧？

　　苏　秦：虽说暂时没这么想，不过，理想的婚姻也不过如此啊。

　　陈　娟：可是，时间一长，彼此都会感到厌倦的。就像美国的那部《廊桥遗梦》，剧中那对中年男女爱得那么刻骨铭心，让人感动。可是他们仅仅是相处了四天啊！

　　苏　秦：四个月大概也不会有问题。

　　陈　娟：那要是四年甚至四十年呢？还会这样吗？

　　苏　秦：所以说，婚姻总是让人感到紧张……

　　〔陈娟的手机骤然响起，她接听。另一个光区出现了高宗平。此人看上去很儒雅，西装革履，戴着眼镜，年纪四十岁左右。

　　高宗平：是陈娟小姐吗？

　　陈　娟：您是……

　　高宗平：我是高宗平啊！

　　陈　娟：哦，是高先生啊！您在哪呢？

　　高宗平：在上海。我今天在机场的出口，看见一位女士，侧面太像你了，我差点就上前打招呼了……

　　陈　娟：您不会就因为这个给我打电话吧？

　　高宗平：我就是为这个啊。怎么，难道给你打电话还非得需要一个站得住脚的理由吗？

　　陈　娟：那我谢谢你了。

　　高宗平：我当时很激动。我想怎么这么巧呢？昨天我们刚在北京见面，今天又在上海遇上了！那我们可以在上海一块玩玩了，至少可以一块吃顿饭吧？可是这时候她忽然转过头来，不是你……弄得我胃口一下子没有了，到现在肚子还空空荡荡。

　　陈　娟：（笑）是吗，那真不好意思……

高宗平：陈小姐，我们认识的时间也不短了，可我们还从来没有一起吃过一顿饭，这好像很不正常。

陈　娟：不会吧……做生意吃饭的规矩，其实我不太喜欢。

高宗平：可做朋友是需要吃饭的。选择一个有特色的地方，点上几道爽口的菜肴，要上一杯红酒，一块说说话，这感觉难道……

陈　娟：（打断）高先生，我现在是在一个朋友这里……

高宗平：哦，不方便。那这样吧，陈小姐，等我回北京，再正式邀请你。

〔高宗平下场。

陈　娟：这个人真逗……

苏　秦：好像很热情啊。

陈　娟：是我的一个客户，老是说请我吃饭什么的。

苏　秦：男人和男人不一样。有的男人喜欢请女人吃饭。我呢，更愿意和一个女人睡觉，当然是让我心动的女人。

陈　娟：人家未必就对我有什么意思。

苏　秦：没关系啊，他饮食，我男女。挺好的呀！像你这样的女人，肯定不是我一个人喜欢的。

陈　娟：假如我只想你一个人喜欢，你能做得到吗？

苏　秦：你们女人总喜欢提这么绝对的问题。其实谁都明白，没有人一辈子只爱一个人，神都做不到。

陈　娟：我想，这大概是你不想再要婚姻的理由吧？你现在这么自由，可以随便跟任何顺眼的女人好。可是苏秦，你想过没有，人是会老的。

苏　秦：问题是，我现在还没老。（两人重新翻倒在床上）

〔暗场。

第四场

时　间：一些天之后的周末

地　点：某公司，陈娟办公室

［这是一个窗明几净的外企公司办公室。陈娟在和苏秦通电话……

陈　娟：喂，有事吗？

［苏秦在另一个光区出现。

苏　秦：没事就不能给你打电话啊？今天是周末，回来吗？

陈　娟：我在加班呢，可能会晚点儿。

苏　秦：那我就做你的饭了。哎，陈娟，我有个建议……

陈　娟：什么建议，说。

苏　秦：你干脆搬过来住算了，免得这两头跑，也不是个事。

陈　娟：你让我想想好吗？

苏　秦：好，你想吧。

［苏秦下场。

［陈娟正在思索着，她的同事顾菲菲来了，这是一个时髦的女人，三十来岁，刚从美国回来不久。

顾菲菲：小日子过得不错呀，你最近是不是和哪个网友见面了？

陈　娟：我才不干那种傻事呢——都是"见光死"。

顾菲菲：也未必啊，我都见过十来个了，挺刺激啊。

陈　娟：网上的家伙都是虚虚乎乎的，我可没这份闲心。

顾菲菲：也不尽然啊。网上有网上的好处，两个人八竿子打不着，于是就可以胡说八道。甚至还可以在网上做爱。

陈　娟：网上做……怎么做啊？

顾菲菲：很简单，你就把你的感受直截了当地说出来，发给他。他也一样发给你。

陈　娟：那也只是一种幻想嘛！

顾菲菲：性幻想对人类永远都是充满魅力的，要不，怎么会有外遇、情人这样的词语呢？我啊，一看就知道你最近过得很开心，连脸上的斑点都浅了——良好的性生活是具有美容作用的，这是科学。

陈　娟：（有些窘迫的）菲菲，我认识的那个人根本就不是什么网友，是我过去的一个同事……我们在北京遇上了，而且，我们还都是单身……

顾菲菲：这么巧？那我可得祝贺你了！

陈　娟：（拿出苏秦的照片）喏，就是他。

顾菲菲：哟，人虽不是帅哥，却是蛮有情调！这个人大概有四十了吧?

陈　娟:差不多。

顾菲菲:挺好……你这个年纪啊,就应该找这样的男人。看上去有三分精神,三分才气,三分诚实——哎,我这么说你不生气吧?

陈　娟:我倒想听听你的意见。

顾菲菲:也谈不上什么意见。不过,我对什么阶段的女人找什么样的男人,还是有点研究的。二十岁的女人,应该去找帅的;三十岁的时候,应该去找有情调的;可一旦过了四十岁,那就应该去找一个脾气好的了。

陈　娟:你能说具体点吗?

顾菲菲:可以呀。二十岁的女人是情窦初开,成天幻想着不是花前月下就是白马王子。可是这个阶段的女孩子并不懂得男人,所以只能去找帅哥。俊男靓女,激情碰撞,那才叫如火如荼啊。

陈　娟:那三十多岁的女人呢?

顾菲菲:三十岁,是女人最有魅力的时候。既有挥之不去的少女情怀,又有风情万种的妇人姿态。这个阶段的女人就应该玩点情调了。可这玩情调可不简单啊,你得物色到对手,得在一个段位上,所谓情投意合,要不就没法玩了。但是切记,别忙着分出胜负,只要你情我愿,就不妨多来它几个回合,把你作为女人的滋味一点一点地尝够。从前说男人贪色,其实女人,尤其是三十岁的女人,比男人有过之而无不及。

陈　娟:那四十岁呢?

顾菲菲:四十岁?女人过了四十岁就是个问题了。所以别再幻想着云里雾里的,要赶紧实行"软着陆",即使不行,那就"迫降"好了。总之得回到地面上来,让一个男人把你接收过去。这个男人得像足球场上的守门员,别的男人把你踢来踢去,唯独他用双手把你抱着,抱得紧紧的。那么,这个人得是个脾气好的老实人,要不,会随时把你扔了,就不合算了。当然啰,无论女人在什么阶段找的男人,有一点是共同的,就是他们得有钱才是,别让他们"吃软饭"。

陈　娟:天啊,你可真是一套一套啊!菲菲,那你是什么样的女人呢?

顾菲菲:我?顶天立地的女人啊。我既想要云霄之上的浪漫情怀,又想要脚踏实地的物质享受。有人说我是一个"情感空姐",一会儿天上,一会儿地下。

陈　娟：何况，还飞国际航班。你还打算回美国吗？

顾菲菲：美国已经对我没有什么兴趣了。或者说美国暂时对我失去了吸引力。我去美国，和别人最大的不同，你知道在哪吗？

陈　娟：这哪知道啊。

顾菲菲：别人是去洋插队，我呢，是去买养老保险。

陈　娟：你在美国买养老保险了？

顾菲菲：是啊，我的保险就是我儿子杰克。

陈　娟：菲菲，我怎么不太明白你的话啊。

顾菲菲：陈娟，一个女人不能有后顾之忧。当我意识到怀上了杰克时，我就对自己的未来有数了。

陈　娟：单身母亲一般来说应该是很不容易的。我还是不明白……

顾菲菲：你看，按照美国的法律，杰克属于美国公民。就是说，等几十年之后，我老了，他也大了，我就可以去美国靠着儿子养老了。再说，我和他父亲离婚的时候还得到过一笔补偿金和抚养费，这笔钱数目还可以，我把它存进了洛杉矶银行。现在，我拿自己的钱养活儿子，别的男人养活我——这不是两全其美吗？北京的生活水平还是便宜啊。

陈　娟：（吃惊地）天啊，你连几十年之后的事都安排好了……和你比，我简直是个白痴。

顾菲菲：哦，你的客户来了。

〔这时，那个叫高宗平的客户来了。

顾菲菲：高先生，你又是来请我们陈小姐吃饭的吧？

高宗平：顾小姐，我今天还确实有这个意思。

顾菲菲：那得挑一个好点的地方才是。

高宗平：这不是问题，北京这么大，可供挑选的地方太多了。

顾菲菲：你怎么就觉得不是问题呢？

高宗平：（纳闷）难道这还是个问题？

顾菲菲：不是问题，是大问题。因为陈小姐的饭，好像已经有人给做了……（下场）

高宗平：什么意思？

陈　娟：是高先生啊，请坐。（为高倒水）

高宗平：谢谢。陈小姐，上次你们提供的报价清单，我们回去经过董事会讨论了，觉得是可以考虑的。

陈　娟：那好啊，这样就可以操作了。

高宗平：现在主要是付款方式上，按三分之一支付订金，恐怕有点困难。

陈　娟：那你们打算支付多少呢？

高宗平：总金额的五分之一。

陈　娟：这个幅度可太大了，高先生。您知道，我们公司虽然是外企，但在资金的周转上，也还是比较紧张的啊。

高宗平：你看，和你这样的小姐讨价还价，真让我尴尬啊！

陈　娟：咱们是各为其主，有什么好尴尬的？这样吧，我回头和老板说说，双方各让一步，四分之一好了——您可以接受吗？

高宗平：我得回去跟董事会商量一下。

陈　娟：那好，我等你的回话。

高宗平（起身）：陈小姐，你是不是该下班了？

陈　娟：差不多了。怎么，您还有事？

高宗平：我想晚上请你吃饭啊。你看，我在上海的时候就已经把请柬口头送达了。

陈　娟：高先生，我不明白，难道非要一起吃顿饭不可吗？

高宗平：可我不明白的是，我们为什么就不能一起吃顿饭呢？

陈　娟：恕我直言，高先生，您有点固执。

高宗平：不是固执，是执著。陈小姐，我这个人用北京的话说，有点"一根筋"。自从认识你，我就觉得与你做朋友，是很愉快的一件事，甚至有一种类似男人的成就感。而和你共进晚餐，那无疑也是一件……

陈　娟：（打断）高先生，真不好意思，我今天得回家……

高宗平（有些意外）：回家？陈小姐，如果我没有记错的话，你上回对我说，你是一个人啊。怎么忽然之间就有了一个家呢？

陈　娟：高先生，我说的一个人，不是指独身，是指我暂时一个人在家——那天我爱人碰巧出差了。

高宗平：你爱人？

陈　娟：是啊，我爱人啊——怎么了？

高宗平：爱人？……

［暗场。

第五场

时　　间：当天晚上

地　　点：苏秦住宅

［陈娟匆匆上场，苏秦扎着围裙在等候。

苏　秦：你总算回来了！

陈　娟：差点回不来了。一个客户硬是要请客……

苏　秦：还是那姓高的吧？

陈　娟：对。

苏　秦：这哥们儿有点意思。干吗老是爱请人吃饭呢？

陈　娟：可我还是觉得在家里吃饭香，就推了。你看，我什么时候变成你老婆了！

苏　秦：那你想好了吗？

陈　娟：什么想好了？

苏　秦：搬过来啊，这样三天两头地跑，多累啊！

陈　娟：你说得好轻松啊。

苏　秦：本来就不沉重嘛。如果有一天你住烦了，或者你觉得别扭了，可以随时离开。

陈　娟：就图这点方便？

苏　秦：难道还不够吗？这不是方便，是自由。

陈　娟：那咱们这算什么关系呢？情人关系？还是同居关系？我该以什么面目对你？我在外面又该怎样把你介绍给别人？我怎样去对我父母说？我……

苏　秦：行了行了，还没完呢。你就说，咱们结婚了，是夫妻。

陈　娟：可我们明明不是夫妻啊！

苏　秦：你就这么说。

陈　娟：我说不出来。

苏　秦（坐下来，点上香烟）：说白了，你还是想要婚姻啊。

陈　娟：我没觉得婚姻有什么不好！哪个女人不想要婚姻？但是，苏秦，我不会逼着你和我结婚的。

苏　秦：这不是逼不逼的事。婚姻可怕吗？不可怕。咱们不都是从婚姻里走出来的人吗？我就是觉得婚姻不是什么好东西——比方说，婚姻是台冰箱吧，那么大批的婚外情和离婚，是不是可以理解为返修和退货？这说明什么？说明生产这个产品的流水线有问题。这个流水线，就是婚姻制度——人类最大的败笔。

陈　娟：我一点也不想关心婚姻制度是不是什么败笔，我担心的是，时间一长，日子会慢慢地变得很乏味……或许，婚姻就像歌里唱的那样吧——"平平淡淡才是真！"

苏　秦：狗屁啊！为什么要平淡？人生七十古来稀，斩头去尾二十年。就这点光阴，大部分就这么"平淡"了去，那还配叫日子吗？所以，这些天我一直在瞎琢磨着……

陈　娟：继续说呀，琢磨什么？

苏　秦：说起来似乎有点荒唐，我琢磨着，这婚姻原本就是两个人的事，犯不着把政府拖进来，这婚姻也是可以实行多种制度的，比如说，合同制。

陈　娟：合同婚姻？我听着像国外骗取绿卡假结婚的！

苏　秦：瞧你说的！我这不是想……开拓点嘛！

陈　娟：婚姻本来就是一种契约关系，你不觉得是多此一举吗？

苏　秦：你听我把话说完。政府给的婚姻，暗示着一种终身合同，希望的是白头偕老，尽管也允许离婚，但大家因为这样的牵扯和那样的麻烦，就不愿意这么干了。不是有部小说叫《懒得离婚》吗？于是就凑合着打发了这一辈子。这种平淡的婚姻无非就是三种前途——忍耐、欺骗、离异。

陈　娟：那你构想的合同婚姻呢？

苏　秦：核心内容是，当事的双方制订一份属于自己的合同，是有期限的，一年一签，好则续约，不好则终止。

陈　娟：哦，绕了这么一个大弯子，我总算是明白了。你这是在为自己找方便呢，和这个女人睡上一年，再换个女人睡上一年，如此一生下来你可没白过啊！

苏　秦：看你把我想得多么狭隘啊！这么跟你说吧，麻将为什么那么诱人？关键在于这个游戏浓缩了人生的精华。第一，民主——麻将首先讲的就是民主，参与者既是指挥员又是战斗员，既是政策的制定者也是政策的执行者。是点炮包还是三家汇？清一色算五番还是十番？事先都得进行民主评议。而不像这现实生活中，政策总是来自上面，咱们平头老百姓只有执行的份。第二，平等——上了麻将桌就实现了平等。无论你是什么身份什么角色，都一样。你是部长不等于你总是自摸，我是科员也不见得总是点炮。在这张桌子上虽然硝烟滚滚、暗藏杀机，却看不见任何的欺压和剥削。第三，自由——怎么打完全就是你自个儿当家做主，无须看别人的脸色，爱怎么打就怎么打，全凭一个高兴，自负其责，自食其果，自己酿的酒自己喝。第四，矛盾——这是麻将的乐趣关键所在。你既要与三方为敌，又指望三方来成全自己；既要死死卡住下家，又要蒙混上家喂你吃牌，自始至终把自己置于腹背受敌、进退两难的境地，不失为人生一乐。

陈　娟：还有第五吗？

苏　秦：有啊，第五就是希望了——麻将的魅力，除了具有天然的进取机制外，还在于具有一种永远的可能性——它总是给你希望，而且让你觉得这希望近在咫尺，唾手可得。即使你今天惨败而归，回去之后照样能做出一个大获全胜的美梦，因为你会想——明天，我难道还会输吗？

陈　娟：天哪，你简直就是一个麻将博士了！

苏　秦：你难道不觉得，我构想中的合同婚姻，和这麻将的精髓很相似吗？我们按照自己的愿望订立自己的规矩，每一条每一款都是量体裁衣，那么执行起来，可就是如鱼得水了。

陈　娟：听起来很诱人，但感觉上还是觉得像个圈套……

〔音乐起……

〔灯暗。

第六场

时　间：紧接前场

地　点：苏秦卧室

［已经换上睡衣的两个人在讨论着合同。

［苏秦写完，开始朗读。

苏　秦：合同书，甲方——还是你来做甲方吧。

陈　娟：无所谓，我就当乙方好了。念吧。

苏　秦：甲方，苏秦，男，1963年3月2日生；乙方，陈娟，女，1970年10月12日生。甲乙双方经过反复协商，就实行合同制婚姻……

陈　娟：是试行，试验的试。

苏　秦：那我改改。（修改）就试行合同制婚姻关系达成如下协议。

一、概念。本"合同婚姻"，既不同于法定婚姻关系，也区别于普通同居关系。具体解释为，在合同有效期内，双方按照现行《婚姻法》的标准，履行一切相关责任和义务。

陈　娟：应该说，认真履行。（修改）

苏　秦：好。认真履行。当合同期满、双方已决定不再续约时，相关责任与义务随之解除。二、称呼。在合同期内，双方对外一律称彼方为"爱人"。不得使用"丈夫"、"妻子"、"先生"、"太太"、"老公"、"老婆"等敏感字眼。

陈　娟：也不许称"我男朋友"和"我女朋友"，加上。

苏　秦：（加上）三、经济。家庭开支由双方均摊。在日常生活上严格实行"AA制"，各自拥有自行的经济支配权。除双方赠送的礼物外，各自财产归己所有，不得分割。（点烟）你来读吧。

陈　娟：（继续）四、理赔。在合同期内，如果一方违背合同精神，给另一方造成伤害，应赔偿受害方人民币十万元——觉得多吗？

苏　秦：干吗看我啊？就好像我要违约似的。就写十万，谁违约谁活该。

陈　娟：五、生育。如果双方愿意生育子女，或无意中导致乙方怀孕，即使在合同不再履行后，也必须按照各自工资标准的三分之一支付子女抚养费，至年满十八岁为止。将来子女的相关费用，也由双方均摊。子女享有双方的财产继承权。六、升格。当双方都有意愿，将此婚姻升格为法定婚姻关系时，应及时到民政部门办理登记手续。七、其他。未尽事宜，可根据条件变化，对条款进行修改或增删。

苏　秦：这里得加上一个"随时"，随时进行修改或增删。

陈　娟：（修改）八、本合同有效期为一年。合同期满，可续约，可终止。如续约，双方须重新签订合同。如果在合同期内有任何一方提出终止，另一方有权保留两个月的协商时间。九、本合同一式两份，双方各执一份。自签字之日生效。十、双方必须严格遵守合同条款，以人格担保。

苏　秦：好！好极了！咱们签字吧！

陈　娟：看你急的……我得好好从头看一遍……（打了哈欠，下场）

〔苏秦还在为自己的创举陶醉着，电话突然响了起来……

〔李小冬出现在一个光区里——这还是苏秦的主观。

李小冬：你还没睡呢？

苏　秦：没有……我忽然觉得有点闷……

李小冬：那是你心荒了。

苏　秦：心慌？我干吗心慌啊？

李小冬：不是慌乱的"慌"，是荒地的"荒"。

苏　秦：哦，这个"荒"啊……对，我就觉得心里长满了草。

李小冬：所以啊，地不能老荒着，你四十岁了，得在北京找一个适合的女人，安一个家。苏秦，你四十岁了，四十岁的男人不能再睡在码头上了！搭上哪班船算哪班！

苏　秦：你这话听起来怎么如此语重心长啊？咱们做夫妻的时候，你好像没有说过这样的话啊！

李小冬：我们太熟悉了。熟悉得让人觉得可怕。

苏　秦：这难道就是我们离婚的理由？

李小冬：当一个人把另一个人看透以后，那是很恐怖的。

陈　娟：我要是怀孕了怎么办？

苏　秦：恐怖？

陈　娟：恐怖？有什么恐怖的？

李小冬：是的，恐怖……我们的悲剧，在于我们做了夫妻。倘若我们是情人，或许我们会为我们的相遇所陶醉的。在情人眼里，看到的是一只孔雀的正面，是丰满美丽的羽毛。可在一个妻子眼里，她看到的是这只孔雀的背面……

苏　秦：背面？那，那可一点也不好看啊！

李小冬：可我看了你五年！

苏　秦：真难为你了……

陈　娟：谁难为谁啊，这不是咱俩人的事吗？

陈　娟：我觉得两个月有点短，起码三个月。

李小冬：你身边好像有人了？

苏　秦：啊？……

陈　娟：啊什么？

苏　秦：就写三个月。

陈　娟：我去趟洗手间。（下场）

苏　秦：我……你不是说最近要来北京吗？

李小冬：是，也许我明天就到……你怎么知道，你不用来接我。（消失）

陈　娟：苏秦……

〔苏秦有点怅然。

第七场

时　间：翌日上午

地　点：机场咖啡厅

〔飞机的轰鸣声掠过……

〔苏秦和李小冬已经坐在咖啡厅了。

李小冬：不好意思，飞机晚点，让你等了两个钟头。

苏　秦：你现在怎么变得这么客气了？

李小冬：角色变了，自然什么都得跟着变。

苏　秦：我只是没想到，你变得这么快。

李小冬：其实你的变化更大——看你这一身鲜鲜光光的，该不是又得做新郎官了吧？

苏　秦：犯得着这么急吗？

李小冬：我怎么觉得你已经结婚了呢？

苏　秦：是你自己结婚了吧？

李小冬：你觉得我还会吗？

苏　秦：我虽然不经常回去，可你的事，还真是知道不少。

李小冬：那你说说，你都知道些什么了？

苏　秦：比如说，你提拔了。比如说你马上要分福利房了。比如说，你和那个副厅长……不过这事我得说你几句了，人家那可是有家的啊！

李小冬：如今好男人不都是在家里吗？难道还要在马路上找？

苏　秦：也有好男人从家里走出来的。

李小冬：你是在说你吧？

苏　秦：我对你已经不重要了。我只是希望你不要去当一个无聊的第三者。我尤其讨厌一个女人为了达到自己的目的就……

李小冬：说啊，就怎么了？

苏　秦：就出卖！

李小冬：真是笑话。即使我现在出卖，那也还是在出卖我自个儿，我可没有出卖你苏秦的老婆。连一个死囚犯对自己的身体都有处置权，我一个大活人难道对身体没有支配权？

苏　秦：好好，你随便卖好了。但愿你卖个好价钱。

李小冬：别说得那么难听好吗？

苏　秦：你做都做了，还在乎人说？

李小冬：还是说说你吧。女方是谁？我认识吗？

苏　秦：我可以告诉你，是陈娟。

李小冬：陈娟？以前你们办公室梳辫子的那个？

苏　秦：对，是她……

李小冬：我听说，她不是嫁了个大款吗？

苏　秦：那是以前。我们在北京遇上了……

李小冬：这也算是缘分啊！北京这么大，芸芸众生，怎么就你们俩遇上了？我得恭喜你了，苏秦。

苏　秦：其实我们至今也还是相对独立的。

李小冬：什么叫"相对独立"？你们不是已经结婚了吗？

苏　秦：我们的婚姻，比法定的那种自在……

李小冬：哦，你们是在同居吧？

苏　秦：又比同居严肃。

李小冬：苏秦，你别再对女人绕什么弯子了。女人和男人不一样。女人是想要归宿的。

苏　秦：也不是每个女人都这样吧？你不就没要吗？

李小冬：谁说我不要？我只是没有遇见合适的而已。找到了，就找到了归宿。

苏　秦：什么才叫归宿呢？是家吗？那什么又是家呢？一个男人和一个女人，再加上一个孩子或者两个孩子？就这么点内容？

李小冬：你应该最有体会啊！

苏　秦：我的体会非常简单。家，就是一个放屁都不用憋的地方吧。

李小冬：那不是家，是厕所！真是抱歉，苏秦。以前我太大意了，没有给你腾出一个随便放屁的地方，让你活活憋了五年。

苏　秦：也没这么严重吧……

李小冬：好了，我没有兴趣高谈阔论了。到了正式结婚的那一天，别忘了通知我一声，我得给你们送上一份厚礼才是……

〔李小冬起身，准备离开，欲走又止。

李小冬：不过……我还是想给你一个忠告——

苏　秦：什么忠告？

李小冬：做老婆的女人，都一样。

〔李小冬径自走了。

〔苏秦有些困惑……

〔暗场。

第八场

时　间：一段日子之后，已经到了秋天。

地　点：陈娟办公室

〔陈娟在用电脑。

〔顾菲菲拿着一本杂志上场。

顾菲菲：陈娟，在和网友聊天呢？

陈　娟：我才没这个闲工夫呢，看看新闻。

顾菲菲：有八卦吗？

陈　娟：没注意，应该有吧。

顾菲菲：是啊，天下这么大，到处都是战争啊，恐怖啊，劫机啊，地震啊，非典啊，也该有点风花雪月的才对。要不，这个世界该是多么糟糕和乏味啊。

陈　娟：菲菲，昨天和你一起吃饭的那个男人，是你男朋友吧？

顾菲菲：哦，那个染头发的？

陈　娟：是啊。

顾菲菲：哦，是我去年的男朋友，刚从巴黎回来。我今年的男朋友正好去了纽约，在一起叙叙旧……

陈　娟：菲菲，你可真够潇洒的啊。

顾菲菲：聪明的女人一般是先找个爱你的人做丈夫，然后再去找你爱的人当情人。

陈　娟：我可不如你聪明啊。

顾菲菲：我这已经很收敛了，一年就处一个。你知道咱们大学同学王露？就是那个副总会计师，人看上去不怎么样吧？可换男朋友像换手机一样，出新款就换。

陈　娟：这也太勤快了吧？

顾菲菲：各人有各人的活法，只要他过得舒服。陈娟，尊重一个人的生活状态是对这个人最大的尊重。这是符合人性的。说说你，还是和你那个过去的同事住在一起吗？

陈　娟：是啊，怎么了？

顾菲菲：从春天到秋天，这时间也够长的了……

陈　娟：但我们过得还不错。

顾菲菲：这我能看得出来。很不容易啊，不过……

陈　娟：不过什么？

顾菲菲：作为女人和你的朋友，我还是希望你别太投入了。男女之间的事最怕的就是太投入。谁投入的越多，谁受的伤害越大。

陈　娟：那假如我们两个人决定在一起生活了呢？

顾菲菲：（递过那本杂志）这是我刚收到的美国朋友寄来的《生活周刊》，这上面有篇文章，你可以看看——就是这篇《爱情保鲜期》。

陈　娟：（看杂志）"爱情保鲜期"？

顾菲菲：这位美国著名的性学专家最近进行了一项可贵的调查，并在调查的基础上又做了有趣的生物实验，形成了这份调查报告。上面说，根据人类大脑皮层的接受能力和生殖器官的敏感极限，最有质量的两性生活只能维持在210—250天之内。也就是七个月到八个半月的样子，这是爱情的保鲜期。

陈　娟：是吗？这说得也太玄乎了吧？

顾菲菲：我是相信科学的。而且这个调查也非常符合我的实际——我和杰克的爸爸就是在相爱248天里分手了，那时杰克才生下来一周。

陈　娟：哦……原来……

［苏秦突然进来了。

陈　娟：（有些慌乱）你，你怎么来了？

苏　秦：我去图书大厦买书，路过你们这儿……

顾菲菲：陈娟，你得给我们介绍一下吧？

陈　娟：哦，这是我的好朋友顾菲菲，从美国回来的。这是苏秦，我……爱人。

顾菲菲：你爱人？

陈　娟：是啊，他是我爱人。

顾菲菲：好个陈娟啊，在我眼皮子底下结婚了，瞒天过海，也不请我喝杯喜酒！

苏　秦：顾小姐，改天我们请你。

顾菲菲：你看，还是苏先生慷慨。

陈　娟：菲菲，你别这么咋呼好吗？

顾菲菲：好好，你们聊，一对新人，话总是说不完的……陈娟，这杂志你还看吗？

陈　娟：先搁我这吧。

顾菲菲：那好，再见！

［顾菲菲下场。

苏　秦：这就是你说的那个将来靠美国儿子养老的？

陈　娟：你说这干吗？

苏　秦：这人怎么神叨叨的……

陈　娟：行了。有什么事吗？

苏　秦：你好像很不愿意我到这儿来啊。

陈　娟：不是，这是公司啊！

苏　秦：你还是有顾虑吧？

陈　娟：……

苏　秦：陈娟，要是你觉得我们现在这样别扭，国庆节就去登记好了。按照合同的第六条——升格。

陈　娟：你真是这样想的？

苏　秦：（从口袋里拿出了一枚戒指）这个，我一直就装在身上啊！

陈　娟：（激动地）苏秦！

〔电话。

陈　娟：来了——我去一下。（下场）

〔这时，那位高宗平来了。两个男人一见面，便有了一种怪异的尴尬。

高宗平：请问，陈娟小姐在吗？

苏　秦：她……她去老板那里了，一会儿就来。

高宗平：您也是她的客户吧？

苏　秦：客户？谈不上……谈不上……

高宗平：陈小姐，很能干啊！

苏　秦：是吗？这我还真不太清楚。

高宗平：她有品位，气质真好，能和她打交道，是很愉快的。

苏　秦：对，她这个人还真是给人带来愉快……你找她有急事吧？

高宗平：其实也没什么急事，但很要紧。这件事我已经筹划了很久，一直就没有落实。我想今天是无论如何也不能再拖了，再拖下去，我会有一种挫败的感觉。

苏　秦：听起来好像很严重啊？

高宗平：严重？不，是重要。相当的重要，当然在外人看来会十分平常。

苏　秦：如果方便的话，您能对我说一声吗？

高宗平：也没有什么可保密的。我今天来，是想请陈小姐吃顿饭的……

苏　秦：（恍然大悟）哦，我明白了……

高宗平：不不，你绝对不明白！

苏　秦：我确实明白了。

高宗平：你怎么会明白呢？

苏　秦：那……要不你接着等吧。她马上就会回来。（欲下场）

高宗平：先生，你不打算再等了？

苏　秦：我在另一个地方等她，等她回来睡觉……

［高宗平大为震惊。

［灯暗。

第九场

时　间：紧接前场，黄昏——夜晚

地　点：苏秦住宅·客厅

［电话铃声大作……

［苏秦躺在沙发上接电话。

苏　秦：喂……小马啊，你在哪呢？哦，回犁城了，我说嘛，电话这么清楚……你说什么？李小冬出车祸了？严重吗？是哪条腿骨折了？哦……我知道她父母在外地，我知道……这个电话是她让你打的吗？哦，我不是那个意思，我当然不会无动于衷的，我是那种人吗？行，谢谢你啊，小马，我抓紧……

［放下电话。

苏　秦：怎么会出这种事啊！夏天见面的时候人还是"拽拽"的嘛！

（又突然抓起电话）喂，航空公司售票处吗？有今天晚上飞犁城的航班吗？有，太好了，是几点的？晚上八点一刻，行，我订一张，马上就取……行，行，谢谢……（看看手表，再次拨电话）喂，是金达利公司吗？我找陈娟……下班了？哦，谢谢……（继续拨电话，但无人接听，无奈地放下，急忙下场）

［屋外响起了一阵轻雷，好像天要下雨了……

［陈娟进门，换鞋。

陈　娟：（对着里面喊）亲爱的，我回来了，这鬼天，又像要下雨了……

（看见一桌子的菜，随手吃了一块）真好吃！

［苏秦提着旅行包上场。陈娟很惊讶。

苏　秦：你总算回来了！

陈　娟：怎么？你这是……

苏　秦：（急促地）是这样的。我刚才接到犁城小马的电话，说，说李小冬出车祸了……

陈　娟：什么？人怎么样？

苏　秦：一条腿骨折了。所以，所以……

陈　娟：你准备赶过去伺候她？

苏　秦：对，她父母不在身边，别人好像也插不上手……

陈　娟：她不是有单位吗？

苏　秦：是啊，可单位顶多也就是出个钱什么的……所以我想和你商量，也订上了晚上去犁城的机票……

陈　娟：你连机票都已经订上了，还和我商量什么？

苏　秦：主要是事情紧急……（拿出一个信封，放在桌上）这是下个月的房租和水电费，按合同是由我支付的……

陈　娟：你想得真周到啊。连下个月都安排好了。

苏　秦：这种严重的骨折恐怕需要一个较长的时间才能恢复。

陈　娟：要是下个月还不能恢复，你是不是就一直伺候到她康复出院呢？

苏　秦：你，你今天说话怎么阴阳怪气的？这可不像是你啊！

陈　娟：嫌难听是吧？那你可以不说啊！

苏　秦：（按住怒火）陈娟，你不要这么咄咄逼人好吗？

陈　娟：我还咄咄逼人？我简直连个人也算不上了！

苏　秦：（发火）你，你怎么连起码的同情心都没有啊！

陈　娟：（含着泪）苏秦，你没有权利这么指责我，你欺人太甚了！

苏　秦：陈娟，我可以明确地告诉你，只要那个女人还没有被别的男人正式接过去，那她就还归我管！

［说完，提着旅行袋夺门而出。

陈　娟：（掩面而泣）苏秦，你会后悔的！

〔音乐骤然而起……

〔雷声,闪电,终于下雨了。

〔陈娟在沙发上哭泣,她忽然感觉到了口袋里的那枚戒指,拿出来,放到了茶几上。然后,她注意到了茶几上的花,似乎已经落下了许多的花瓣,她一片片地拾着……忽然,她站了起来……

陈　娟:多么好看的花啊,这么快就凋谢了!我数过了,落下的花瓣是249片,(又拾起一片)又落下了一片,250,不多不少——多么令人讨厌的数字!我怎么就没想到,应该尽早把这束花扔掉!昨天它看上去还是好好的,怎么一夜之间就凋谢得这么厉害……我居然就没有识破,被它的假象所蒙蔽……终于下雨了……

〔敲门声。

〔那个叫高宗平的来了,手捧着一束鲜艳的玫瑰。

陈　娟:(紧张地)谁?

高宗平:陈小姐,是我……高宗平。

〔陈娟开门。

陈　娟:高先生,你怎么知道我住这儿?

高宗平:该知道的自然就会知道。请原谅我的冒昧……我是不是应该先换一双拖鞋?

陈　娟:我这里就一双男人的拖鞋……那是我爱人的……

高宗平:那我就换这双吧。

〔高准备换鞋,被陈娟拦住。

陈　娟:别!你别换了,我这里反正也挺乱的,明天我会打扫。

高宗平:不好意思,打扰了……(献花)

高宗平:这花希望你能喜欢。

陈　娟:这花,很漂亮……

高宗平:陈小姐,我是一个直率的人,所以有些话我就开门见山了。

陈　娟:您请便。

高宗平:我们认识这么久了,直到现在,我才知道你真实的生活。今天,我见到了你的那位苏先生……

陈　娟:(心里有数了)高先生不至于会因此轻视我吧?

高宗平:怎么会呢?那是你个人的选择啊。

陈　娟：那就好。

高宗平：我听顾小姐说，你跟你现在的男朋友签了一份合同，这太让我奇怪了，也令我担忧，这是我今天来这里的目的。

陈　娟：高先生，我可以明确地告诉你，和我在一起的那个男人，不是我的男朋友，而是我的爱人。

高宗平：爱人？你们其实并没有……

陈　娟：那不过是一个法定的程序问题，或者是一个形式问题。但爱人这个词，在我心目中一点也不比法律赋予的丈夫意义轻。

高宗平：我欣赏你这种达观的态度。

陈　娟：其实我要的只是一种纯粹。

高宗平：看来，你过得比我想象的要好，这我就放心了。不过，我还是要坦白地告诉你，我是喜欢你的，我依然觉得我的机会还在，我相信，我最终是能够赢得这个机会的。我今晚来的第二个意思，是祝你生日快乐！

陈　娟：（惊讶地）生日？天哪，今天是10月12日……我居然连自己的生日也忘了！

高宗平：我记得。那次，你在电话里预订机票的时候，我坐在你的对面，我听见你说身份证号码，其中有701012。

陈　娟：（感动地）谢谢你，高先生……其实，作为女人，我自觉并不出色。

高宗平：喜欢的，就是最好的——这是我一贯的原则。陈小姐，这一桌子的菜似乎没见人动过，也凉了，我们是不是找一个安静的地方共进晚餐？这是迟到的晚餐。

陈　娟：（感慨地）迟到的晚餐……

［灯光渐暗，陈娟和高宗平下场……

［雨声大作……

第十场

时　间：紧接前场，深夜

地　点：犁城医院

［身着病员服的李小冬躺在床上，昏昏欲睡……

［苏秦提着箱子赶来了。

李小冬：（意外地）你？你怎么来了？

苏　秦：我接到小马的电话，立刻就赶机场了。

李小冬：这个小马，真多事。谁让你回来的？我并不指望你回来啊！你是完全可以不回来的啊！你不欠我什么！

苏　秦：人家也是一片好心嘛！吃瓣橘子吧，你嗓子有点哑……

［李小冬情不自禁地哭了起来。

苏　秦：你这人，都这样了，还这么要强。

李小冬：我知道你就是回来等着看我后悔的。那我现在就告诉你，我不会。和你离婚我一点也不后悔！

苏　秦：行了，好好躺着吧。我回来，是因为在这个城市里你没有一个亲人。是因为别的男人插不上手——他们习惯于躲在幕后，或者代表组织来给你献上一束花。我呢，我是个没有组织的人，也不喜欢和那些有组织的人打交道。想想也真有意思，那些在背后对你爱呀爱的男人，一有事，就都不好出面了——这都是些什么鸟啊？

李小冬：我的事不用你操心。

苏　秦：你以为我那么爱操这份心吗？李小冬，我告诉你，这回好利索了，还是老老实实找一个凡事可以为你出面的人。别瞎折腾了！

李小冬：你少用这种口气和我说话。你是我什么人？

苏　秦：我……我还真不知道是你什么人呢。

李小冬：既然你不是我什么人，那你还是回去吧。回去和你那位陈娟结婚去，趁着你还不老，让她为你生个儿子。

苏　秦：你……你是病人，我不想和你急……

［一阵沉默……

李小冬：你来，陈娟知道吗？

苏　秦：她知道……

李小冬：她没有说什么？

苏　秦：没有……

李小冬：苏秦，陈娟这个人很好，你今后得对得起人家。给她打电话时，代我谢谢她……你脸色不好，我这里没事了，要不然你先回家，不，是我那儿，你去我那儿睡会儿，那里虽然没有家舒服，可毕竟还是有一张床的……

　　苏　秦：我没事的……

　　李小冬：去吧……

　　〔苏秦慢慢走开……他开始给陈娟打电话……

　　〔陈娟的手机铃声在黑暗中不断响起，那铃声仿佛是一支忧伤的曲子……

　　〔另一个光区渐渐明亮了，天又下雨了，苏秦独自站在雨中，打着伞，在打电话……

　　苏　秦：还是没有人接听。她一定是出去了……可她一点也没有想到，在这个深秋的夜晚，在凄迷的雨幕中，有一个男人多么想祝她生日快乐啊！这个男人什么都记得清楚，他不会忘记这个不同寻常的日子。因为，他是她的爱人！可是，电话的那一端已经人去楼空了。真仿佛，"黄鹤一去不复返，白云千载空悠悠"啊！（放下雨伞）……

　　现在，这里又只剩下我一个人了……一个人！最自由的是一个人，最孤独的也是一个人。最快乐的是一个人，最忧伤的也是一个人。一个人会孤芳自赏，一个人也会顾影自怜。最小的是一个人，最大的也是一个人……我的眼前到处都是高楼大厦，到处都是汽车，这个中国最大的城市就像是一个房子和汽车的集散地，占据着空间，拖延着时间，分割着天空，污染着空气，树木从此不能自由地生长，道路早已被无端地堵塞，行走的人该是多么的艰难啊！难道除了一纸合同作为保障，人就没有别的方式去面对这个世界了吗？那种彼此之间的心照不宣哪里去了？那种无须解释的气息交流哪里去了？那种尽在不言中的心领神会哪里去了？那种情真意切的心心相印哪里去了？它们都到哪里去了啊?！是的，人不能永远都在路上，不能在码头上睡一辈子，人需要回家……可是又有多少人知道，这个城市的梦想很多时候像空气一样，让人感受，却看不见、摸不着。这个城市也不是每一个舞台都能铺上红地毯的。就像我们眼前这些数不尽的房子，又有谁会知道，哪一处属于自己。即使有一天你发达了，你拥有了一处美丽而宽敞的豪宅，可你未必就真正找到了你的家园……

　　〔苏秦看着天空，走向舞台深处……

独白：这个世界何时变成了一个大市场啊，几乎所有的行为都与合同紧密相连……那种人与人之间最朴素，也最真诚的方式，仿佛随风而逝……地面上剩下的，只有一堆合同……合同……

——全剧终

注：该剧2004年3月由北京人民艺术剧院首演，后作为该院保留剧目。2008年5月，哈尔滨话剧院再演。2010年12月，美国华盛顿"黄河话剧团"在美国上演此剧，获得好评。

霸王自叙

(九幕话剧)

——根据作者小说《重瞳——霸王自叙》改编

序　幕

时　间：公元前210年春天的一个早晨

地　点：乌江边

〔幕启，天幕上出现的是波涛汹涌的乌江。江天之上，是奔腾的乌云，仿佛一场大雨就要来了。

一阵云烟过后，我们看见了项羽那伟岸的身影，披着一件宽大的斗篷，外黑内红——如果是黑色，表明这是项羽的幽灵；反之为红色，那就是剧中人的项羽了，那时的他不过二十多岁，是一个意气风发的将军，但浑身上下又散发着诗人气质。这就是我们今天要塑造的项羽，他以回顾的视角，独步两千多年前的历史。此刻，他面对乌江，心潮起伏……

项羽：我要讲的自然是我自己的故事。我叫项羽。这个名字怎么看都像个诗人，其实，我自信早就是一个不错的诗人了，可民间至今流传的那首"力拔山兮"又并非我的作品——我不喜欢那种浮夸雕琢的文字。我的诗没有刻在竹简之上，一直保存在我的心中。我也算得上是一个历史人物了，可我不希望我的诗也随着我走进那部两千多年前的历史。这个国家一般是主张后人撰前史的，所以但凡那些尘封在历史中的人物，随着时间的流逝逐渐地漂亮起来。这一点，秦始皇嬴政是一个高手。他之所以要把那些书以及写书的人全部搞掉，就是想把"从前"一笔勾销，让历史从他开始。啊，历史！一个多么沉重而有趣的词啊！可是有谁真正懂得历史呢？

有一天，就在这乌江的边上，我遇见了一个小男孩……

［小男孩在乌江边玩耍着……

项羽：小朋友，你在干什么啊？

男孩：我在寻找历史的痕迹……

项羽：哦！那你应该知道什么叫历史了？

男孩：是的，我知道的，它很简单。

项羽：简单？

男孩：我觉得一点儿也不复杂。

项羽：那你可以告诉我吗？

男孩：可以呀。当人坏了，历史就开始了；当人变好了，历史就结束了。

项羽：好个简单啊！

［当项羽回头时，忽然发现那男孩已经消失了。项羽十分怅然……

项羽：小朋友！小朋友……这孩子真是个奇人啊！可我项羽不是奇人。不是。我不是你们想象中那个"力能扛鼎"的大力士，我的身高也没有八尺，我更不是京剧脸谱中那个一脸沮丧的"架子花脸"……我是一个军人，一个诗人，更是一个男人！我身上没有多少可以奇怪可以感叹的东西，只有我这双生有重瞳的眼睛……

（稍有停顿）

我也是很迟才发现这重瞳的奥秘的。那是公元前210年春天的一个早晨。就在这乌江的边上。那天，也是这样一个阴霾四伏、江水汹涌的天气。像往常一样，我闻鸡起舞，来到这里舞剑……

［舞台灯光变化，项羽脱去了斗篷，显得英姿勃发。是啊，他走进历史中，他的年纪就只有的二十几岁。项羽拔出剑，于音乐中开始舞动。

［范增上场，注视着舞剑的项羽。他六十多岁，是项羽的谋士。

项羽：（舞剑结束）这是什么剑啊！

范增：这是你祖父项燕将军的剑，少将军难道不知道吗？

项羽：我当然是知道的……

范增：看到这把剑，你就会记住你项家的仇恨和兴邦的大业啊！项老将军一生戎马，为着咱们楚国东征西战，最后被秦将王翦所戮……

项羽：亚父，你说错了。

范增：错了？

项羽：祖父并非死于王翦的枪下，他是用这把剑自裁的！虽说都是一个死，但之于军人，自裁意味着尊严。它不仅仅是关乎我项家的荣誉，而且预示着一种宿命……

范增：宿命？

项羽：是的，宿命。但很多次这把剑握在我手中，都显得那么没有分量。我向往得到的，是从前楚王散失在民间的那对青锋雌雄剑。那是干将莫邪的心血杰作，三年得以铸成。据说这剑带给人的不仅是胆略，还有灵气……我渴望它已经多年了，我要用它去找寻我真正的对手，那——就是嬴政！不要看秦始皇荡平了六国，哪怕我们楚国只剩下两三户人家，但亡秦必楚！

范增：可我听说它们已经不在人间了啊。

项羽：不，它们还在人间。亚父，安排人替我去寻这双剑吧！

范增：好！（下场）

项羽：现在，我得去吹箫了……

［项羽在吹箫，箫声悠扬……

［"幽灵项羽"再次出现……

项羽：多么动听的箫声啊！无法想象，一截竹子就能震颤人的心弦。我并不懂得音律，但我的箫声里分明蕴藏着楚歌的韵味。啊，我的楚歌！你是从来就不受五音约束的，你的魅力不在于气势辉煌而在于本质上的悲怆。这是我一生中最早的忧郁时光，我思念着死去的祖父……宿命，八年后，我在这乌江边上的自我了断，某种意义上讲，完全就是对祖父的一次公开模仿。一个人的血液是没有办法改变的……那个早晨，我用江水洗脸，那清澈的水仿佛一面镜子，照出了我的重瞳！忽然，我感觉那宽阔的江面被我的目光劈开了，我看见了那杆后来属于我的画戟，但在当时，我却在犹豫是否把它从水里捞起来。因为我意识到，只要这兵器一朝被我掌握，就意味着无边的麻烦。与画戟相比，我更喜欢此刻握在手里的这支斑竹箫……我背对着乌江，面向北方，我的箫声仍是那样的悲凉，这是亡国之声吗？然后，我就看见了那遥远的北方呈现出一片无垠的绿色，这或许就是传说中的草原吧？我喜欢这绿色，这是万物生命的颜色……

［"幽灵项羽"隐去……

〔响起了急促的马蹄声，由远而近……

〔吹箫的项羽张望着……

项羽：好一匹乌骓马啊！它的鬃毛在天光下熠熠生辉，它的形象简直就像一面战旗，随着凛冽的风向我奔来了！来吧，我等着你啊！你来吧，我的乌骓，我的宝马……

〔幕后一声高亢的马嘶……

项羽：虞——虞！

〔随着这声"虞"，虞姬像一团白云似的从天而落，落到了项羽的怀中。

项羽：（困惑地）你……你是被这匹乌骓带来的？

虞姬：是啊？请问，这里是楚国吗？

项羽：楚国？哦，是的……这里应该是属于楚国的……姑娘，你从哪儿来啊？

虞姬：我来自北方的草原……

项羽：草原？你在草原上就听见了我的箫声？

虞姬：我听到了楚歌的旋律。可我不属于草原，我是楚国人。为了躲避战祸，我从小就被父亲送往塞外放养。我问父亲，什么时候你来接我回家啊？父亲沉默了，过了很久他才说，等你听到楚歌的那一天吧！我就等啊等，等了一年又一年，直到不久前的一个早晨，我在梦中听见了久违的楚歌，仿佛天籁之声啊！我就骑上了这匹乌骓马，循声而来……

项羽：姑娘，其实你听到的只是一支前奏……

虞姬：即使是前奏，那也是楚歌的前奏啊！楚歌若再不吹响，恐怕就要失传了！

项羽：姑娘，你说得好啊！你信吗，我能让楚歌重新吹响！

虞姬：（审视着项羽）我……我信！你的眼神已经说服了我，你身上流露出那种霸气让我热血沸腾，我信！可是，你又是谁呢？

项羽：我叫项羽。

虞姬：项羽？天啊，我怎么觉得这如雷贯耳的名字，仿佛在梦中不止一次地听见过……

项羽：姑娘，你真有这样的感觉？

虞姬：是的……你莫非就是我们楚国从前项燕老将军的后代？

项羽：项燕将军是我的祖父。

虞姬：老将军近来可好？

项羽：他……他已经为国尽忠了！

虞姬：（对天）啊！项老将军，请受我一拜！

项羽：（扶起虞姬）姑娘，谢谢你！

虞姬：项羽？听起来是那样的飘逸，这应该是一个诗人的名字啊！

项羽：我多想去做一个诗人啊！

虞姬：我与这个名字多次在梦中相遇，现在我明白了，原来吸引我的不仅是我们的楚歌，还有项羽这个名字。可我没想到在这个早晨，在这乌江的边上……

项羽：敢问姑娘芳名？

虞姬：我的名字其实你已经知道了……

项羽：我知道了？

虞姬：对啊，你刚才不是对着我和这匹乌骓马大喊了一声"虞"吗？

项羽：虞？

虞姬：这就是我的名字……

项羽：这，就是你的名字？

虞姬：是的……

项羽：虞……一个多么好听的音节啊！

〔两人走近，乌云之中一柱强烈的光束照射在他们身上……虞姬羞走一旁，项羽兴奋地舞剑……

〔幕在京剧"南梆子"的旋律中徐落……

第一幕

时　间：公元前209年

地　点：雍丘城外

〔幕启，雍丘城外大营，高悬的"项"字大旗在风中飘扬……

〔项家军摆出作战的阵形在等候着来敌，他们此刻是静止的……

〔范增急促地上场，项羽从大营里迎出。

范增：少将军——

项羽：亚父！

范增：好消息啊，少将军！

项羽：亚父，你慢慢说来……

范增：嬴政死了！

项羽：什么？嬴政死了？

范增：是的，秦始皇嬴政在巡视途中暴死于沙丘啊，这难道不是天大的好消息吗？

项羽：他居然就这么死了？太可惜了……

范增：可惜？

项羽：是的，我感到可惜……秦王嬴政也算得上是一代枭雄，我是多么渴望能和这样的人在阵前相遇啊！他，原本是可以做我的对手的。

范增：少将军，我们的机会来了，我们的楚国有救了！而且，我还要告诉你，大泽那边，陈胜和吴广也起事了，打的就是你项家的旗号。

项羽：这个陈胜与吴广是何许人？

范增：他们本是戍边的人，行至渔阳，天降大雨不能前行，怕逾期不到而问斩，就揭竿而起，号称"张楚"。

项羽：可是他们为什么要打出我们项家的旗号呢？

范增：少将军，如今天下百姓都知道胡亥不当立，当立的是扶苏，陈胜吴广是无名之辈，要想号令天下，就必须打出项燕老将军的旗号，方可势如破竹。少将军，这可是千载难逢的良机啊！机不可失，时不再来，我们如果再不动手，那么这江山岂不是被所谓的"张楚"唾手可得了吗？

项羽：问题是，我现在对这江山似乎没有兴趣了……

〔范增惊愕不已……

〔在另一个光区里，"幽灵项羽"出现了……

项羽：那个上午，亚父第一次对我表现出了失望。我没有说谎。是的，自从我与虞姑娘在乌江边相遇，我这心里就装不下江山这个字眼了。但是我又十分地矛盾，因为我曾答应过我的女人，要让楚歌在这片广袤的大地上重新吹响，让这动人的旋律响彻云霄……

（稍作沉默）

我是多么希望有朝一日带着我的女人，一马双跨，去过那种诗剑逍遥的日子啊！可是不行，我总是在这夕阳的余晖之中，与祖父项燕染血的身影相遇，他在凝视着我；而所有楚国人灼热的眼光全都落到了我的身上。残暴的嬴政把天下的百姓害得灾难深重，灭秦已经成了苍天赋予我的使命。我的重瞳又一次地重叠到了一起，每当这样的时候，我的视线便在千里之外——那是函谷关……

〔"幽灵项羽"消失……

〔灯光大亮，回到雍丘大营前。

报子：报——

〔项羽与范增走出大帐。

报子：报告少将军，秦将李由直奔我军阵前而来！

项羽：李由？

范增：李由便是李斯的儿子。

项羽：是他？来得正好。我来会他。

〔所有的将士下场。

〔李由上场。

项羽：你就是李由将军吗？

李由：是的，阁下想必就是项将军了？

项羽：既然你已经看出来了，我就不必再自报家门了。

李由：作为军人，李由能与你项将军立马阵前，感到非常荣幸。你的眼神很特别，以至于让你的敌人不寒而栗……

项羽：可我从你的眼睛里看到的却是阴郁和悲凉啊！

李由：项将军真是好眼力。

项羽：李将军，看你一副少年才俊的样子，我想提一个建议。你是否可以考虑投降？

李由：这恐怕很困难。我的父亲是大秦的重臣，我是大秦的将军，在我们没有交手之前，你居然提出投降，听起来就像是在说一个市井的笑话……

项羽：（发怒）李由！你不提你那父亲我倒没什么，你一提我可真的生气了！你那老子活在这世上真是不知羞耻，他不比赵高那老狗好多少。赵高坏在表面，而你父亲李斯却坏在骨子里！嬴政干了那么多天理难容的坏事，几乎桩桩都与你父亲有关，你不会忘记那著名的"焚书坑儒"吧？

李由：（突然悲泣）项将军，你说得好啊！大秦帝国已经日薄西山，我今天来，就是来替家父请罪的。我只有以这种方式才能洗刷我李家的耻辱。你来吧，我愿意死在你的戟下！

［两人交手……

项羽：李由，你住手吧。你不是我的对手！

李由：我知道我不是你的对手，但是你大可不必手软！我李由求生不成，难道求死也无望吗？

项羽：李由……

［李由突然抓住项羽的画戟，刺进了自己的胸膛，慢慢倒在了项羽的怀里……

项羽：（震惊）李将军！你对得起你的秦国也对得起你的父亲了……

李由：谢谢你，项将军……（死去）

项羽：把李将军的尸体清水洗尘，白绫素裹，敬送秦军！

［音乐渐起……

［上来的将士将李由用白纱裹起，高举，向幕后送去。所有的人在行注目礼……

［"幽灵项羽"重现……

项羽：李由死了。他需要像军人那样地战死沙场，这当然是很光彩的死去。他想以这种方式既成全他作为一个军人的本色，也挽回他父亲的人生败笔。他的死，让我目击了一个军人和男人的尊严，一个男人的勇敢是多么的高贵！人类对死的牵挂与生俱来，人类对肉体的被消灭总是胆战心惊，人类对死的恐惧远远大于对活着的检讨。也许他们本来就觉得，活着属于天赐，是不需要检讨的。可是有多少人知道，正如很多年后一位诗人所言——有些人活着，其实早已经死了；有些人死了，但他依然活着……

［音乐大作，幕落……

第二幕

时　间：公元前207年初冬
地　点：安阳·宋义大营

［幕启时，响起宣告楚怀王圣旨的声音……

幕后宣旨声：怀王有旨，命宋义为上将军，即卿子冠军。项羽为左路将军，刘邦为右路将军，先解钜鹿之围，而后兵分两路，直取咸阳，先入关中者为王……

［"幽灵项羽"出现……

项羽：那是一个萧瑟无比的季节，阴雨连绵，秦将章邯三十万兵马将整个钜鹿城围得水泄不通，赵国危在旦夕。可是怀王却无动于衷，还把一个叫做宋义的江湖术士凌驾到我的头上。是啊，我们如今已经是兵多将广，于是他们就对我不放心了，可他们既离不开我项家的光荣旗号，也离不开我的军事才能，他们愿意大胆地使用我，却从来也不愿意给予我信任。作为军人，我当以服从军命为天职；作为项家的后代，我当以匡复大楚的基业为己任。我可以被人利用，但不能容忍的是——又利用又不信任！我讨厌那肮脏的政治……

［"幽灵项羽"消失……

［项羽和范增上。

范增：少将军，你是个出色的军人，可你却不懂得政治啊！

项羽：你现在最好不要对我谈论什么政治。赵国的使臣已经在这里住了几十天了，可宋义就是不肯发兵！这样下去，钜鹿很快就会完的。

范增：宋义的心事你难道还看不出来吗？他是想先让赵国和章邯的人马拼个鱼死网破，然后再乘虚而入，既向怀王交了差，又保住了自己的名声……

项羽：这不是军事，是政治！

范增：不过，依老夫之见，宋义按兵不动，倒也对我们有利……

项羽：对我们有利？

范增：你看，眼下季节愈发寒冷，阴雨不绝，我们的军需很快就成了问题。供应跟不上，将士的情绪就会受到影响，这就动摇了他宋义的威信，到那个时候……

项羽：我们也乘虚而入？这不也是在玩政治吗？

范增：少将军，打天下可是离不开这政治啊！

［宋义上场。

宋义：二位在说些什么呢？

范增：哦，上将军，我们只是谈论着天气，看看什么时候向赵国开拔。（下场）

宋义：这连日的阴雨，不利于行军更不利于作战啊。

项羽：上将军，我们在这安阳已经困守四十六天了。赵国的百姓可是望眼欲穿啊。倘若再这样按兵不动，那么后果……

宋义：（打断）项羽，论横刀立马我宋义不及你；论运筹帷幄你也不如我宋某人啊！所以啊，怀王和上柱国举荐我来执掌帅印，你不会不服气吧？

项羽：我现在只关心赵国的百姓何时得救……

宋义：真看不出啊，一个成天挥刀杀人的人居然也这么仁慈，我还听说你那位虞姑娘，是你在乌江边上捡来的，真可谓侠骨柔情啊！

项羽：宋义！你可以侮辱我，但不可侮辱我的女人！（拔剑）

［虞姬上场，连忙拉住了项羽。

虞姬：将军！

宋义：看看，还是虞姑娘冷静，我不过是开一个玩笑而已……

［走进大帐，下场。

项羽：这个混蛋！

虞姬：将军息怒，没有必要去和这样的人纠缠。

项羽：让你受委屈了……

虞姬：我不觉得什么，只要跟你在一起，就感到很幸福。

项羽：你这一路上鞍马劳顿，等我们打进了咸阳，我一定要让你在美丽的阿房宫里好好歇息一阵。让华清池的水洗去你伴我征战的尘埃……

虞姬：这些并非是我向往的……

项羽：那你向往什么呢？

虞姬：天下太平。这个世界不好，就在于人与人之间总是在用刀说话。

项羽：用刀说话？

［报子带领赵国使臣急促上场。

［宋义、范增等人也陆续坐到帐中。

报子：报告上将军，赵国的使臣再次求见！

宋义：这个家伙好难缠啊！那就让他进来吧。

使臣：上将军，请帮帮我们可怜的赵国吧！章邯三十万兵马已经将钜鹿围了一个月，城内已经接近草尽粮绝，如果大人再不发兵，我们可就亡国了啊！

宋义：你难道没有看见这天的颜色吗？连天的大雨，我们怎么出兵呢？还是坚持几天，等雨过天晴……

项羽：（打断）等雨过天晴，恐怕赵国就不存在了！

宋义：项将军，请你注意对我说话的方式。（对使臣）你可以下去了……

［项羽送使臣出帐，虞姬还在帐外。

项羽：赵国使臣，既然上将军如此裁决，我也爱莫能助……

使臣：如此看来，我真是找错了人了！我也错看了你项将军……

项羽：何出此言？

使臣：想你项家，世代良将，只可叹将门无后啊！说什么以报国兴邦为己任，到头来也不过是一句空洞的口号！

项羽：大胆！

［一声惊雷掠过……

使臣：像这般见死不救，谈何正义之师？

项羽：啊！

［又一声惊雷滚过……

使臣：这岂不辱没了你项家的荣誉？

项羽：啊！

［第三声惊雷滚过……

使臣：项将军，你看这天上飘的是什么？

项羽：大雨倾盆……

使臣：不，这不是雨，那是我们赵人的泪啊！望将军凭着一个军人的良知，帮帮我们赵国吧……

［说着，使臣突然拔出项羽的剑自刎而亡……

项羽：（震惊）先生！（慢慢将使臣放倒，拿起他手中染血的剑，转身对虞姬）你看见了吗？这，也是在用刀说话啊！

［言毕，提剑冲进了大营。

项羽：（愤怒地）宋义，你打算让赵人的血流尽才发兵吗？

宋义：（惊慌地）项羽，你，你想造反不成？

项羽：我不想造反，但我今天要搬掉行军路上的一块绊脚石！

〔项羽诛杀宋义，提着他的头颅，向大家发号施令。

项羽：（高声）弟兄们，救赵是为了灭秦，灭秦是为了兴楚，我今天不杀宋义，国家兴亡便会毁于一旦。我只要大家为我做一个证明。日后若有小人说我项羽居心叵测，就拜托大家为我说句公道话吧！

〔全体人跪下。

全体：上将军，我们跟定你了！

项羽：破釜沉舟，兵发钜鹿！

全体：破釜沉舟，兵发钜鹿！

〔音乐大作……

〔集体造型。

〔幕徐落……

第三幕

时　　间：公元前207年初冬

地　　点：钜鹿城外·项羽辕门

〔幕启时，天幕上出现楚军与秦军交战的激烈场面，马蹄声碎，残阳如血……

〔项羽和虞姬等站在辕门外的高坡上观战，情绪激昂。

〔项庄上。

项庄：上将军！

项羽：项庄，前线的情况怎么样？

项庄：那章邯一听我们破釜沉舟，认定此番我们是来和他拼命的，竟然躲着不敢出来应战！

项羽：那就轰他出来。项庄，你带人马赶快去抄章邯的后路，不得放过一兵一卒！

项庄：末将领命。（下场）

项羽：钟离昧！

钟离昧：末将在！

项羽：你向章邯的侧翼发起攻击，把他朝这边给我赶过来！

钟离昧：好！（下场）

﹝报子上场

报子：报——秦将王离向我阵前奔来！

项羽：好！我这正等着他呢！

﹝项羽拿起画戟，正欲下场，听见了虞姬的呼喊。

虞姬：上将军！

项羽：哦，虞姑娘，你还是进帐去吧。

虞姬：上将军，既然钜鹿已在我军掌握之中，你难道就不能与章邯订立城下之盟吗？

项羽：不能。

虞姬：为什么？

项羽：这是战争，是军人之间的搏杀，必须分出胜负高低。虞姑娘，你还是回帐去吧，晚上，我陪你饮酒赏月……送虞姑娘回帐！

﹝虞姬被士兵送入大帐之内。

﹝项羽冲下……

虞姬：天啊，为什么？为什么这个国家总是在用刀说话啊！

﹝项羽提着王离的首级上场，扔给了手下。

项羽：来人！把败将王离的首级高挂辕门之上，以振军威！

﹝虞姬再次冲出大帐……

虞姬：慢！

﹝全场愕然。

项羽：虞姑娘，你这是……

虞姬：王离将军战死沙场，他尽了一个军人的职责。他的死是值得尊敬的啊！你这样对待一个以死报国、马革裹尸的烈士，不觉得是在玷污你项家高贵的血液吗？

项羽：（愤怒地）他不过是我手下的败将！

虞姬：将军此言差矣！你们不过是各为其主，你可以消灭他，但你没有权利去侮辱一个烈士！

项羽：我想怎么处置他都行！

虞姬：（惊讶地）你，你竟然也如此的莽横？你变了……你当上了上将军，可你已经不是从前那个不仅会舞剑而且会吹箫的男人了……我真替你感到羞耻！

［虞姬悲愤地跑下……

［项羽不知所措……

［"幽灵项羽"再现……

项羽：这是我失去理性的季节。虞姬的话非但没有引起我的检讨，反倒使我越发地疯狂。不久，章邯来降，我虽然依从亚父的主张将旧账一笔勾销，但还是在一个月黑风高的晚上下令将他带来的二十万秦卒全部活埋了！很多次，我对这种暴行悔恨不迭。像我这样的人，怎么会变得如此的凶残？那是我一生中最大的败笔，也是噩梦真正的开端……我时常从这噩梦中惊醒，在梦中，我看见那些冤魂围绕着我，对着我放声大哭，然后又转为耻笑。他们所耻笑的正是我高贵的血液！我的虞姬也离开了，在许多夜晚，我独自剩在这散发着血腥气的大帐里，唯有一盏青灯相伴。那呼啸的北风，如哀丝豪竹般叫我心惊肉跳！在烛影摇曳之中，我看见一个魔鬼正向我逼近，我无法看清它的面目，但记住了它的名字——它叫权力。

［"幽灵项羽"隐去……

［项羽回到原来大帐内，在灯下夜读兵书，沉思着……

［章邯战战兢兢地上。他进帐之前，主动摘下了佩剑，交给了帐外站岗的士兵。

章邯：上将军，末将来了……

项羽：章将军，你知道我今夜把你叫来，是何用意吗？

章邯：末将不知……

项羽：那你为什么进帐之前就主动摘下了你的佩剑？

章邯：这是应该的……

项羽：不，章邯！你是在以这种举动羞辱我？

章邯：末将不敢！

项羽：那么，你就拿着我的剑好了！（突然将身后悬挂的剑取下，扔给章邯）

章邯：上将军，你这是何意啊？

项羽：我给你一个机会，你可以用这把剑取我的性命。

章邯：（跪下）上将军！章邯无意这么做！

项羽：（激动地）可我愿意你这么做！我宁可这颗骄傲的头颅被你削去，也不愿意顶着它接受你无限的蔑视！

章邯：（受到震动）上将军！该杀的是我啊！将军如此坦荡，章邯不能不实言相告。钜鹿失利，我虽兵败，但心中至今没有归顺之意。那二十万兵马，就是为了预防不测，以期东山再起！这怪不得将军多疑，实在就是章邯居心叵测，罪不可赦！

［章邯抽出剑准备自刎，被项羽夺下。

项羽：章将军！我知道你这是在替我开罪，请受我项羽一拜！

章邯：上将军！

［范增急促上。

范增：上将军！沛公已经占领了咸阳！

项羽：哦，他倒捷足先登了！

［幕急落。

［幕间休息。

第四幕

时　间：公元前206年

地　点：鸿门·项羽大帐内

［幕启，"幽灵项羽"站在高坡上向远处眺望着……

项羽：我仿佛又看见了咸阳城头飘扬的"刘"字大旗，还是从前的威风啊！自从怀王许愿"先入关中者为王"，那刘邦就一路上投机取巧，遇敌不战，遇城不攻，直奔咸阳城而去了。很多年过去了，每当我想起这函谷关下的一幕，依然感慨万千。我们这些争夺天下的人，没有一个是按照游戏规则来玩的，所以后来得到的江山总是岌岌可危。苍天在上，纵观这大千世界，每一次的江山易主政权更替，无不伴随着杀人流血失信背叛。

（稍作停顿）

刘邦入关了，这个从前的亭长第一次目击了豪华的宫殿和如花似玉的嫔妃，我能想象得出，他是多么的手足无措而又馋涎欲滴。可我从来就不曾从他那张过于白皙的脸上看出什么帝王之气,倒是一眼就看出,此人骨子里是一个不折不扣的流氓。但凡流氓之辈,从古到今都是很容易得势的,大概没有人会怀疑这个判断……而我更知道,此人的野心远不限于做关中之王,他朝思暮想的是要当秦嬴政第二。尽管他现在把部队驻扎在灞上,尽管他约法三章秋毫无犯,但这一切都不过是虚假的摆设,难以掩饰他内心的贪婪。或许这个时候,我下了要剪除这个骗子的决心,但我却在选择属于我的方式。我期待的不是杀人的动机,而是杀人的方式和工具……第三批派出去寻找那对青锋剑的人已经出发很久了,却还是没有一点消息。我知道,刘邦也一直渴望得到这双宝剑,也在派人秘密寻找这神奇的武器。可我们的用途却大不相同。刘邦得到它,是想借助神明的指引,以佐证他"赤帝之子"的身份,好以此号令三军,马上得天下。我却想利用它来杀掉这个一心想当皇帝的小人。用敌人喜爱的兵器去消灭敌人,难道不是一件值得快慰的事吗?在这个充满着晦气的日子里,我们都在等待着……

["幽灵项羽"隐去……

[范增出现在坡上,观察天象。

[项羽上。

项羽:亚父,你在寻思什么呢?

范增:我在看咸阳城上空的那片云,成龙虎之行且现出五彩之色,这恐怕是个危险的征兆啊!

项羽:这难道就是你所说的天子之气?

范增:上将军,对沛公此人,在薛城的时候我们就已心领神会,如今他遇城不攻,遇敌不战,绕道前行,侥幸先入关,我们辛苦射鹿,他倒不费吹灰之力拾起来就走,先进了咸阳。我们不能就这么袖手旁观啊!上将军,只要你一声令下,咸阳城顷刻间便会血肉横飞,那刘邦岂不……

项羽:可我不喜欢这个方式。

范增:此事关系重大,你不可再迟疑了!我们今天请他来这鸿门赴宴,正是动手的最佳机会……

项羽:你想让我去效法从前那个游手好闲的荆轲?

范增:老夫的意思是……

项羽:好了,亚父,这个话题还是就此打住吧!

［范增失望地下场。

［一个神秘的人上场，带着两把剑。

密者：上将军！你要的东西，找到了！

项羽：（喜出望外）找到了？

密者：（递上剑）请上将军验剑！

项羽：（抽出双剑，左右开弓地将两块石头劈开）削铁如泥，果然好剑！

幕后忽然传来声音：沛公到——

项羽：（兴奋地）来得正是时候，天助我也！

［大帐灯光亮，刘邦一行和项羽、范增等人均已在座，一场"鸿门宴"已经展开，项庄在舞剑，樊哙也跳出用剑抵挡着，但似乎不是项庄的对手……

［"幽灵项羽"再现……

项羽：这便是历史上著名的"鸿门宴"的情形，所谓项庄舞剑，意在沛公。作为一篇美文，太史公的这个段落可谓精彩绝伦。但他忽视了一些很重要的细节，或者对此语焉不详，从而使"鸿门宴"日后演变成了阴谋的代名词。这令我深感遗憾！那一天真实的情况是，当酒过三巡之后，项庄跳出来表演剑舞，借机行刺刘邦，这无疑是范增的安排。接着刘邦的爱将樊哙也跳了出来，用剑抵挡，可这个昔日的屠夫根本就不是项庄的对手……

［当项庄和樊哙不得开交时，项羽突然拔剑站起，挡住了项庄的剑！一声铿锵的巨响使得满席一下安静下来。

［刘邦大惊失色，闪到了一旁。

刘邦：（惊叫）啊！

项羽：怎么了，沛公？

刘邦：（心虚地掩饰）哦，上将军，这，这是……

项羽：哦，这项庄和樊哙的剑法若是在两军阵前比试，倒也还说得过去。可是拿到这鸿门宴上就显得毫无美感了，我实在是怕如此丑陋的表演扫了沛公的雅兴……

项庄：（把项羽拉到一旁，不解地）上将军，不要拦我！

项羽：住口！你还嫌给我丢脸不够吗？你胆子不小，竟然在我的大帐里玩弄"荆轲刺秦"的把戏。你知道吗？你这是在我祖宗的脸上抹黑，我讨厌这种下流的行刺与暗杀！

项庄：我可是奉命行事啊！

项羽：你奉谁人之命？在这里，只有我可以号令三军！

项庄：我……

项羽：你喝多了！还不给我下去！

［项庄只好收剑回到席间。

［刘邦见势不妙，想趁机溜走，却被暗中注意他的范增拦住。

范增：沛公，您这是……

刘邦：哦，我有点头晕，想出去吹吹风……

范增：老夫可知沛公是海量啊！这酒才三巡，怎么就上头了？难道是上将军的酒不对你的胃口？

刘邦：不不不……好酒，好酒……

范增：（给刘邦斟酒）那，老夫敬沛公一杯！

刘邦：亚父，这，这杯酒饮过，我是不是可以上路了？

范增：上路？

刘邦：（沮丧地）这么说，我刘某人是到了我该上路的时辰了……

范增：沛公，既来之，则安之，天色还早，好戏还在后头呢！

刘邦：好戏？

项羽：是啊，还是我亲自来为沛公助兴吧！（将剑出示给刘邦）沛公，这把剑想必你也不会陌生吧？或许你还在梦中见过的。

刘邦：（看剑，惊讶）这，这不是从前干将和莫邪打铸的青锋剑吗？

项羽：对，此刻我手中握的正是干将莫邪用血肉之躯铸成的青锋宝剑，沛公，你不想来掂掂它的分量吗？

［项羽把剑扔给了刘邦。

刘邦：真是把举世无双的宝剑啊！

项羽：不，我这里还有一把！（项羽从案几下又抽出一把剑）它本来就是一对生死鸳鸯剑！

刘邦：（惊骇地）啊！

［刘邦手中的剑"咣当"落地。

［全场再次陷入静谧。

项羽：沛公的脸色当时就蒙上了一层灰，那是死亡的颜色。是的，死亡的气息已经逼近了这个男人……我想要刘邦死，但我更想让他死得服气，也希望他像一个男人那样去死，别让追随他的弟兄蒙羞。你沛公不是朝思暮想得到这双宝剑吗？现在我已经替你寻来了，我们各执一柄，雌雄任你挑选，然后我们当着众将官的面进行清算，做一个彻底的了断。胜者为王，败者也不失为英雄，这方式可算公平？如果你刘邦贪生怕死，也可以不与我交手，但你必须许下承诺，从此退出这个混世的舞台——我甚至都可以陪着你一起退出。实不相瞒，我对这江山天生就缺乏应有的兴趣，我需要的是快马加鞭去彭城与我的女人团聚……但是谁能料到，就在我准备拿出那双宝剑时，一切都因一个老人的错误举动改变了……

项羽：来，鼓乐齐鸣！

〔言毕，项羽在鼓乐声中开始了自己的剑舞，吸引了全体的目光！

〔舞正高潮，范增突然拿出腰间的玉玦向项羽示意……

刘邦：上将军，亚父突然拿出他的佩玉三示于你，是何意思啊？

项羽：……

刘邦：如果我记得不错的话，每回只要亚父拿出这块佩玉示人，立刻就会有一颗人头落地啊！那么，今天这颗脑袋将会是谁脖子上的呢？总不至于是我刘邦吧？

项羽：沛公多虑了！

范增：（愤怒地）刘邦！你不要太嚣张了！

刘邦：亚父言重，在上将军的大帐里，我哪有这样的胆量啊！

范增：谅你也不敢！你今天进得了鸿门，只怕出不了这鸿门……

项羽：（拍案而起）亚父！你喝多了！

范增：上将军，你千万不可错失良机啊……

项羽：来人，扶亚父下去……

〔兵士将范增拖下。

刘邦：上将军，你的人格一直令我钦佩，今天我起身到鸿门来的时候，同僚就劝我不要轻举妄动。但我想想还是来了，我们不是拜把换帖的兄弟吗？兄弟之间，总该不会血刃相见的。我相信你不会杀我，即使要杀，也不是今天，因为你是统帅，而并非傀儡，不至于听从一个六十多岁的老头的指使行动吧？我说的是吗？

项羽：你一向很善于言辞。

刘邦：那，我就回灞上了。多谢上将军热情款待。明天一早，我就打开关门，鼓号齐鸣，迎接上将军的大队人马开进咸阳⋯⋯

项羽：如此看来，我们后会有期了。

刘邦：后会有期，明天见。

项羽：明天见！

〔项羽、刘邦作揖道别，如同定格。

〔幕在音乐声中徐落⋯⋯

第五幕

时　间： 公元前206年春天

地　点： 阿房宫内

〔幕启，鼓乐声中，仿佛京剧里卫士们出场，两厢站立。项羽已在豪华的宫殿里就座，身边将士站立两侧，十分威严。

幕后传来呼喊声：秦王子婴面见上将军——

〔子婴战战兢兢地上场。

子婴：败臣子婴叩见上将军！

项羽：你，真是秦王子婴？

子婴：败臣不敢言王⋯⋯

项羽：哈哈哈！好一个不敢言王！

子婴：子婴今日拜见上将军，愿意俯首称臣⋯⋯

项羽：子婴！

子婴：败臣在。

项羽：我听说上次你见沛公，是抬着棺材去的，而且脖子上还缠了一条白绫？

子婴：是的⋯⋯

项羽：那么，你今天来见我，为何取消了这样的安排？

子婴：（紧张地）上将军是要我死吗？

项羽：我对你的死不感兴趣，我讨厌的是你的投降！子婴，你好歹也算是一国之君，尽管你在位不过四十六天。你可知道，君王是一个国家的象征，你来投降就意味着让全体秦国人变成了亡国奴。你一个人错误的举动便会让全体秦国人蒙羞受辱，阁下觉得这妥当吗？

子婴：（悲伤地）上将军，你的话让我茅塞顿开啊！子婴今日无非是替先人受过，再说什么也是多余，你就发落吧！

项羽：不对！你不是代人受过，而是替整个秦国捐躯。子婴，我不会发落你，我只憎恨你的投降！

子婴：多谢上将军点拨……（敞开胸襟，大喝一声）那你们就成全我吧！

〔边上的将士一齐拔剑将子婴刺死……

〔灯光转暗……

项羽：子婴就这么死了，死得如此地惨烈，倒让我内心生出了几分悲哀与敬重。这是他的命运，一个人是很难摆脱自己的命运的，就像无法和你的影子分离。我也不能。连天的征战对于我的家族和我的楚国，是重要的；但对于我本人却索然无味……从这个意义上看，我和这个子婴真有点同病相怜了！

（略有停顿）

那个黄昏，我骑着心爱的乌骓踏上了骊山。在这个并不伟岸的山丘之下，埋葬着不可一世的秦始皇。现在，这始皇帝的坟冢已在我的马蹄之下了。夕阳残照下的咸阳城，炊烟袅袅，那豪华无限的阿房宫镶嵌其中，如同一颗璀璨的宝石，闪耀着惊人的光辉，这该是帝国最后的风景了！关中虽好，可我不能久留，我的心早已去了江东，去了彭城，那里，我的女人在等待着我回家……这个晚上我陷入了一种前所未有的孤寂之中。我仿佛看见自己的灵魂像无边无际的汪洋中的一个岛屿，那岛屿是黑色的，而它又不能自行沉没。它的身躯上记录着潮起潮落，可它的见证又是那么无力。后来，我就听见了一个女人的哭声……这分明就是虞姬的哭声，是我的女人发自心底的呼喊。我惊坐而起，四下全是黑暗。清冷的月华在阿房宫的铜柱上颤动着，让我不寒而栗。她的声音仿佛子规的啼哭，那是带血的语言啊！

〔"幽灵项羽"隐去……

〔灯光转亮，月色下的阿房宫内，项羽从梦中惊醒……

项羽：虞！虞姑娘！是你吗？

［一个光区里，出现了虞姬的形象。

虞姬：是我……

项羽：白天的时候我已经安排人去彭城接你去了！你看，这就是阿房宫，是当今世界上最华丽的宫殿，我们可以在此歇息，对酒当歌，共度良宵！我没想到你会来得这么快……

虞姬：不，我没有来。我还在家乡。

项羽：你没有来？那你是在……

虞姬：我在你的梦里……

项羽：梦里？

虞姬：是的，我宁愿留在你的梦里。

项羽：难道，这阿房宫不好吗？

虞姬：它很好，但是没有一点人间的气息。

项羽：你是说，这座举世无双的宫殿如同一座坟墓？

虞姬：你难道不觉得吗？

项羽：是的，我真的感受到了一丝丝的寒气，正侵蚀着我的骨头……

虞姬：你看，我们今天似乎已经没有什么话可说了。

项羽：不不，我有很多的话要对你说！

虞姬：上将军，不，我现在应该喊你为西楚霸王了……霸王，听起来真是一个不错的称号。

项羽：可我的直觉告诉我，你并不喜欢这个称号。

虞姬：我不想再说什么了。我来，是想告诉你，妈妈的头发全白了。

项羽：妈妈的头发全白了？我该回家了……虞姬……

［虞姬的幻觉消失。

项羽：虞姬！虞姬——她，还是离我而去了，居然都不肯在我这苍白的梦境里多加逗留……难道，我真的变了？置身在这豪华的宫殿里，我似乎也开始怀疑起自己真实的身份了。我是谁？我还是那个不仅会写诗而且还会用洞箫演奏楚歌的少年吗？不，那个英俊的书生形象已经脱离了我的视线，太遥远了。如今我是上将军，我是西楚霸王。可我当了上将军就坑了二十万的秦卒，我成了西楚霸王，就住进了这举世无双的阿房宫，不见天下春色。我大权在握，便刚愎自用，为所欲为，倘若日后我做了皇帝，那我和那个暴君嬴政又有什么两样？

（惊讶，停顿）

啊，权力！我终于看清你的面目了。你不是一个好东西，你会使一个人的欲望无限膨胀，你会使人因贪婪而丧心病狂，你会让人间的正义和良知泯灭，你自然也会让一个贵族堕落成为流氓……可怕的权力！来人——

〔一军官上。

军官：大王有何吩咐？

项羽：立即给我准备好柴草，我要把这阿房宫付之一炬！

军官：（惊讶地）大王，你要火烧……阿房宫？

项羽：是的，火烧阿房宫！

军官：遵命！

〔范增急上。

范增：且慢！霸王，你果真要烧掉这阿房宫？

项羽：军中无戏言。

范增：可这阿房宫耗尽了天下百姓的钱财，把它烧了如何向天下人交代啊？

项羽：那我正好用它来祭奠这天下劳苦的苍生！

范增：霸王啊！如今秦朝已灭，天下归心，刘邦也修好了西行的栈道，知趣地去了汉中，我们本应该在这咸阳城里恢复朝纲，重整河山的，可你竟然下令火烧阿房宫，这究竟是为了什么？

项羽：很简单，我害怕在这宫殿里坐久了，嬴政会借我的身子还魂！来人，给我烧！

〔天幕上，顷刻火光冲天，那便是火烧阿房宫。

项羽：哈哈哈！

〔幕在音乐声中徐落……

第六幕

时　间：公元前205年秋天

地　点：荥阳城下——垓下·项羽大帐内

［天幕上是刚刚结束的战场，尸横遍野，残阳如血，一片凄然……
［"幽灵项羽"出现在大帐外。

项羽：历史学家们从来就认为，我陷入所谓"四面楚歌"的局面实际上就是在这个时候开始的。这是公元前206年的秋天，一个萧瑟无比的季节。在我平息齐赵战乱之际，刘邦的部队已经悄悄接近了三秦的地界。这便是史书上所说的"明修栈道，暗度陈仓"。紧接着，汉军兵临咸阳城下，逼得章邯蒙羞自尽。一时间，汉军获得了空前的壮大，他的各路人马会师洛阳，下一个目标就是直指我西楚之都的彭城了……但是，这个人从来就不是我的对手。睢水一战，汉军死伤者竟达三十余万，那些横七竖八的尸体堆放在河里，几乎形成了一道肉坝，迫使河水改道。那都是一些好青年啊！倘若他们的汉王野心有所收敛，他们会在美丽的巴山蜀水娶妻生子，男耕女织，过上一份幸福祥和的日子的，可现在他们死了。这凄惨的景象连我的乌骓都看不下去了，它向着北方仰面长嘶了三声——北方，那是山东。

（略有停顿）

但是，刘邦又一次逃脱了。他竟然丢下了他的女人和老父亲，独自溜之大吉。无论后人作何评价，穷寇莫追还是我恪守的原则之一。这或许不符合政治家的逻辑，但体现了一个职业军人的道德观。不久，我们包围了刘邦占据的荥阳城……

［"幽灵项羽"隐去……
［项羽和范增等人正在城下谈论着。

范增：霸王，这回刘邦已经是瓮中之鳖，你可千万不要再上演一出"鸿门宴"了！

项羽：我在等待刘邦的投降。

范增：等他投降？荥阳城已经草尽粮绝，我们何不冲进去杀他个痛快？

项羽：张良已经传话过来了，说他们的汉王已经在做投降的准备了。

范增：我的上将军，这是张子房的诡计啊！刘邦虽然目下身陷困境，但他还有大片的河山在手，还有韩信几十万兵马可搏，他怎么可能俯首称臣呢？

项羽：亚父，我和刘邦之间本来就不是什么君臣关系。我不过是想让天下人知道，尽管他刘邦有张良、萧何这样的谋士，有韩信这样的骁将，但照样做不了我项羽的对手。我要的就是这个。

范增：那你当初对秦王子婴怎么是另一个态度呢？

项羽：这自然不同。刘邦是我的敌手，交战的结果非亡即降。而那个子婴是作为秦王朝最后的象征存在的，他虽然没有野心，但选择投降就是苟且偷生，会使全体秦国人蒙羞受辱，所以他必须以一死谢天下。

范增：（无奈地）这老夫就不懂了！同样是你的敌人，一个不战而降你却非要他死；一个和你战了几年打不过你，你却愿意接受他的投降——这是什么逻辑？

项羽：这是我项羽的逻辑。

幕后有人高喊：霸王，汉王投降来了！

［一辆兵车缓缓驶来，上面坐着一个酷似刘邦的男人，这其实是纪信。

纪信：（大笑）霸王，汉王已经脱险，你收兵吧！天下最后还是汉家的天下！

范增：霸王，这不是刘邦，是纪信，我们中计了！

［忽然，纪信掀开了帽帘，点燃了自己……

项羽：（敬佩地）好一个壮士！

［范增气急败坏地走了。

［"幽灵项羽"再现……

项羽：我和亚父范增的矛盾由来已久，现在，他终于离我而去了。他算得上是一个高人，张子房不可与他同日而语。亚父一走，张良又给刘邦出了新招，派人给我送来了求和信，想以荥阳东南的鸿沟为界，以东归楚，以西属汉，从此天下一分为二。那信可谓情真意切，却无法打动我。我与刘邦算得上什么兄弟？天下难道会有同室操戈的兄弟吗？但是我想，楚汉争锋，百姓苦不堪言，停止战争乃燃眉之急。是到了偃旗息鼓的时候了，张子房这回倒是摸着了我内心最软的地方……我签下了那份鸿沟协议，并且把作为俘虏的刘太公和吕氏交还给了刘邦，他倒是感激涕零，发誓从今往后按章办事，以行践约，老账一笔勾销。这结果令我满意，于是我当即下达了命令：全军将士整装待发，明日开赴彭城——回家！我的话音刚落，鼓号齐鸣，一片欢呼！我望着这些江东子弟，心中突然十分内疚——他们跟随我南征北战，每一次战斗都有人舍弃性命、抛尸异乡，他们图的是什么？他们既不能封王也不会受地，所求的仅是一个和平的日子啊！对于他们，战争是通向和平的一条险径，但绝非前途，我得带着他们回家了……也就在这天晚上，虞姬回到了我的身边……

［虞姬上，项羽出帐迎接。

项羽：夫人，你终于回来了！

虞姬：我想，是到了该回来的时候了。我带来了江东父老乡亲的问候，他们在期盼着子弟回家啊！

项羽：回家……是的，我们已经是走在回家的路上了。

虞姬：霸王，那份鸿沟协议你还是签署了？

项羽：是的，你觉得有什么不妥吗？

虞姬：我想知道的是，如果这回是你主动求和，你愿意吗？

项羽：胜利者是从来不主动求和的。

虞姬：啊，你这个人的悲剧就在于你一贯的胜利。其实我倒很愿意看到你的一次失败……

项羽：看我的失败？

虞姬：胜败乃兵家常事。这对于一个军人，才算得上完整啊！

项羽：可惜啊，仗就这么打完了！（拿出那对青锋宝剑，交给虞姬）夫人，这对青锋宝剑就劳你代为收藏了吧！

虞姬：（感慨地）我真希望就此刀枪入库啊！

［然后，项羽摘下了竹箫，开始了吹奏……

虞姬：夫君，是不是仗打完了，你又感到寂寞了？

项羽：仗打完了我不遗憾……我遗憾的是自我起事以来，大大小小的战斗经历了七十余次，却至今也没有遇见一个真正的对手。现在，战争结束了，我可以带着你，骑上我们的乌骓，云游四方，逍遥山水之间……

虞姬：你真的以为，战争已经结束了？

项羽：这难道还有什么可怀疑的吗？

虞姬：可我总有一种不祥的预感，我甚至觉得这对剑上依旧散发着一股血腥之气……

项羽：什么？

虞姬：霸王！我感觉刘邦的队伍正在悄悄地向我们逼近，这垓下，或许就是楚汉两家最后的战场了！

项羽：最后的战场？（忽然感觉到眼睛难受）夫人，我的眼睛在痛……你看看我的眼睛，是不是起了变化？

虞姬：是的，你的重瞳又一次叠到了一起……

项羽：来，扶我出帐……我应该出去看看！

〔两人出帐，项羽站在高坡上观看。

虞姬：你看见了吗？

项羽：是的，我看见了……

虞姬：你真的看见了？

项羽：我看见汉军正以合围之势向我们逼来，而且我还看见他们这回打出的是韩字旗号。

虞姬：韩信？

项羽：是他……

虞姬：刘邦既然派出韩信，那么就是想置你于死地的啊！

项羽：鸿沟协议墨迹未干，刘邦就如此背信弃义，真是十足的小人！

虞姬：霸王，起风了……

项羽：是的，起风了……

〔灯光渐暗……

〔幕徐落……

第七幕

时　间：紧接前场

地　点：垓下·项羽大帐内

〔天幕上风起云涌……

〔"幽灵项羽"出现……

项羽：这两千多年来，我一直在想，对于人尤其是对于一个男人，最无耻的行径莫过于背信弃义。如果天下由一个既不信守诺言又不准备践约的家伙控制着，必定黑暗无疑。对于我，历史上的楚河汉界是我对历史的郑重交代；而对于刘邦，应该是其羞耻的标识。我履行了诺言，而这个小人却撕毁了协定。原来，鸿沟之约不过是刘邦的缓兵之计，他企图趁着我们班师回撤，企图一举将我们歼灭，一统江山。我们在这个叫做垓下的地方被韩信几十万兵马重重围困，粮草给养只能维持几天了，情况前所未有的紧急……

［两军阵前，项羽和韩信下马对话。

韩信：（作揖）霸王，别来无恙？

项羽：我现在该称呼你齐王了吧？但我更愿意把你看做一个标准的军人。

韩信：我本来就是一个军人。

项羽：可你连军人起码的德性都丢失了！你见过不下战表就来偷袭的军人吗？

韩信：霸王，军人是以服从命令为天职的。我如今既然是汉王的部下，那就该听从他的命令。

项羽：哈哈哈！韩将军，你还惦记着从前我们之间的那点恩怨啊！是的，当年我把你从楚军中撵了出去，你便投靠了刘邦，从此青云直上。从这个意义上讲，你倒是应该感谢我的成全……

韩信：可我至今不明白你驱逐我的理由！

项羽：理由？你的意思大概是想说，当初我项羽有眼无珠，心胸狭隘，容不下你这位将才吧？好，我告诉你这个理由！你知道吗韩信，我欣赏你的军事才能，但是我极端鄙视你的人格——大英雄敢当胯下之辱，伟丈夫理应能屈能伸，这是你头顶上一直笼罩着的欺世盗名的光环，可我讨厌的正是这一套！人，无论出身贵贱，但他的头颅是一样高贵的，是不可以轻易低下的，又岂能随便从别人的裤裆下钻过去？我所信奉的是"士可杀而不可辱"！韩信，我们是两种人，道不同则不相为谋。我所敬重的是那种义重如山、刚正不阿、宁折不弯的英雄气概！韩将军，你觉得我驱逐你的理由充分吗？

韩信：（恼怒地）霸王，够了！现在我该执行汉王的命令了！

项羽：这大概就是我们的不同了。我是发布命令的，而你是执行命令的，但是，你的汉王在荥阳被我围困之际，你怎么就忘记执行他的命令呢？

韩信：……

项羽：仅此一点，你就不及纪信的忠诚。现在你倒来劲了。韩将军真是个善于把握时机的人啊！你深知我行军疲惫，粮草短缺，桃子不摘自落,你轻而易举地就名利双收了!可这对于一个军人,是不是很不过瘾啊?

韩信:霸王,你最好不要逼我动手……

项羽:笑话!倘若我今天能死在你的枪下,倒要感谢你的成全了。毕竟,是你让我像个军人那样度过了生命最后的时光……来吧!

〔两人交战,灯光转暗……

〔另一个光区里是项羽的大帐,更鼓敲过,已经是深夜了,虞姬在等待着项羽的归来……

〔项羽上场。

项羽:真没劲,连韩信也成了这样!战不了几个回合,他就缩回了大营……

虞姬:事到如今,你打算怎么办呢?

项羽:(思索片刻)突围!

虞姬:这四面都是汉军,你以为能够突得出去吗?

项羽:虞姬,我会的。我会背着你突出重围。

虞姬:不,我不想突围……我在考虑死……

项羽:夫人此言差矣!现在不是谈论死的时候啊!

虞姬:是时候了……

项羽:夫人,你怎么怀疑起我的能力了?我一杆画戟,足以挑开一条血路!

虞姬:我从来就不曾怀疑你的勇气和作战能力,但我已经觉得活得很累了。这暗无天日的日子真是好乏味啊!因为我总要面对着那些我所不耻的男人,而且这些男人最终都要成为统治者,要行使管理我们的权力。我无法忍受的就是这个。

项羽:虞姬,决战还没有到来啊!

虞姬:没有什么决战了。即使你杀了这个刘邦,还有另一个刘邦要当皇帝;即使你自己做了皇帝,你又如何能保证你和刘邦毫无两样呢?你忘记了吗,几年前你当上了上将军,一夜之间就坑了章邯二十万秦卒!

项羽:这实在是我人生的一大败笔……

虞姬:是什么使你变得如此残暴?是至高无上的权力,是刚愎自用的独裁——这是无法改变的!

项羽：（颓然坐下）……

虞姬：我做这个选择，还有另一层意思，就是不想拖累于你……

项羽：这从何说起呢？

虞姬：大王！你别大意了！韩信今天虽然败下一仗，但不会一败再败，他会一直拖住你，一直拖到你草尽粮绝，把你活活拖垮！我曾经对你说过，你的悲剧在于你是一个常胜将军，打遍天下无敌手。但是现在，我又不希望你失败了，我不希望你败在韩信的手下，这种人实在不配做你的对手，你也决不能投降！如果你是我心爱的男人，你就答应我——突出去！

项羽：我会突出去的！但我必须带着你突出去！

〔虞姬拿出了那对青锋剑，审视着。

虞姬：（无限感慨地）青锋剑啊！我原以为"鸿沟协定"之后，从此就能把你置放在一个安静清洁的地方，作为这段楚汉争锋的历史见证，留给我们的子孙后代永世瞻仰。现在看来，我的想法是过于天真了……难道，你在人血之中还没有浸泡够吗？你身上的血腥之气何时才能散发干净啊！当初铸造你的人，用尽了自己的鲜血，就是希望你远离血腥，成为一把正义之剑，捍卫着人间的和平与良知啊！

项羽：夫人，这样的日子……会来的，一定会来的！

虞姬：（斟酒）大王，请饮此杯！

项羽：虞姬！（一饮而尽）

〔忽然，幕后响起了楚歌的旋律……

虞姬：大王，你听……

项羽：四面楚歌……

虞姬：难道，汉军已经略地拔城？

项羽：不，这是张良的雕虫小技，企图扰乱军心。其实，他错了，我分明从这悲怆的楚歌旋律中听出了另一种声音——那是汉军对我的敬重。你听，这四面的楚歌，像大海的潮汐，由远而近。这是真正的楚歌，其声悲壮悠扬，仿佛九天而落。这凄美的歌声寄托着我们楚人最朴素的理想，那就是你向往的人间正义与和平啊！

〔虞姬在京剧"夜深沉"的旋律中开始舞剑……

虞姬：（唱）劝君王饮酒听虞歌，

解君忧闷舞婆娑。
赢秦无道把江山破，
英雄四路起干戈。
自古常言不欺我，
胜负只是一刹那。
宽心饮酒宝帐坐，
再听军情报如何。

〔幕后响起三更鼓声……

虞姬：大王，鼓打三更，夜深人静，此刻正是突出围困的大好时机啊！

项羽：夫人言之有理，你我打点行装上路吧！

虞姬：臣妾……是该上路了……

〔虞姬突然拔出项羽的佩剑，自刎。

项羽：（大惊）夫人！

虞姬：大王，恕臣妾先行一步了……

项羽：夫人！

〔项羽紧抱虞姬造型。一束追光照射在他们身上。

项羽：虞姬在楚歌声中刎颈而去了。她的血很暖，喷射到我的脸上，与我的泪水融成了一体。几年前，我们在乌江之滨相见时，她听到的只是楚歌的前奏，而今，她已经成了楚歌的一部分……我很悲痛，但更多的是为此生拥有这样一个女人而自豪。我慢慢地将虞姬的身体放倒，小心地割下了她的首级，用撕下的战旗将她包裹，背在了自己的肩头。然后，我下达了突围的命令……

项羽：（拔出剑）弟兄们，让我们唱着楚歌上路吧！

〔楚歌声大作……

〔一道光束里，项羽挥剑的英姿如同一尊雕塑。

〔幕徐落……

尾　声

时　间：公元前206年

地　点：乌江边（景同序幕）

［"幽灵项羽"出现在乌江边……

项羽：（无限感慨地）我又回到了乌江边……我没有辜负虞姬的嘱托，成功突出了韩信布下的天罗地网。但是我要告诉你们的历史学家，垓下突围与你们对我的美化不一样。试想，面对韩信三十万兵马，我一杆画戟怎能挑得开一条血路？我不是神，而这连神也很难做到。真实的情况是，汉军并没有怎么阻拦我，我的兵器上甚至见不到一滴人血。人血不是胭脂，是难以掩饰这历史的本来面目的。但人心自古以来就是一杆秤，千秋功罪，自有后人评说了。

［项羽来到了乌江边上，遇见了乌江亭长。

项羽：如果我这么说还欠妥当，那么这眼前的一幕又该怎么解释呢？我来到了乌江边上，居然就遇见了这位乌江亭长。而且，他还事先为我预备好了一条船——他怎么会料定我会到此？啊，太史公用心可谓良苦，非要借我之口来为我的死寻找出一个合适的托词，说我之所以不肯过江，是因为无颜见江东的父老。但这未必有些牵强了。我深知有人事先作了安排，不希望我就此罢休，给刘邦以方便。这个人是谁呢？我不知道。我一直把他视为你们心目中的那个人。这个人无疑是轻视刘邦和刘邦们的。按照西方人的解释，这个人或许就是上帝？上帝之手总是看不见的，但每回伸出来都非常地及时。然而这一回，我拒绝了他的援手……

［"幽灵项羽"隐去……

［项羽和亭长开始表演。

亭长：霸王！江东虽小，可仍有千里江山，还有数十万兵马可用啊！你还是赶快过江，重整旗鼓吧！

项羽：老人家，问题是我从来就是一个不爱江山之人啊！即使东山再起又能如何呢？

亭长：霸王，事关重大，你要三思而行啊！韩信的人马很快就追上来了。

项羽：老人家，你已经尽到了你的责任。请你用这一叶扁舟送我的乌骓过江吧！这把画戟的钢火很好，送给你，来年可以用它来打一把犁头。

〔亭长接受了兵器，拭泪下场。

〔项羽目送小舟远去，忽然幕后传来了乌骓马的一声长嘶，接着，马纵身跳进了乌江……

项羽：（呼喊）乌骓！我的乌骓！你……你走好……好了，都交代好了。这里，只剩下我了，这一刻是何等的安静……

〔再次响起了洞箫的旋律……

项羽：（感慨地）我仿佛又听见了属于我的楚歌，真美啊！唉，想我项羽，从二十三岁起事，大小战役经历了七十六次，竟然还是遇不上一个真正的对手。作为军人，这不能不说是遗憾……

〔虞姬的声音忽然响起……

虞姬：其实，有一个对手一直在追随着你。

项羽：虞姬，你，你在哪里？

虞姬：我在你的心里……

项羽：你刚才说什么来着？

虞姬：我说，其实有一个对手一直追随着你。

项羽：（困惑地）我的对手一直在追随着我？

虞姬：是的，他一刻也没有离开过你——那才是你真正的对手……

项羽：虞姬，我已经明白了……现在，该是我和这个真正的对手决一死战的时候了！

〔项羽拔剑凝视着……

项羽：我看见你了，我总算是看见你了——我的对手！其实你也很普通，只是眼睛有点特别，是重瞳……

〔自刎，倒地——天幕上再现了项羽倒地的"慢动作"……

〔"幽灵项羽"再现……

项羽：这就是我的故事——一个男人的故事，一个军人的故事，也是一个诗人的故事。我倒下了，我的血和虞姬的血流在了一块。据说这乌江的边上至今还流淌着我们的鲜血，江水竟然没有把它冲刷干净。第二年春天，这块地方开出了一片灿烂的红花。一个黄昏，我到这里散步，遇见了一个小女孩……

［小女孩好奇地看着面前这个老人。

项羽：小姑娘，你在干吗呢？

女孩：我在采花……

项羽：哦，这地方从前是没有花的……

女孩：老爷爷，你是谁呀？

项羽：我……我也弄不清我是谁。

女孩：那你知道这片好看的花的名字吗？

项羽：这我是知道的……

女孩：那告诉我吧！

项羽：她叫——虞美人……

女孩：虞美人？

项羽：对，虞美人……

［"幽灵项羽"带着女孩走向了远方……

［天幕上，一片怒放的"虞美人"……

幕后响起带有昆腔的歌声：生当作人杰，
　　　　　　　　　　　　死亦为鬼雄。
　　　　　　　　　　　　至今思项羽，
　　　　　　　　　　　　不肯过江东。

（全剧终）

2004 年 2 月 19 日，初稿
2004 年 8 月 31 日，二稿
2005 年 9 月 16 日，三稿

注：该剧后更名为《霸王歌行》，其演出本发表于《剧本》月刊 2008 年第 6 期，由中国国家话剧院 2008 年 3 月首演。后作为该院保留节目，先后在国内上海、深圳、南京、济南等地巡演，并赴俄罗斯、埃及、韩国、日本等地演出，获得一致好评。

附　录：

从小说《重瞳》到话剧《霸王歌行》
——与《剧本》月刊的谈话

时　间：2008年4月19日
地　点：北京朝阳区"珠江帝景"

记　者：由中国国家话剧院出品的话剧《霸王歌行》3月14日在北京的舞台上亮相了，遂引起了媒体和广大观众的高度关注。《剧本》决定发表这个剧本。作为这个戏的编剧以及母本小说《重瞳——霸王自叙》的作者，我们想请你就这个戏的创作谈谈。

潘　军：那就从小说开始谈吧。熟悉我的读者，知道在我所有的小说中，唯独这部《重瞳》写到了两千多年前。还有一个事实，即从1992年至1996年，我经历了一次"下海"。先是在海口折腾，到了1994年，宏观调控之后，海南岛没戏了，我又鬼使神差地去了中原郑州，结果生意还是一塌糊涂。那个时期可能是我今生最背时的阶段，几乎所有的压力都来了，有点"四面楚歌"的意思。现在回想起来，写《重瞳》，写项羽，与这个心境有关。记得是1995年秋天，我去广州出差，曾和《花城》编辑田瑛谈过，我说我想写项羽，而且是第一人称来写。他当时似乎有点诧异，接着他说：你能写好，你身上有一股霸气。但那个时候，我刚才说了，因为杂事缠绕，不能安心写作。孤身漂泊在郑州，写了一个开头，却不感到满意——我写小说，总是先要找到一个叙事的感觉，然后才往下进行。于是就放了下来。这一放，就是四年。到了1999年夏天——那时我已经"上岸"了，我在完成长篇小说三部曲的《独白与手势》的第二部《蓝》之后，突然又想到了这个在心中盘桓已久的项羽来，我感觉自己是倾听到了他的声音，尽管我们相隔着两千多年。这种冥冥之中的气息相通看起来是那样地神奇，不可思议。但我的创作欲望已经完全被调动了起来。我在重读过《史记》和《汉书》之后，注意到了一个不可忽视的事实，那就是面对项羽，无论是司马迁还是别的史家，似乎都怀着一份敬意。比如说，项羽不是帝王，但依然享受"本纪"的待遇。同时史家又对项羽的事迹语焉不详。正是这种暧昧的态度，让我发现了重新解读的可能性。

记　者：你的重读意味着什么？

潘　军：意味着发现。所谓重新解读，我的理解是在不脱离历史典籍的前提之下，换一个立场、一个角度、一种思维方式，特别是一种想象的形式，发自内心地进行一次大胆的书写。历史正是作为一种书写而流传至今，但历史不是书写在纸上的，它活在人的心中。正是在这个意义上，克罗齐那句"一切历史都是当代史"才成为名言。半个月后，我完成了中篇小说《重瞳——霸王自叙》，几乎是一挥而就。2000年的《花城》第一期发表，就相继被《小说选刊》、《小说月报》等刊物转载，境外的《世界日报》等也进行了转载。这部小说，被列为那一年"中国小说最新排行榜"的榜首，后来的"中国小说排行榜"也将它列了进去。直到今天，每年都还有研究它的论文见诸报刊。台湾等地，还将它列为大学文科生的必读书目。

记　者：把《重瞳》改编成话剧是哪一年的事？

潘　军：2004年。又过了四年，我将《重瞳》改编成了话剧。那一年我先后为北京人民艺术剧院和中国国家话剧院各写了一个话剧，都是根据自己的小说改编的，因此有报道说"潘军迎来了话剧之年"。为北京人艺写的话剧就是《合同婚姻》，只用了三个晚上。《重瞳》改编的时间也不长，初稿也就用了一周。改得很顺手。毕竟，我是小说的原作者，而且，我一直就喜欢话剧这种艺术形式。我出生在安徽怀宁一个黄梅戏的世家，我外祖父是黄梅戏的前辈艺人，我母亲是演员，父亲是编剧。可以说，我是在"戏园子"里长大的。在大学的时候我就自编自导自演过话剧。我还根据这个小说改编了一个京剧剧本《江山美人》，发表在《芙蓉》2005年第五期上，也想最近把她做出来。

记　者：北京人艺的《合同婚姻》当年就上演了，怎么这部《重瞳》

却搁置了?

潘　军：是啊，一搁又是四年。算是好事多磨吧。这次日本中央大学教授兼《幕》杂志主编饭塚容先生来北京看戏，也这样问过我。我想，原因是多方面的吧，比如经费问题、演员问题，特别是剧本问题和导演问题。对这个剧本，我前后写了三稿，剧名最初就是小说的名字——《重瞳——霸王自叙》，后来又改成了《天籁·楚歌》，最后就成了《霸王歌行》——这名字不是我取的。其实，我觉得还是《重瞳——霸王歌行》准确些，小说是第一人称叙事，话剧是大量的内心独白，剧中的项羽既是自己故事的讲叙者，又是剧中人，他是一个两千年前的幽灵，面对两千年后的世界，和观众坦诚相见，袒露心声。这个视角，意味着整个话剧就是一部项羽的自叙史啊，歌行什么呢？但我还是要感谢导演王晓鹰先生，他这几年实际上一直在寻找这个戏的表现方式。王晓鹰做戏很讲究，他的《萨勒姆女巫》和《哥本哈根》，我觉得都不错。我们多次在一起谈论，我的一些设想，比如把京剧的元素用进去，他都支持。最初，他想做出一个独角戏，让一个演员串演剧中全部的角色。这无疑是个大胆的想法，但缺乏操作性。之后，我们又商量出把它做成一个大戏，但巨额的投资以及无法摆脱历史剧模式的那种乏味的形式感，又让我们举步不前了。今年二月里，我在上海拍摄电视剧《海狼行动》，一天接到晓鹰的电话，说这个戏已经在建组排演了，我着实有点意外。我说，你排吧，我相信你。其实，一个编剧把剧本交出去，工作就完成了，多费口舌不好。

记　者：首演之夜，谢幕的时候，你和王晓鹰都登台了。你当时代表剧组对观众说了一句话——"感谢在座的观众，因为你们的存在，使这个夜晚成为中国艺术的不朽之夜。"从这句话可以看出，你对《霸王歌行》是肯定的。

潘　军：她值得肯定啊！说实话，在北京的舞台上能上演这样一台戏很不容易。很多人付出了心血。除了王晓鹰导演和一些舞台艺术人员，特别是几个演员，房子斌、张昊、刘璐、田征等，都很出色啊。房子斌饰演的西楚霸王项羽，既深沉又飘逸，激情和悲怆交融，收放有度。张昊一人饰十三个角色，不管是亚父范增、秦王子婴、大将韩信，都不错。这是王晓鹰的创造，更是张昊的成功。扮演虞姬的刘璐，还是个学习京剧的研究生，她的韵白、圆场，以及最后霸王别姬时的那段梅派"劝君王"演唱和"夜深沉"的舞剑，都为整出戏带来了中国传统艺术之美。我感谢他们！我给他们送了最新出版的小说集《戊戌年纪事》。

记　者：《霸王歌行》讲述的是家喻户晓的大英雄项羽，以及那段为所有中国人熟知的历史，楚汉之争，鸿门之宴，垓下之围，霸王别姬。然而，在这台话剧中，项羽被编剧重新塑造，而这些故事，也有了另一番引人深思的解释。在《霸王歌行》之中，项羽是一个诗人气质的军人，是一个理想主义者，而剧中的虞姬也不再是那个哀怨悲惨的女性，她理解项羽，崇敬项羽，从容平静地倒在了楚歌声中，"成为楚歌的一部分"。

潘　军：《霸王歌行》最重要的意义，在于他鄙视那种亘古不变的价值取向和情感取向，张扬人类精神品格的高贵。历史上，爱项羽的只有文人和女人，李清照是二者结合的典范。政治家、军事家乃至一些男人们，是不喜欢项羽的。他们还是坚持"成王败寇"，坚持"江山"重于"美人"。我在演出说明书上写了这样的话——"舞台上的项羽是个幽灵，但他行走在今天的大街上。"

记　者：我们对照演出看剧本，发现关于刘太公和吕氏的那一小段被你删除了。

潘　军：不是删除，是原来剧本中就没有。是他们后来从小说中找出来的。我不喜欢这个演出段落，尽管每次一演到这里，观众就哄堂大笑，就鼓掌，但我怀疑这掌声很廉价。北京的话剧舞台，特别能"搞"，但这个戏不可"搞"；甚至不能笑。那天国家话剧院召开《霸王歌行》的座谈会，汪遵熹导演的观点很对我胃口，他说，这个戏应该"冷"一点，不能太热闹，要让观众的思考多于掌声。我完全同意！

记　者：对《霸王歌行》的舞台形式，你怎么看？

潘　军：我是喜欢这种安排的，是一种诗意的表达。当年，著名诗人牛汉先生在看过小说《重瞳》后说，这不是一篇小说，而是一首震撼人心的诗。潘军本质上是个诗人。无论是什么形式，我想诗性和哲理性的高度统一应该是创作者一致的追求。刘科栋的舞美设计，既融合了中国画写意和抽象，又有后现代艺术拼贴与装置的效果，整个舞台四面悬挂着宣纸，红黑色的颜料随着剧情的发展不断泼洒下来；陈列在灯光下的头盔、铠甲、竹简——只有一个地方他弄错了,陈列中应该是一副马鞍,而不是一只马头;尽管这些未必都是首创,但用在这个戏里,还是很和谐,很大气。时而穿插的现场古琴演奏和多媒体的投影;以及由张广天作曲的音乐,恢弘而悲凉的楚歌,包裹着整个剧场,这一切都为观众营造出一个优美典雅的艺术氛围,也维护了小说和剧本的先锋精神。

记　　者:什么是你所说的"先锋精神"?

潘　　军:先锋,意味着一种文化立场,一种探索姿态。

潘军文集

第捌卷

戏曲

江山美人

（大型戏曲剧本）

——根据作者小说《重瞳——霸王自叙》改编

人物表：

项羽——（老生）

虞姬——（梅派青衣）

项母——（老旦）

范增——（麒派老生）

刘邦——（老生）

宋义——（文丑）

赵国使臣——（老生）

艄公——（老生）

项庄——（花脸）

钟离昧——（花脸）

马童——（武生）

韩信——（文武小生）

第一场：乌江相逢

时　间：公元前210年·秋天的一个早晨

地　点：乌江边

［幕启，天幕上出现的是波涛汹涌的乌江。江天之上，是奔腾的乌云，仿佛一场大雨就要来了。江畔，芦花摇曳……在这样的气氛中，我们听到

了一个遥远的箫声,划破了黎明的寂静……

〔箫声过后,京胡过门起……

项羽幕后唱:乌江上,乱云飞,白雾苍茫……

〔项羽身披斗篷,佩剑,便装打扮,手持一根斑竹箫,仿佛一介书生,上场,亮相。

项羽:(唱)杞柳衰,芦花败,雁阵哀鸣,帆影孤单,好不惨然!
　　　　　暴秦无道江山占,
　　　　　英雄干戈起四方。
　　　　　大泽风云卷,
　　　　　项字旗飘扬。
　　　　　碧血黄沙何所惧,
　　　　　马革裹尸不彷徨。
　　　　　只可叹连年征战,狼烟弥漫,
　　　　　望中原赤地千里,生灵涂炭。
　　　　　心中郁闷难派遣……
　　　　　解忧唯寄一箫簧。
　　　　　趁晓雾初开,我来在这乌江岸畔……
　　　　　何日能听楚歌还?

项羽:(叹息)想我项家,祖祖辈辈为楚将,立志报国安邦,到头来却还是让秦王嬴政独霸了这大好河山。可是,祖父临终遗训,哪怕江东最后只剩下了两三户人家,但亡秦必楚!这亡秦的重任么,如今就落在了我项羽的肩上了!(抽出宝剑)

(接唱)壮志豪情气冲霄汉,
　　　　楚虽三户能把秦亡。
　　　　卧薪尝胆枕戈待旦,
　　　　不灭暴秦(我的)心不甘。

〔幕后传来了马蹄声,渐渐驶近……

〔天幕上同时出现了一个女人策马奔腾的画面……

项羽:啊!好一匹宝马啊!鬃毛似战旗,四蹄如疾风,它,它竟直奔我而来了!

〔一阵马嘶……

项羽（大喝）：驭！

［烈马长嘶，一身白衣装束的虞姬从马上滚下，被项羽一把将她抱住。

项羽：小姐，受惊了吧？

虞姬：请问相公，此处可是楚地？

项羽：自然是楚地。

虞姬：那我适才听见的箫声可是楚歌？

项羽：这个……小姐，你是楚国人？

虞姬：是的。

项羽：可看你这一身的穿着，仿佛来自塞外啊！

虞姬：相公容禀——（唱）避战祸自幼随父去塞外，
　　　　　　　　　　终日里不见楚地一线天。
　　　　　　　　　　三年前父死伤寒症，
　　　　　　　　　　形单影孤度月年。
　　　　　　　　　　父终榻前留遗言，
　　　　　　　　　　楚歌如同归心箭。
　　　　　　　　　　从此后日日想来夜夜念，
　　　　　　　　　　杜鹃啼声声带血情绵绵。
　　　　　　　　　　忽一日楚歌仿佛耳边现，
　　　　　　　　　　闻箫声一马追寻到江边。

项羽：只遗憾，小姐你听见的还不是楚歌……

虞姬：不是楚歌？

项羽：你听到的只是楚歌的前奏……

虞姬：相公啊！（唱）千里听得箫声远，
　　　　　　　　　楚歌不奏要失传。
　　　　　　　　　黄钟大吕虽激荡，
　　　　　　　　　怎比楚歌九霄扬！

项羽：（唱）楚歌不受五律限，
　　　　　　天马行空自悠扬。
　　　　　　楚歌风靡中原日，
　　　　　　百姓扬眉乐安康。

虞姬：敢问相公尊姓大名？

项羽：我叫项羽……

虞姬：啊，项羽！这像个诗人的名字啊！

项羽：小姐，我本想做一个诗人啊！

虞姬：这名字我仿佛在梦中听见过的啊！我想起来了，家父生前曾多次对我提起过，说我们楚国有一个项家，祖祖辈辈都是护国的将军。你，莫非就是这项家人吗？

项羽：正是。

虞姬：那从前我们楚国的项燕老将军是……

项羽：项燕老将军乃是我的祖父。

虞姬：哦，那奴婢该称你少将军了。

项羽：不敢当。

虞姬：少将军，项老将军近来可好？

项羽：老将军他么……已经为国尽忠了！

虞姬：啊！老将军已经为国尽忠了！

项羽：这，就是他留给我的青锋宝剑啊！（拔剑）只是我至今没有让它为项家添上一份光荣！我，辜负了楚国父老乡亲的重托啊！

虞姬：（唱）劝将军切莫要愁眉不展，

　　　　　　大丈夫理应当豪情盖天胆气壮。

　　　　　　乌骓宝马赠予你，

　　　　　　望将军驰骋沙场报国兴邦凯歌还。

［项羽引马……

项羽：（唱）多谢小姐赠宝马，

　　　　　　洞箫劳你代收藏。

　　　　　　项羽今生若有幸，

　　　　　　愿伴红颜琴心剑胆走遍万水千山。

项羽：敢问小姐芳名？

虞姬：我的名字，你已经晓得了……

项羽：我哪里晓得啊？

虞姬：适才我策马而来，你不是大喊了一声"虞"吗？

项羽：虞？

虞姬：那就是我的名字啊！

项羽：虞……虞……虞姑娘……
［"南梆子"旋律起……
［两人走近，虞姬羞走一旁。
［项羽兴奋地拔出宝剑，一段漂亮的剑舞令虞姬怦然心动……
［天幕上，朝阳映红了乌江。
［幕落。

第二场： 琴心剑胆

时　间：大致如前
地　点：项家大堂
［幕在热闹的吹打乐和【朝天子】曲牌中拉开，在众人的陪同下，项羽正牵着新娘虞姬从大幅的喜字前走过，步入洞房，但这只是一种剪影效果。
［天幕上，出现的是项府张灯结彩的画面。
［灯光大亮，项母正指挥着丫鬟们摆设花卉，心情喜悦。
项母（唱）：八月秋高桂花香，
　　　　　　人逢喜事精神爽。
　　　　　　多谢上苍赐良缘，
　　　　　　千里送来虞姑娘。
　　　　　　只可叹项家先辈别人寰，
　　　　　　为江山前赴后继慨而慷。
　　　　　　今日洞房花烛团圆夜，
　　　　　　明朝捷报频传慰高堂。
家院：老夫人，上将军和亚父前来贺喜了！
项母：快快有请！（出迎）
［宋义、范增等人上。
宋义：人生得意须尽欢，
范增：项羽今朝做新郎。
宋义：乌江相逢天作合，

范增：英雄美人结鸾凰。

宋义：亚父请——

范增：上将军请……

项母：啊，上将军、亚父驾临，不胜荣幸！

宋义：老夫人，都是自家人，就不要这么拘礼了。

项母：香草，快快去叫少将军。

香草：是，老夫人。

［项羽和虞姬上场。

项羽：（唱）自那日与虞姬相逢乌江边，

虞姬：（唱）感上苍赐良缘千里一线牵。

项羽：（唱）从今后朝夕相伴春光无限，

虞姬：（唱）好夫妻鱼水欢乐两情缱绻。

项羽：（唱）只可叹山河破碎百姓哀怨，

虞姬：（唱）随将军东征西战去迎新天。

项羽：上将军、亚父驾临，有失远迎，多有得罪！

宋义：言重了！少将军大喜，我迟来一步，还望海涵啊！这位就是新娘子吧？果然是红粉佳人、名不虚传啊！

虞姬（施礼）：上将军过奖了。

项羽：请——

项母：看茶。

［大家落座，丫鬟送茶。

宋义：少将军，我今天来，一是登门恭贺你大婚之喜，二来是传怀王的旨意。

项羽：圣上有何旨意？

宋义：圣上命我为上将军，你和刘邦为左右将军，分兵两路，直取咸阳。

项羽：分兵两路，直取咸阳？

范增：少将军，此时兵发咸阳，是大好时机啊。

（唱）嬴政暴死沙邱上，

胡亥二世命亦丧。

子婴已成强弩末，

　　　　　咸阳城内人心惶。

　　宋义：（唱）此时发兵是良机,
先入关中谁先王。

　　项羽：先入关中者为王？

　　宋义：是啊，这是怀王的旨意啊。

　　项羽：如此看来，末将该秣马厉兵了！

　　〔天色大变，惊雷滚滚。

　　〔天幕上，乌云翻卷，时有闪电……

　　虞姬：少将军，天色变了！

　　〔钟离昧上场。

　　钟离昧：上将军，少将军，那赵国钜鹿之城被秦将章邯三十万围困，派使臣求援来了！

　　宋义：他倒是很会挑时候啊！不见。

　　项羽：且慢。上将军，那赵国使臣毕竟是到了我的府上，还是见见为好啊。有请赵国使臣。

　　钟离昧：有请赵国使臣——

　　〔赵使上。

　　赵使：（唱）黑云翻卷秦军压境，
　　　　　　　钜鹿城下草木皆兵。
　　　　　　　一路崎岖来楚营，
　　　　　　　只盼赵国遇救星。

　　赵使：赵国使臣前来拜见上将军、少将军！

　　宋义：哼，你居然追到这儿来了！

　　赵使：上将军，钜鹿城已被秦将章邯三十万人马围困达一月之久，内无粮草，外无救兵，还望上将军听从怀王的旨意，火速发兵，搭救赵人啊！

　　宋义：大胆！你居然敢这样跟我说话？来人啊，给我轰了出去！

　　项羽：且慢！

　　赵使：少将军，请帮帮我们赵国吧！

　　项羽：上将军，赵楚乃是兄弟邻邦，如今赵人有难，不可袖手旁观，见死不救啊！

宋义：少将军，论立马横枪，我宋义不如你，可要论运筹帷幄，你恐怕就不如我了！你看这连天的大雨，道路泥泞，我们怎么能去干这种吃力不讨好的事呢？这章邯围困钜鹿，我们何不乘虚而入直奔咸阳？记住了，先入关中者为王啊！

项羽：这个……（对赵使）啊，赵国使臣，既然上将军已经裁决，你还是另想良策吧。

赵使：如此看来，我是错看你项羽了！

项羽：此话怎讲？

赵使：想你项羽乃是将门之后，只可惜将门无虎子啊！

项羽：大胆！

赵使：你项家世代为楚将，灭秦兴邦乃是你的使命。却到头来，你，你竟然无视整个赵人的性命，而一心想做关中之王，岂不是辱没了你项家的门庭？

项羽：啊！

〔一声惊雷滚过……

赵使：岂不是为后人耻笑？

〔又一声惊雷滚过……

项羽：啊！

赵使：项将军，你看，这天上飘下的是什么？

项羽：大雨倾盆……

赵使：它不是雨，而是我们赵人的泪啊！望将军看在这苍天的份上，为我们赵人留下一些种子吧！

〔言毕，拔出项羽的佩剑自刎倒地。

项羽（大惊）：啊——

  （唱）见赵使面对苍天以死谏，
     不由得项羽心中似火燃。
     我这里满面羞愧形容惭，
     宋义他隔岸观火好悠然。
     回转身来把心事对夫人言讲——

项羽：夫人！（接唱）
     钜鹿城邦今有危难，

　　　　　　　按兵不动义在何方？

虞姬：将军啊！（唱）

　　　　　　　钦佩你书生本色英雄胆，
　　　　　　　钦佩你品格高尚义如山。
　　　　　　　项家军替天行道义，
　　　　　　　出兵救赵刻不容缓。

宋义：（唱）少将军切莫意气讲，
　　　　　　　打点行装你奔咸阳。

项羽：（唱）见死不救非人纲常，
　　　　　　　末将请命一力承担。

宋义：（唱）劝你莫再去意彷徨，
　　　　　　　自做多情闲事少管！

宋义：项羽，你不要再费口舌了，我是怀王钦命的上将军，兵权在握，你得听命于我，安分点才是！

项羽：安分？哈哈哈……只怕今天末将是难得安分了！

宋义：你难道想反了不成？

项羽：正是！

［范增摔下茶杯。

［宋义拔剑欲刺项羽，被项羽用剑拦住，然后诛杀宋义。

范增：少将军，早就该取而代之了啊！宋义这等奸人不除，大楚霸业将付诸东流啊！

项羽：诸位将军大人为证，今日剪除宋义，别无他图，只是要为这行军的路途之上踢开一块绊脚石！

［众人跪下。

众人：愿听上将军指挥！

项羽：好！破釜沉舟，兵发钜鹿！

众人：破釜沉舟，兵发钜鹿！

［鼓乐齐鸣。

［造型，集体亮相。

［天幕上，项字旗下万马奔腾！

［幕落。

第三场： 鸿门惊变

时　间：大致如前
地　点：函谷关外·鸿门·项羽大营
〔幕启：天幕上呈现出咸阳城郭，天空一片彩霞。
〔虞姬走出大帐，观望。
虞姬：（唱）钜鹿之战传捷报，
　　　　　　破釜沉舟士气高。
　　　　　　项家军势如破竹把敌横扫，
　　　　　　顷刻间秦兵溃败如山倒。
　　　　　　将士们冲锋陷阵立功劳，
　　　　　　上将军一马当先威名标。
　　　　　　青锋剑直指咸阳已出鞘，
　　　　　　看河山旧貌新颜艳阳高照。
〔幕后喊：上将军回营了——
〔项羽上。
项羽：（唱）剪除宋义精神爽，
　　　　　　灭王离俘章邯我连过三关。
　　　　　　人马扎在函谷关上，
　　　　　　待明朝策乌骓踏平咸阳。
虞姬：上将军回来了？
项羽：回来了。
虞姬：将军辛劳，臣妾略备薄酒为你洗去征尘。
项羽：愿与夫人同饮。
〔两人对饮。
虞姬：（唱）斟一樽薄酒敬夫君，
　　　　　　臣妾为你洗征尘。
　　　　　　将军平生鸿鹄志，
　　　　　　鲲鹏展翅万里行。
项羽：（唱）接过了夫人酒一樽，

　　　　　　不由心中暖三分。
　　　　　　夫人伴我多劳顿，
　　　　　　今生当报恩爱情。
　〔范增急上。
　范增：上将军，刚刚得到军报，那刘邦一路遇敌不战，遇城不攻，已经直取咸阳城了！
　项羽：哦，他倒捷足先登了！
　范增：上将军啊！（唱）怀王行前把旨降，
　　　　　　　　　　　先入关中先为王。
　　　　　　　　　　　箭射猎物付血汗，
　　　　　　　　　　　岂容他人随便扛？
　　　　　　　　　　　项家世代为楚将，
　　　　　　　　　　　几代英魂血染沙场。
　　　　　　　　　　　报国兴邦为使命，
　　　　　　　　　　　打江山者坐江山。
　项羽：打江山者坐江山？
　范增：正是啊！
　项羽：虞姬，适才亚父与我言论，打江山者坐江山，你是如何看待呀？
　虞姬：臣妾不便声言。
　项羽：亚父也不是外人，但说无妨。
　虞姬：将军容禀——（唱）项家祖辈为楚将，
　　　　　　　　　　　　世代美名天下扬。
　　　　　　　　　　　　一腔热血为社稷，
　　　　　　　　　　　　恪守职责莫称王。
　范增：少夫人此言差矣！（唱）项家一心为家邦，
　　　　　　　　　　　　　　付出代价甚高昂。
　　　　　　　　　　　　　　风扫残云捷报传，
　　　　　　　　　　　　　　关中称王理应当。
　虞姬：（唱）称王自是理应当，
　　　　　　　祖先遗训要思量。

　　　　　只要百姓心欢畅，
　　　　　心中自有美江山。
　项羽：（唱）美好江山放眼望，
　　　　　不及心上女红妆。
　　　　　兵临城下逼咸阳，
　　　　　洗去征尘一马双跨逍遥四方。
　〔项庄上。
　项庄：上将军！
　项羽：何事？
　项庄：沛公带人到了鸿门了！
　范增：他倒自己送上门来了！项庄——
　项庄：末将在。
　范增：安排好刀斧手，相机行事！
　项羽：且慢！我与刘邦乃是结拜的兄弟，岂能如此相待？
　范增：上将军，这刘邦乃是一奸诈小人，欺世盗名，他今日来访，不过是缓兵之计。如果不除，只怕是养虎为患啊！
　项羽：亚父稍安毋躁，我自有安排。传我的号令，打开辕门，迎接沛公！
　〔灯光变化，舞台呈现为鸿门宴的场景。
　〔鼓乐声中，将士出场列队，两厢站立。
　〔刘邦一行上。项羽出迎。
　刘邦：啊，上将军驾到，恕刘邦来迟一步啊！
　项羽：沛公先占咸阳，令人钦佩！
　刘邦：卑职不过是先把城里打扫干净，只等上将军的人马开进了。
　范增：可你为何紧逼城门？
　刘邦：这个……这也是为了给上将军举行一个入城的仪式啊！
　项羽：如此看来，真是有劳沛公了！请——
　〔众人落座。
　项羽：啊，沛公，自彭城开拔，我们已有多日不见了，别来无恙？
　刘邦：上将军钜鹿大捷，威震四方，我是自愧不如啊！
　项羽：沛公过谦了。可还记得，行前怀王传下旨意，先入关中者为王。如此看来,我该称你为汉王了吧?

刘邦:上将军在上,刘邦焉敢称王啊!

      (唱)上将军莫把刘邦耻笑,
         先入咸阳不过运气好。
         大军人马只是临时到,
         我约法三章不犯秋毫。

范增:好一个约法三章,不犯秋毫。你分明是……

项羽:(打断)有劳沛公周到,请受末将一杯。

刘邦:大家同饮吧。

[大家饮酒。

范增:上将军,今日沛公光临,饮酒应当有歌舞助兴啊!

项庄:末将愿意舞剑助兴!

[项庄舞剑……

[项庄几次逼向刘邦,项羽见状,拔剑架住项庄,以制止项庄的行刺。

项庄:上将军?

项羽:一个人舞剑好不孤单啊!

刘邦:是啊,还是两人对舞才有情趣……

[范增突然摔杯于地。

[幕后的刀斧手纷纷而出。

项羽:大胆!

刘邦:上将军,往日只要亚父摔杯,势必就有一颗人头落地啊。不知今天这颗人头是谁的了?总该不会是我刘邦的吧?我可是你结拜的兄弟呀!

项羽:沛公不必惊慌,亚父他喝醉了……

范增:刘邦!你今天进得来这鸿门,只怕是出不去这鸿门了!

项羽:项庄——亚父喝醉了,把他架下去歇息。

项庄:这个……

项羽:违令者——斩!

[项庄架范增下。

[范增大喊:竖子不可教也!

项羽:沛公,让你见笑了。

刘邦：哪里哪里……上将军，时候不早了，我还是赶紧回去安排一下，明天一早，城门打开，鼓号齐鸣，迎接将军人马入城啊！

项羽：当真？

刘邦：当真。

项羽：果然？

刘邦：果然。

〔两人对笑。

〔刘邦吓得赶紧下场。其他人也纷纷退下，虞姬上场。

虞姬：上将军，刘邦他走了？

项羽：走了……

虞姬：是你放他走的？

项羽：是的……亚父他安排了刀斧手，企图行刺沛公，我没有让他得逞。

虞姬：上将军自有道理吧？

项羽：夫人！那刘邦胸有城府，野心暗藏，这些我都不难看破。可我项羽，乃是这三军的统帅，岂能行小人之举？又岂能听命于一个老叟的安排？（唱）鸿门宴暗藏了刀光剑影，

　　　　不提访项刻间险象环生。

　　　　设埋伏刺刘邦非君子本分，

　　　　我项家担不起这千古骂名！

虞姬：（唱）上将军此安排令人尊敬，

　　　　释刘邦回咸阳得理安心。

　　　　是君子应当有高贵品行，

　　　　为小人自然是利令智昏。

〔项庄上。

项庄：上将军，亚父他……不辞而别了！

项羽：亚父他……还是走了？

〔幕落。

第四场： 杜鹃啼归

时　　间：大致如前
地　　点：骊山·阿房宫
〔天幕上，远处是低矮绵延的骊山，近景为豪华的阿房宫建筑。
〔幕启。
项羽幕后：（唱）引千军与万马兵临咸阳……
〔项羽策马上场，亮相。马童引马。
（接唱）：策乌骓走单骑脚踏骊山。
　　　　　十余年磨一剑东征西战，
　　　　　灭暴秦救黎民山河重光。
项羽：马童，你可知道这骊山之下埋有何物啊？
马童：上将军，我怎么知道啊？
项羽：那我来告诉你，这骊山之下么……就是秦始皇嬴政的坟墓！
马童：什么？您是说，我们是踏在秦皇老儿的坟墓之上？
项羽：正是！（唱）观眼前好风景心中激荡，
　　　　　　 好似那不尽黄河波浪翻。
　　　　　　 喜的是千里江山狼烟散，
　　　　　　 迎夫人到阿房洗去风霜。
〔鼓乐齐鸣。
〔灯光变化，出现阿房宫内景。
〔宫女列队而出，两厢站立。
〔虞姬在刘邦等人的陪同下上场。项羽相迎。
项羽：夫人！有劳沛公了。
刘邦：哪里哪里，能迎接夫人进城，是我的荣幸啊！
虞姬：大王，这豪华的宫殿……
刘邦：这就是秦始皇耗尽天下民财修建的阿房宫啊！
虞姬：怎么，这就是阿房宫？
刘邦：现在是夫人的园子了。
项羽：沛公，怀王已经降旨，封你为汉王，我乃西楚霸王，楚汉二家如今也有了鸿沟之约，我是暂借你汉王的一块宝地啊！

刘邦：上将军言重了！（唱）楚汉不必来相争，
　　　　　　　　　　依约鸿沟作划分。
　　　　　　　　　　栈道已修发号令，
　　　　　　　　　　奔赴西蜀去安营。

项羽：怎么，汉王这就打算回西蜀了？

刘邦：待西行的栈道修好，我即刻班师。

项羽：如此看来，你我弟兄只能后会有期了。

刘邦：后会有期！霸王，我先行一步，你陪夫人好好歇息。夫人，这园子可是举世无双啊！

［刘邦下。

虞姬：大王，适才汉王说，这园子举世无双，此话当真？

项羽：这阿房宫建筑华美，雕梁画栋，珠宝无数，算是举世无双吧！

虞姬：可我怎么觉得这大殿之内有一股子寒气啊？

项羽：夫人——（唱）多谢你伴随我鞍马劳顿，
　　　　　　　　　　阿房宫暂休息养好精神。
　　　　　　　　　　美江山收眼前无足重轻，
　　　　　　　　　　我今生只要你红颜知音。

虞姬：大王啊！（唱）切莫言跟随你鞍马劳顿，
　　　　　　　　　　臣妾我心甘情愿伴夫君。
　　　　　　　　　　美江山换新颜夙愿已成，
　　　　　　　　　　从今后两情悦形影不分。

［两人相伴下场。

［天幕渐渐变换成夜景。一轮寒月当空，万籁俱静。

［箫声渐渐起……

［项母的幻影出现。

项母：（唱）烽火连天几时休？
　　　　　　儿行千里母担忧。
　　　　　　咸阳日落才不久，
　　　　　　楚汉二家割鸿沟。
　　　　　　如今我儿王西楚，

　　　　　　门庭增辉心忧愁。
　　　　　　江东父老眼望够，
　　　　　　盼望子弟早回头。
　　　　　　盼只盼我的儿凯旋歌奏，
　　　　　　回家园同欢乐播种春秋。
项母：项羽，我儿，你，你在哪里？你在哪里啊——
〔项羽梦中上。
项羽：母亲！
项母：我儿！
项羽：母亲——
项母：我儿——
〔项羽跪在母亲面前。
项母：（唱）一见娇儿泪双流，
　　　　　　白发人分不清欢笑悲忧。
　　　　　　我儿离家讨贼寇，
　　　　　　为娘我无时不把儿挂记心头！
项羽：娘啊！（唱）老娘亲休要热泪流，
　　　　　　听儿把话说从头。
　　　　　　自从离家讨贼寇，
　　　　　　朝思暮想早归家园不离娘左右。
　　　　　　儿是娘亲心头肉，
　　　　　　娘盼儿直盼得两鬓飞霜白了头！
　　　　　　如今天下归汉楚，
　　　　　　待明朝旌旗招展归乡途。
〔项母幻影消失。
项羽（梦醒）：母亲？母亲——
〔虞姬上。
虞姬：大王！你，你又发梦了。
项羽：适才我又梦见母亲了！她，她已两鬓飞霜，满头白发……
虞姬：怎么？你梦见母亲已是两鬓飞霜、满头白发了？
项羽：夫人，我们在这阿房宫里居住的时日，我时常总是梦见老娘亲……

虞姬：大王，我们该回家了。

项羽：是该回家了。

虞姬：这阿房宫毕竟不是你我向往的地方啊！

项羽：夫人所言极是，这举世无双的阿房宫，真是寒气逼人啊！

（唱）阿房宫称得上举世美景，

虽豪华奢靡寒气也逼人。

居此宫不觉世外有清新，

更担忧嬴政借尸要还魂。

虞姬：（唱）阿房宫虽华美举世无双，

怎比得我家乡田园风光。

息战事枪入库马放南山，

一路歌凯旋还心驰神往。

项羽：（唱）我要把这人间的坟墓一炬烧焚，

借天火祭奠这天下苦难的苍生。

［天幕上，出现火烧阿房宫的壮观场景。

［钟离昧急上。

钟离昧：大王！

项羽：钟离将军，有何要事？

钟离昧：大王！那，那刘邦明修栈道，暗度陈仓，竟然撕毁了鸿沟之约！

项羽：刘邦？他，他竟然撕毁了鸿沟之约？

钟离昧：那韩信率三十万人马正奔我们来了！

项羽：严阵以待！

［幕急落。

第五场： 四面楚歌[①]

时　间：大致如前·黄昏·月夜

[①] 此场参照《霸王别姬》改编。

地　点：垓下·项羽大帐

〔幕启，时近黄昏，垓下荒郊一派萧瑟。

〔虞姬依门盼望着项羽归来。

虞姬：（唱）自从我随大王东征西战，
　　　　　　天为被地当床饱受风霜。
　　　　　　原指望暴秦灭天下安康，
　　　　　　怎料想顷刻间又起祸殃。
　　　　　　恨刘邦背信义毒如蛇胆，
　　　　　　遭韩信弄诡计十面埋藏。
　　　　　　我大王陷阵中兵来将挡，
　　　　　　此一去好叫我暗自心慌。

〔幕后声：大王回营了！

〔项羽上。

项羽：（唱）恨刘邦毁协议小人犯难，
　　　　　　修栈道欺人心暗度陈仓。
　　　　　　归途上遭伏击军中受创，
　　　　　　暂回营细思量再作主张。

虞姬：大王你回来了！

项羽：夫人担心了。

虞姬：今日战况如何？

项羽：枪挑了汉军数员大将，那韩信见势不妙，也赶紧鸣金收兵了。

虞姬：怎么，那韩信也鸣金收兵了？

项羽：鸣金收兵了。

虞姬：只怕他明日还会骚扰啊！

项羽：夫人！（唱）汉军中数韩信英勇有论，

虞姬：（唱）怎奈他十面敌难以对阵。

项羽：（唱）且忍耐暂回营再作休整，

虞姬：（唱）自古道兵胜负乃是常情。

虞姬：大王征战一日，想必是劳累了，臣妾送你歇息去吧。

项羽：也好。

〔项羽下。

〔天色转暗，天空升起了明月。

虞姬（观看天色）：日薄西山，暮色苍茫，风声鹤唳，此一番景象，好叫我心中惆怅啊！

（唱）看大王在帐中和衣睡稳，
　　　我这里出帐去且散愁情。
　　　轻移步走向前荒郊站定，
　　　猛抬头见碧落月色清明。

〔幕后传来楚歌声……

虞姬：怎么？哪里传来的楚歌之声？

（接唱）耳边厢犹闻楚歌声，
　　　　难道是汉军已破城？
　　　　低下头来暗思忖，
　　　　唤醒大王说分明。

虞姬：大王醒来——

〔项羽上。

项羽：夫人，何事惊慌？

虞姬：大王，你可听见这四面的楚歌之声啊？

〔幕后楚歌声再起……

项羽：我听见了！

（唱）垓下月夜起风云，
　　　四面楚歌动心魂。
　　　此乃韩信雕虫技，
　　　迷惑将士乱军心。
　　　殊不知这是汉军对我敬，
　　　楚歌助阵心相印。
　　　我正好趁这四面楚歌声，
　　　杀出重围再赴征程。

虞姬：大王，你要突围？

项羽：那韩信自以为这四面楚歌而起，好让人以为汉军已略地拔城，我却要将计就计，突出重围！

虞姬：如此看来是好啊！大王，那韩信在汉军中也算得上智勇双全，你可千万不可大意啊！

项羽：夫人放心，我自有安排。

虞姬：只怕臣妾不能随你而去了……

项羽：夫人此言差矣！（唱）你我夫妻恩爱深，
　　　　　　　　　　　岂能单骑自独行？
　　　　　　　　　　　一马双跨出围困，
　　　　　　　　　　　哪怕韩信十面兵。

虞姬：大王啊！（唱）此时不要情意论，
　　　　　　　　　　眼前形势要看清。
　　　　　　　　　　只要大王出围困，
　　　　　　　　　　臣妾虽死也甘心。

项羽：夫人，断断不可！

虞姬：大王，臣妾只是怕成累赘，有碍突出围困。一念之差，何必当真呢？来来来，臣妾为你斟上一杯美酒，并以舞剑助兴，你看如何啊？

项羽：如此有劳夫人了！

［虞姬斟酒，开始舞剑。

［"夜深沉"曲牌旋律渐起……

虞姬：（唱）劝君王饮酒听虞歌，
　　　　　　解君忧闷舞婆娑。
　　　　　　嬴秦无道把江山破，
　　　　　　英雄四路起干戈。
　　　　　　自古常言不欺我，
　　　　　　胜负只是一刹那。
　　　　　　宽心饮酒宝帐坐，
　　　　　　再听军情报如何。

［幕后响起三更鼓声……

虞姬：大王，鼓打三更，夜深人静，此刻正是突出围困的大好时机啊！

项羽：夫人言之有理，你我打点行装上路吧！

虞姬：臣妾……是该上路了……

［虞姬突然拔出项羽的佩剑，自刎。

项羽：（大惊）夫人！

虞姬：大王，恕臣妾先行一步了……

项羽：夫人！

［项羽紧抱虞姬造型。一束追光照射在他们身上。

［幕徐落。

第六场： 英雄美人

时　　间：大致如今·拂晓时分

地　　点：乌江边

［天幕上是波涛汹涌的乌江，乌云翻卷……

［幕启，舞台一片寂静，渐起风声……

项羽幕后唱：风萧萧，雾重重，杀声震天……

［项羽策马上场，亮相。

项羽：（接唱）克顽敌破重围一马当先。
　　　　　　　贼韩信布兵马埋伏十面，
　　　　　　　怎敌我一杆枪勇往直前。
　　　　　　　转眼间耳边杀声俱不见，
　　　　　　　乌骓马领我来在乌江边。

项羽：啊，老马识途，你让我又见乌江了！

［项羽系马，坐于江边吹箫……

（唱）恍然若梦观眼前，
　　　箫声依旧忆当年。
　　　当年在此遇红颜，
　　　两心相许情绵绵。
　　　锦绣江山不挂念，
　　　愿伴红颜走天边。
　　　到如今箫声喑咽知音绝，
　　　高山流水对谁言？

［项羽沉睡……

（唱）梦中又见夫人面，
　　　　仿佛丽人到跟前……
［项羽在梦中与虞姬相会。
虞姬：夫君，你在这乌江边做甚啊？
项羽：我在找寻你啊！
虞姬：找我又做甚啊？
项羽：一马双跨，诗剑逍遥，去看这锦绣江山。
　　　（唱）我与你乌江相会结永好，
虞姬：（唱）我与你琴瑟和鸣同欢笑。
项羽：（唱）我与你山水之间乐逍遥，
虞姬：（唱）我与你心潮澎湃逐浪高。
项羽：（唱）我与你海誓山盟同偕老，
虞姬：（唱）我与你在天愿作比翼鸟。
幕后合唱：化作比翼鸟，凌云上九霄。
［虞姬幻影消失。
［艄公上。
艄公：霸王醒来——
［项羽苏醒。
项羽：老人家，您这是……
艄公：霸王，小的是来接大人过江的啊！
项羽：接我过江？
艄公：大王啊！（唱）江东仍有千里江山，
　　　　　　　　大王可掌雄兵十万。
　　　　　　　　东山再起你莫沮丧，
　　　　　　　　卧薪尝胆重整河山。
艄公：霸王，趁着韩信的追兵未到，你赶快上船吧！
项羽：韩信的追兵？哈哈哈……他三十万人马围困于我，又岂奈我何？想我项羽，少年起事，身经百战，竟没有遇上一个可以匹敌的对手……实在是遗憾啊！
艄公：那大王还不重整旗鼓，再出东山啊？
项羽：老人家啊！（唱）项家世代忠心耿耿为楚将，

披肝沥胆碧血黄沙保家邦。
原以为暴秦已灭百姓安康,
怎奈是嬴政才亡又出刘邦。
倘若我重整旗鼓再起东山,
到头来楚汉争锋天下遭殃。
山河碎苍生难我的心不甘,
熄烽火免战乱我不过乌江。

艄公:什么?你,你不过江?

项羽:这乌江,便是我最好的归宿。我已经找到了我的对手了。

艄公:你的对手?在哪呢?

项羽:在我心中。这个对手追随了我一生啊!我要与他决战了……

艄公:大王,我怎么越听越糊涂啊?

项羽:有劳老人家,请带着这匹乌骓宝马过江去吧。明天,你来这里,倘若拾到这把青锋宝剑,便拿回家去,来年铸剑为犁,可保你五谷丰登。

艄公:大王……珍重啊!

[项羽牵引乌骓上船……

[艄公驾船离岸,忽然听得乌骓一声嘶鸣,然后,它纵身跳进了乌江……

[项羽震惊地奔向江边……

项羽:乌骓!宝马啊!你……你已追夫人而去,我随后就来!

[江面渐渐被朝霞染红……

项羽(拔出宝剑):晓雾已开,旭日初升,决一死战的时候到了!夫人,恕我迟到一步了!哈哈哈……

[拔剑自刎,倒地。

[天幕上出现了不同角度"倒地"的"慢动作"……

[乌骓马一阵阵嘶鸣……

幕后一男声唱昆腔(李清照词):

生当作人杰,
死亦为鬼雄。
至今思项羽,

　　　　　　不肯过江东。

　　[灯光变化,剧情进入尾声。天幕上已是多年之后的清明时节。乌江边上盛开了一片红花。

　　[一些乡亲在那位老艄公的带领下,来到江边祭奠项羽和虞姬。

　　艄公(感慨地):那一年,就是在此处,与霸王诀别的啊!他叫我铸剑为犁,期盼五谷丰登。这乌江的水啊,青山遮不住,毕竟东流去,光阴荏苒,霸王、夫人的血竟浇灌出了一片红花……

　　一个女孩(指着天幕上的红花):爷爷,那些漂亮的花儿有名字吗?

　　艄公:有,叫虞美人……

　　众:虞美人?

　　[音乐大作……

　　[项羽和虞姬仿佛才子佳人出现在花丛之中,两情缱绻。众人围绕着他们翩翩起舞……

　　合唱歌声:

　　　　　沧海桑田几春秋?
　　　　　万里江山数风流。
　　　　　西楚霸王虞美人,
　　　　　千古绝唱声悠悠。

　　　　　　　　　　　　　　　2005年3月20日初稿,北京

爱莲说
——大型黄梅戏

人物表：

莲　花　女，二十多岁，古镇歌女
程　山　男，二十多岁，国民政府军参谋，后为少校副官
小　红　女，十六岁，莲花的妹妹
许　卓　男，三十岁，日军翻译官
老　鸨　女，四十来岁，妓院老板
何老爹　男，六十多岁，当地农民
渡　边　三十来岁，日军少佐

第一场：元宵

时　间：1942年正月十五元宵夜
地　点：古镇桃花寨·蓝桥边

[幕前曲后，大幕在欢快热闹的锣鼓声中徐徐拉开，舞台上一片欢腾，这是乡亲们在闹花灯。

合唱：正月十五闹元宵，
　　　火炮连天门前绕。
　　　唯却唯却一唯却，
　　　花灯迎面人欢笑。
女声合唱：倒海翻江……
男声合唱：是龙灯！

女声合唱：穿云破雾……
男声合唱：凤凰灯！
女声合唱：鲤鱼灯，
男声合唱：跳龙门！
女声合唱：喜鹊灯，
男声合唱：报佳音！
女声合唱：什么花红来什么花黄？
男声合唱：梅花红来菊花黄。
女声合唱：什么花艳来什么花香？
男声合唱：牡丹娇艳桂花香。
女声合唱：红花白花蓝花黄花花花世界好醉人，
男声合唱：长灯方灯弯灯圆灯灯灯高照耀眼明。
男女合唱：正月里是新春啊！
〔一束灯光照射在蓝桥上，显出莲花手持一盏荷花灯的美丽身影。
莲花：（唱）手捧莲花灯一盏，
　　　　　　二家有喜……
程山：（接唱）三盏灯。
莲花：（唱）三元及第……
程山：（接唱）灯四盏。
莲花：（唱）四四如意……
程山：（接唱）五盏灯。
莲花：（唱）五子登科……
程山：（接唱）灯六盏。
莲花：（唱）六六大顺……
程山：（接唱）七盏灯。
莲花：（唱）七子团圆……
程山：（接唱）灯八盏。
莲花：（唱）八仙过海……
程山：（唱）九盏灯。
莲花：（唱）九龙盘柱灯十盏，
集体合唱：十全十美满堂红！

小红：程山大哥，你回来啊？

程山：是啊，队伍正好回到了家乡休整，让我赶上这元宵花灯之夜了。

小红：程山大哥，你穿着这一身军装，好神气，好威武呢！

何老爹：那当然，要不你莲花姐姐怎么会从家里走出来呢？啊，我看呐，我们也别都站在这蓝桥边像个灯似的照着人家了……

〔乡亲们散去之后，莲花含情脉脉地看着程山。

莲花：程山哥，你这次回来……还走吗？

程山：我倒是希望就此安营扎寨……

莲花：能住几天啊？

程山：你想我住几天啊？

莲花：（羞涩地）我……

程山：莲花！（唱）青梅竹马好时光，

少年情怀怎难忘？

可记得，采莲随我去荷塘？

莲花：（接唱）莲香阵阵让我精神爽。

程山：（唱）可记得，柳树林中去捕蝉？

莲花：（接唱）蝉鸣声声伴我入梦乡。

程山：（唱）可记得，中秋月下去行船？

莲花：（接唱）桨声月影叫我心不安。

程山：（唱）可记得，大年初一去进香？

莲花：（接唱）祈求佛祖保我二人……

程山：怎么样？

莲花：（接唱）恩爱一生地久天长……

程山：（唱）三年前投笔从戎别家乡，

船到江心心惆怅。

回首望，春风难绿江南岸，

情寄莲花一芬芳。

莲花：（唱）那一日倚窗凭栏送孤帆，

船到江心心忧伤。

放眼看，心潮起伏难逐浪，

不知征人几时还？

程山：（唱）山河破碎狼烟弥漫，

莲花：（唱）赤地千里难觅桃源。

程山：（唱）今宵月圆夜，

莲花：（唱）仿佛温柔乡。

程山：（唱）再见红颜面，

莲花：（唱）心中倍觉暖。

程山、莲花：

（合唱）月老红媒牵红线，

程山：待明朝花轿迎你入洞房。

莲花：待明朝伴随郎君走四方。

〔两人依偎一起，共赏月色……

〔突然幕后响起了笑声，小红和乡亲们一哄而上。

小红：哎耶！丑死着！丑死着！

何老爹：这有什么丑的啊？自古就是男大当婚，女大当嫁嘛！依我看啊，就趁着这回程山回乡，把你们的亲事办了！

小红：何老爹，这终身大事哪有这么容易啊？哪个要想娶我家姐姐，得先过我这一关呢！

程山：小红妹妹，你难道还有意见？

小红：我意见可多着呢！（唱）一要你对天盟誓愿，

女声伴唱：对天盟誓愿。

小红：（唱）二要你对地烧高香，

女声伴唱：对地烧高香。

小红：（唱）三要你对乡亲把话将，

女声伴唱：对乡亲把话讲。

小红：（唱）从今后待我姐姐像掌上明珠心中太阳！

莲花：小红，一个姑娘家的，哪来这些套套啊！

程山：不，莲花，小红的话说得好，我都依了！

何老爹：好好！元宵之夜，喜事成双，程山和桃花，是青梅竹马，两小无猜。如今是郎才女貌，可谓天作之合啊！你们看，灯来着——

〔欢快的音乐再次奏响。

男声合唱：东也是灯！

女声合唱：东也是灯……

男声合唱：西也是灯！

女声合唱：西也是灯……

男声合唱：南也是灯来北也是灯，

女声合唱：南也是灯来北也是灯……

男女合唱：四面花灯照（哇）照新人！

〔突然，空中传来了飞机的轰鸣声！

〔乡亲们顿时就停止了欢闹，抬眼看天……

〔程山奔上桥头观察。

程山：是鬼子的飞机！乡亲们，熄灭灯火，赶快掩蔽……

〔乡亲们四下散去……

〔幕后急促的马蹄声渐渐近……一传令兵上场。

传令兵：报告程参谋！日军已经开始了对桃花镇的进攻，部队立即开拔！

程山：日军进犯，我们为什么还要开拔？

传令兵：不知道，这是命令！（送命令，下）

程山（念）：明日拂晓部队全体撤离桃花镇……又是撤离！这样下去，中国的土地就要沦落殆尽了！

莲花：军令如山，你还是赶快归队吧！

程山：看来也只能如此了。莲花，我们明天一早码头上见！

莲花：好……

〔程山奔上桥头欲下，又被莲花喊住。

莲花：程山！这是我的护身符同心结，你带上！

〔桃花也奔上蓝桥，把自己的护身符"同心结"取下，挂在程山的脖子上。一束光照射在这一对情侣身上，如同定格。

〔幕徐落。

第二场：离乱

时　间：紧接前场，翌日黎明

地　点：码头

〔幕启时，舞台上已是硝烟一片，江水滔滔，阴云密布。程山站在码头上，眺望着江面。

幕后合唱：阴霾四伏万重山，
　　　　　仇恨激荡扬子江。
　　　　　江水呜咽如长歌，
　　　　　神州何处觅桃源？

程山（唱）：日寇进犯我家乡，
　　　　　临阵撤退为哪桩？
　　　　　忍看故土成焦土，
　　　　　犹如钢刀把心穿！
　　　　　美好姻缘成一梦，
　　　　　晴天霹雳惊鸳鸯。
　　　　　趁拂晓我在此把莲花等望，
　　　　　出虎口劳燕分飞暂别江南。

〔勤务兵上。

勤务兵：程参谋，开船的时间到了！

程山：你去报告长官，我搭最后一班船离开。

勤务兵：是！（下）

〔激越的音乐声和飞机轰炸声又起了！一些逃难的乡亲们纷纷跑过……

〔程山焦急地看着表，很是不安。

程山：莲花，你怎么还不来啊！

〔莲花赶到。

莲花：程山！

程山（喜出望外）：莲花，你总算到了，我们赶快上船！

莲花：不，程山，小红她和我走散了……

程山：走散了？怎么会走散了？

莲花：刚才路上鬼子的飞机炸伤了何大爷，我帮着送他去医院，回头就不见小红了！

程山：那，那怎么办？

莲花：程山，你还是随队伍走吧！

程山：不！我不能扔下你！（唱）箭在弓弦令如山，
　　　　　　　　　　　　眼见亲人又分散。

莲花：（唱）军情紧急令如山，
　　　　　　赶快登舟莫彷徨。

程山：（唱）难舍莲花与家乡，
　　　　　　船虽离岸心在岸。

莲花：（唱）此一刻且莫论儿女情长，
　　　　　　好男儿报家国志在四方。

莲花：程山，你走吧！

〔两人再次分手，莲花把那枚同心结给程山挂好。

莲花：这同心结护身符是我妈妈留给我的，你一定要随身带好，见到它就像是见到了我……能保你一生平安！

程山：我会好好珍藏！莲花，你一定要保重啊！

莲花：我等你回来！

〔程山登舟离岸，莲花目送程山的船渐渐远去……

莲花：（唱）望长江，
　　　　　　浪千叠，
　　　　　　烟波浩渺，
　　　　　　我心苍茫！
　　　　　　逆风千里难扬帆，
　　　　　　惊涛骇浪行舟难。
　　　　　　轻舟载去了我的程郎，
　　　　　　载不尽桃花对你情如山。
　　　　　　江水滔滔如泣诉，
　　　　　　难诉莲花心忧伤。
　　　　　　原以为，
　　　　　　花开之日人如花，
　　　　　　月圆之夜人团圆。
　　　　　　等你花轿到，
　　　　　　红装做新娘。
　　　　　　有谁知，

　　　　青枝绿叶遇霜降,
　　　　美满姻缘成梦幻。
　　　　程郎啊!
　　　　可知莲花寒风站?
　　　　形影相吊心孤单。
　　　　此一去前程多渺茫,
　　　　莲花我爱你把心担。
　　　　此一去生离胜死别,
　　　　莲花我为你泪哭干。
　　　　此一去不知重逢有多远?
　　　　莲花我等你到海枯石烂!
　　　　唯望你一帆风顺身安康,
　　　　待明朝旌旗招展凯歌还……
〔又是几声炮火掠过,乡亲们逃难过场。小红寻找姐姐上。

小红:姐姐!姐姐!

莲花:小红!你,你让我急死了啊!

小红:姐姐啊!

　　(唱) 元宵之夜起祸殃,
　　　　乡亲逃难人心慌。
　　　　离乱不见姐姐面,
　　　　急得小红泪汪汪。

莲花:妹妹啊!

　　(唱) 原指望随船离江南,
　　　　躲避战祸远走他乡。
　　　　相依为命不离散,
　　　　漂泊江湖度时光。

小红:姐姐,那我们赶紧上船走啊!

莲花:晚了,你程山大哥已经随最后一艘船离开了……走远了……

〔幕后突然穿来了马蹄声、狗吠声以及鼎沸的人声,乡亲们被日军赶到了码头……

〔渡边和翻译官许卓等上。

渡边：（唱）铁蹄踏遍扬子江，
　　　　　不到源头不勒缰。
　　　　　东亚共荣为一统，
　　　　　捷报频传慰天皇。

渡边：桃花镇的乡亲们，不要害怕，我们来这里，是要建立王道乐土……

何老爹：哼，好一个王道乐土！你们一来，这千年的桃花古镇只怕是要变成人间地狱了！

渡边：许的，什么意思？

许卓：太君，这位老人家的意思是，这桃花镇已经有千年的历史……

渡边：我对历史很感兴趣。我们帝国军队到这里，就是要改变历史！来人，先把山坡上那座龙王庙给我抹掉！

许卓：太君，这龙王庙可不能动啊！
　　　　　龙王庙里供龙王，
　　　　　座山镇水报安康。
　　　　　祈祷龙王多保佑，
　　　　　福临东海日出扶桑。

渡边：好，就依你翻译官的意思，暂时留住它。

〔突然，江上传来了飞机轰炸声！

小红：姐姐你看——江上又开炮了！

渡边：不，小姑娘，那是皇军的礼炮！哈哈哈！

〔渡边、许卓等人下……

〔乡亲们赶到江边，焦急地看着长江……

小红：不好，一艘船被炸沉了！

莲花：（唱）平地风雷揪人心，
　　　　　江上炮声惊断魂。
　　　　　祈求苍天多开恩，
　　　　　不要夺走我的郎君！

小红：姐姐，又一艘船炸沉了！

莲花：（唱）心焦急，情沉沉，
　　　　　眼朦胧，头昏昏。

　　　　　不求今生花好月又圆，
　　　　　但求程郎能逃生！
小红（从水里捞起了那枚"同心结"的护身符）：姐姐！你看！
莲花（接过"同心结"，捧在手里）：天哪——
［幕急落。

第三场： 赴难

　　时　间：数月后·夜晚
　　地　点：青楼"胭脂阁"
［幕启时，舞台上几个舞女正在跳着缠绵的舞蹈，边上还有乐妓的笙箫弹拨的伴奏。好一幅"商女不知亡国恨，隔江犹唱后庭花"的画卷。
［老鸨四边照应着客人，不亦乐乎。待一曲舞毕，嫖客随着舞女下场后，老鸨这才歇下。
老鸨：（唱）日落西山红霞散，
　　　　　胭脂阁内尽辉煌。
　　　　　美酒美人美歌舞，
　　　　　谁说世外无桃源？
［莲花带着几副中药上。
老鸨：莲花，你上哪里去了？
莲花：我，我妹妹病了，我去给她买药去了。
老鸨：我说莲花啊，我是看你爹娘死得早，家里的房子又被炸塌了，才收留你们的。可你这三天打鱼两天晒网的，你还想不想在这里做了？
莲花：老板娘，我这也是没有办法啊！我这就去……（欲取下墙上的月琴）
老鸨：其实办法也还是有的……
莲花：什么办法？
老鸨：就看你愿不愿意了。莲花啊，你在这桃花镇上也是个青春貌美的姑娘，这年月，光卖唱，恐怕难以糊口，更莫谈给你妹妹治病了……再说，你那个心上人也死了，你还为谁守身如玉呀？你懂我的意思了吧？

莲花：不，我不想……

老鸨：你不想？那你就给我听好了，结清房钱，明天就从我这里搬出去！

莲花：老板娘，求你不要撵我们走啊！

老鸨：我这里是什么地方？是胭脂阁，不是收容所！（摸出合约）我这里有份文书，你要是想好了，你借我的钱不仅一笔勾销，而且往后还大有赚头，你好好看看，何去何从，自己拿主意吧！

［老鸨下。

［莲花惊讶万分，看过文书，颓然坐下。

［病中的小红上。

小红：姐姐，你回来了？

莲花（忙藏起文书）：哦，小红，姐姐给你买药去了……

小红：姐姐，你哪来的钱买药啊？

莲花：我向老板娘借的……

小红：什么？向老板娘借的？姐姐，这"驴打滚"的钱我们可借不起啊！

莲花：妹妹啊！

（唱）可叹父母仙乡去，
姐妹相依度光阴。
一根藤上两苦瓜，
十根手指连着心。

小红：姐姐！

（唱）十指连心痛煞人，
难忘同胞手足情。
姐姐为我多辛勤，
往后当报你的恩。

莲花：不要说什么报恩不报恩了，眼下要紧的是赶快把你的病治好，然后，我送你去老家读书。

小红：送我去念书？

莲花：对，我想送你回老家去念书，那里还没有鬼子的侵扰……

小红：那钱从哪来呢？

莲花：姐姐自有办法……小红，先去熬药吧，趁早用……

小红：那你呢？

莲花：我该弹唱去了……

〔小红拿药下。

〔莲花拿起文书，重新看看，心情沉重而复杂。这时，老鸨扶着几分醉意的许卓上场。

老鸨：我说莲花啊，你还不过来搭把手？

莲花：哦……

老鸨：客官，你今天可是交了桃花运了，陪你的可还是一个……莲花，好生伺候着这位老爷，不要敬酒不吃吃罚酒。

许卓（醉意）：酒，给我拿酒来——

老鸨：客官，你先在这里歇息着，我这就去拿酒……

〔老鸨下，将门反锁。

许卓：酒，给我酒……

莲花：先生，你，你还是先喝杯茶吧……

〔许卓抬头，莲花认出是码头上见过的那个翻译官，很是惊讶，手中的茶杯落到了地上。

莲花：是你？

许卓：对……你，你是谁啊？我怎么觉得你面熟啊……（欲拉莲花的手）

莲花：别碰我！

〔莲花慌乱地想逃出门，但门已经被锁上。

莲花：开门！开门啊！

许卓：你，你给我站住！

莲花：我不伺候……日本人！

许卓：你说什么？

莲花：我决不伺候日本人！

许卓（颇为震惊地看着莲花，酒也醒了三分）：你当我是日本人？嗬嗬……哈哈哈……不，我是中国人！

莲花（惊讶地）：中国人？

许卓：对，我是一个中国人啊！

（唱）一句话说得我酒醒三分，
　　　醉生梦死魂不附身。
　　　小姐可知我的心头恨？
　　　可知我梦里几回放悲声？
　　　负笈东洋十年整，
　　　一家三口享太平。
　　　谁料战火焚祖国，
　　　祸从天降难安生。
　　　妻儿被扣当人质，
　　　刺刀胁迫来从军。
　　　白日里与狼共舞且偷生，
　　　到夜晚借酒浇愁枉为人。
　　　小姐气节令我敬，
　　　可知我心在汉来身在曹营？
莲花（感慨地）：
　　（唱）听他言倒叫我顿生同情，
　　　我与他原是同根生。
　　　他妻儿落入魔掌身被困，
　　　无奈他苟且偷安难做人。
　　　可恨苍天不公平，
　　　暗无天日起阴云。
　　　乱世人生乱世情，
　　　同为天涯沦落人。
许卓：姑娘，我姓许，叫许卓……老家在苏州……
莲花：哦，许先生……
许卓：请问姑娘芳名？
莲花：我，我叫莲花……
许卓：莲花？真是好名字啊！"晋陶渊明独爱菊，自李唐来，世人盛爱牡丹；予独爱莲……"
莲花：你，你不要这样看我……
许卓：莲花，我这样看你，是因为……

莲花：因为什么？

许卓：因为你和我太太长得很像……真的，很像，都是明眸皓齿，只是她的辫子剪掉了……

莲花：或许，我也该剪了……

许卓：不，你不要剪！莲花姑娘，这个地方也不是你久待的地方啊！

莲花：鬼子一来，家破人亡，我又能到哪里去呢？

许卓（拿出一些钱）：莲花姑娘，拿着这些钱离开此地，往西北去，越远越好……

莲花：先生，我怎么能要你的钱呢！

许卓：谢谢你陪我说了这么多的话……我已经很久没有说过人话了！

莲花：先生搭救之恩，令莲花终身难忘！多谢先生！

［门突然被撞开，几个流氓无赖进来。

流氓甲：听说"胭脂阁"来了个头牌，能歌善舞，还是个黄花闺女，老爷我今天得见识见识！

流氓乙：对对，花大把的银子也值得！可是大哥你看——（指许卓）

流氓甲：有人捷足先登了？谁敢在太岁头上动土啊？

［许卓慢慢转过身来。

流氓甲：哎呀，是翻译官大人！小人得罪，得罪！

许卓：你们听好了，今后不许再来骚扰，还不快滚！

［流氓一哄而下。

莲花：许先生，多谢了……

许卓：莲花，世道险恶，珍重啊！

［许卓下。

［莲花拿出了那枚"同心结"，心潮起伏……

莲花：（唱）同心结，心难同，
　　　　　护身符，难护身。
　　　　　可恨鬼子东洋兵，
　　　　　生生夺走我郎君！
　　　　　我万念俱灰，
　　　　　死意几度生。
　　　　　只想随这江水去追寻，

阴间也要找到心上人。

实难舍，

小妹遗留人间自飘零。

强低头，忍悲恨，

胭脂阁内讨营生。

老鸨落井下石毒计生，

逼我就范胭脂染灰尘。

心已死，意已冷，

心死意冷何惜怜此身？

乱世纷纷，

红尘滚滚，

乱世红尘了残生。

只要妹妹病愈出苦海，

莲花我，愿蹈火海坠红尘……

[莲花毅然拿起剪刀，将辫子剪下！

[幕徐落。

第四场： 凯旋

时　间：三年后的1945年，中秋前夕

地　点：码头·龙王庙前

[幕启，激越的鼓号齐鸣。乡亲们在欢庆抗日战争的胜利，载歌载舞，一片欢腾。

男女合唱：八月秋高风送爽，

　　　　　遍地桂花分外香。

　　　　　欢庆抗日得胜利，

　　　　　万里山河喜洋洋！

[乡亲们下场。

程山：（幕后唱）乘长风，驾轻舟，破雾穿云……

[一艘船停在码头，身着美式军服、披着斗篷的程山下船，亮相，放

眼四望，触景生情，无限感慨。几个随从到四周警戒。

程山：（唱）风雨过，桃花镇，一片欢腾。
　　　　　　　一别家乡三年整，
　　　　　　　梦里几度登回程？
　　　　　　　眼前景物今犹在，
　　　　　　　只恐难见心上人。
　　　　　　　乱世离散如噩梦，
　　　　　　　梦回大千欲断魂！
　　　　　　　感时花溅泪，
　　　　　　　恨别鸟惊心。
　　　　　　　不见佳人面，
　　　　　　　何处觅知音？
　　　　　　　月到中秋分外明，
　　　　　　　犹闻夜半起歌声……

老鸨（幕后）：姑娘们，赶快来呀！
［老鸨带领着一群妓女上场，拉着几个军人纠缠。
老鸨：（唱）小小船儿好转向，
　　　　　　东方不亮西方亮。
　　　　　　带领姑娘来劳军，
　　　　　　英雄美人配成双。
一战士：老乡，不要拉拉扯扯的好不好？
老鸨：我的兵哥哥，你们可是大英雄啊，帮我们赶走了日本鬼子，喝杯庆功酒总是可以的吧？
一战士：程副官，你看……
程山：你们去吧，这是乡亲们的一片心意……我在这里走走……
［战士们随着妓女下。
［莲花上场，她已经完全改变了模样，烫发，旗袍。
莲花：这位长官，我们走吧……
［程山闻声回头，看见莲花，两人都十分震惊！
程山：你是……莲花？
莲花：程山？

程山：真是你啊，莲花！

莲花：你，你还活着？

程山：我当然活着啊！

［莲花一阵晕眩，倒在程山怀里。

程山：莲花！莲花！我回来了！

莲花：这，这不是梦吧？

程山：这不是梦啊！

（唱）八年噩梦风吹散，
　　　班师凯旋回家乡。
　　　烽火连天难顾盼，
　　　关山万里两心悬。

莲花：（唱）关山万里两心悬，
　　　　　阴阳世界一线牵。
　　　　　眼见帆樯被摧残，
　　　　　今生难见我的郎。

程山：（唱）死海逃生身负伤，
　　　　　转战南北去后方。
　　　　　鸿雁折翅音信断，
　　　　　从此生死两茫茫。

莲花：（唱）从此生死两茫茫，
　　　　　恩爱情谊怎能忘？
　　　　　今朝又见郎君面，
　　　　　疑是相遇在梦乡。

程山：莲花，噩梦已经过去了！明天，我就花轿进门接你！

莲花：（恍然大悟）接我？

程山：当然是接你啊！

莲花：不，不不……你不能接我……

程山：我不接你，接哪一个啊？

莲花：我是说，这事情太，太突然了……

程山：桃花啊！

（唱）三年前本该迎你做新娘，

　　　　　　晴空霹雳惊鸳鸯。
　　　　　　劫后余生两情悦，
　　　　　　拜谢天地赐良缘。
　　莲花：（唱）程郎他满心欢喜满心笑，
　　　　　　莲花我满心忧愁满心焦。
　　　　　　可叹我如今已是青楼女，
　　　　　　怎能够与他比翼凤还巢？
　　程山：（唱）大红的花轿迎你进门，
　　　　　　大红的新衣穿上你身。
　　　　　　大红的盖头大红的花，
　　　　　　大红的喜字大红的灯。
　　莲花：（唱）大红的花轿我怎敢乘？
　　　　　　大红的新衣我怎上身？
　　　　　　大红的盖头下哭红的眼，
　　　　　　大红的喜字刺痛我心！
　　程山：莲花，我这次回来是为了接受工作，我如今已是少校副官了，可以直接禀报长官，马上就与你成亲。
　　莲花：不不，程山，我们不能……
　　程山（困惑地）：不能？为什么？难道你……你心里已经有了别人？
　　莲花：不，我心里从来就没有别人……即使我的人不在等着你，可我的魂也一直在等着你啊！
　　程山：莲花，我怎么听不明白啊？
　　莲花：程山，我，我会慢慢对你说的……
　　〔幕后突然传来几声沉闷的锣响，乡亲们一拥而上，议论纷纷。
　　一青年：怎么回事啊？
　　何老爹：听说是要处决一名汉奸！
　　一青年：汉奸？
　　许卓：（幕后唱）披枷戴锁我把黄泉路上……
　　〔许卓被两名士兵推上。
　　许卓：（唱）行一步喊一声黑天冤枉！
　　　　　　身陷狼穴非我愿，

无端杀我为哪般？
　　　山河破碎我心碎，
　　　同胞受难我受难。
　　　苦熬八年噩梦散，
　　　梦醒时分寸断肠！
　　　良知未泯良心在，
　　　汉奸罪名实荒唐。
　　　眼见龙王庙宇在，
　　　亲仇不辨虽死心不甘！

〔长官上场。

长官（拿出判决书宣读）：罪犯许卓，身为日军翻译官，助纣为孽，实属罪大恶极，不杀不足以平民愤。现报请上峰批准，以汉奸罪判处许卓死刑，立即执行。许卓，你认罪吗？

许卓：不认！我是清白的！

长官：哼，你居然还敢说自己清白！来人啊，绑下去！

莲花：慢！

〔所有的人都看向桃花。

莲花：长官，许，许先生，是好人啊！

〔大家顿时议论纷纷，程山也大为惊讶。

长官：什么？你居然敢说汉奸是好人？

莲花：长官啊！

　　　（唱）他妻儿被扣当人质，
　　　刺刀胁迫来从军。
　　　若不是他巧妙来周旋，
　　　哪有今天这般桃花镇？
　　　龙王庙当初被他救，
　　　难道今天在此葬他身？
　　　人在曹营心在汉，
　　　他也是堂堂正正的中国人。

长官：这些情况你是怎么知道的呀？

莲花：乡亲们都看见的呀！

长官：乡亲们，你们可曾看见啊？

［乡亲们没有人言语。

莲花：有的，是他亲口告诉我的……

长官：亲口告诉你的？在什么地方？

莲花：在……

长官：是在胭脂阁吧？哈哈哈……一个青楼女子，居然敢跳出来为汉奸辩护，你胆子可真是不小啊！

程山：青楼女子？

莲花：对，我是青楼女子，可我说的都是实话！

何老爹：莲花，你不要再说了！

（唱）：莲花休要胡乱言，
　　　　大庭广众莫现眼！
　　　　你与汉奸常苟合，
　　　　辱没祖宗愧对天！

莲花：何老爹，你，你怎么也这样说呀！做人总得凭良心啊！

［人群中突然走出学生打扮的小红。

小红：住口！

（唱）你沦落风尘不害臊，
　　　狼狈为奸你丢尽脸！
　　　一心哄我他乡去，
　　　你沆瀣一气忠奸不辨！

莲花：小红啊！

（唱）一席话说得我欲哭无泪，
　　　小红她青红不分出狂言。
　　　为姐若不蹈火海，
　　　只恐你早已命断赴黄泉。

小红：住口！早知道你的钱是这样的肮脏，我，我宁可死掉！你，你不配做我的姐姐，你也不配做一个中国人，今天当着众乡亲的面，我们姐妹情缘一刀两断！

莲花：你……（打了小红一记耳光）

程山：莲花！你冷静一些！

莲花：你别碰我，难道就不怕我脏了你的手吗？

许卓：莲花姑娘，谢谢你慷慨陈词。许某今天一死，也就值得了……

一士兵：时辰已到！

长官：就地正法！

许卓：慢，我还有话说！

长官：快讲！

许卓（扶好眼镜，理好衣装，肃然地）："晋陶渊明独爱菊花，自李唐以来，世人盛爱牡丹；予独爱莲之出淤泥而不染，濯清涟而不妖，中通外直，不蔓不枝，亭亭静植，可远观而不可亵玩焉。予谓菊，花之隐逸者也；牡丹，花之富贵者也；莲，花之君子者也！……"

长官：什么乱七八糟的！把这个疯子押下去！

〔士兵押许卓下场。

长官：把犯妇莲花收监候审！

〔莲花被士兵押住，程山回避一旁。

许卓（突然转身大喊）：莲花，活下去啊！

〔幕后两声枪响！

〔莲花晕倒……

〔幕落。

第五场： 弦诉

时　间：几天后·中秋之夜

地　点：监狱

〔幕启，正是莲花的梦幻。她与程山在月下翩翩起舞，互诉衷肠……

幕后合唱：霜打枫叶红愈浓，
　　　　　雨过彩虹色更新。
　　　　　劫后相逢难相识，
　　　　　疑是春闺梦里人。

程山：（唱）天高云淡长空雁，

莲花：（唱）雁声阵阵思乡远。

程山：（唱）人间关山千万重，
莲花：（唱）关山重重共婵娟。
程山：（唱）秋风送爽月儿圆，
莲花：（唱）月圆更盼人团圆。
程山：（唱）但愿团圆在今宵，
莲花：（唱）只恐今宵难团圆。
［莲花梦醒……
莲花：程山！程山——
［程山带着随从已经到达了牢房门口。
程山：把门打开。你们出去……
［程山走进牢房。
莲花：你，你怎么来了？
程山：我来看看你……
莲花：你是不是要送我……上路了？
程山：不，不会的……
莲花：其实，我并不怕死。我只是要讨一个公道！
程山：莲花，这是几盒点心和几件衣服……还有，这把月琴，我也给你带来了，有什么心事，就对着它说吧……
莲花：是的，我有心事……我要说……
［莲花接过月琴，开始了诉说。
莲花：（唱）转柱拨弦两三声，
　　　　　　未成曲调先动情。
　　　　　　琴弦好拨曲好唱，
　　　　　　心弦一触情难平。
　　　　　　遥想当年往昔事，
　　　　　　不堪回首饮悲恨。
程山：你慢慢说吧……
莲花：（唱）那一日，你江中遇险痛我心，
　　　　　　悲切切，恨不沉江追你行。
　　　　　　实难舍，小妹孤单身染病，
　　　　　　惨凄凄，风打浮萍自飘零。

　　　　家被毁，难栖身，
　　　　饥寒交迫风雨侵。
　　　　天日暗，夜阴森，
　　　　一弯冷月照孤魂！
　　　　乱世无活路，
　　　　青楼讨营生。
　　　　为救妹性命，
　　　　无奈卖自身。
　　　　只当身已随你去，
　　　　来世再做你的人。
　　　　三更哭你五更醒，
　　　　断弦喑哑谁人听？
程山：莲花，你受苦了……好在，这场噩梦终于过去了！
莲花：（唱）原指望，烽火硝烟终有尽，
　　　　风雨过后见天青。
　　　　怎料想，秋风乍起叶凋零，
　　　　人面似铁心若冰。
　　　　亲人变了亲人脸，
　　　　手足顿失手足情。
　　　　我无言以对忍悲愤，
　　　　犹如万箭穿透我心！
　　　　落花有意付流水，
　　　　流水无情葬花魂。
　　　　我恨日寇野兽行，
　　　　我恨人间路不平。
　　　　苍天可知我冤深？
　　　　满腹辛酸对乾坤。
　　　　苍天啊苍天！
　　　　你怎不发悲悯？
　　　　可怜我这红颜薄命人。
　　　　乾坤啊乾坤！

　　　　　　你怎不来作证?
　　　　　　还给我一个清白的魂!
程山:(唱)莲花弦诉如杜鹃,
　　　　　　字字带血惊我心!
　　　　　　历经磨难活性命,
　　　　　　忍辱负重度光阴。
　　　　　　锣鼓喧天八面凯旋声,
　　　　　　淹没民间女儿疾苦情。
　　　　　　我本当为她把冤申,
　　　　　　怎奈是职卑人微难从心。
　　　　　　思前想后意不定……
　　　　　　进退维谷步难行。
〔一军官带着两名士兵上。
军官:程副官,时候不早了,我们得带着犯人上路了。
程山:上路?
军官:是啊,长官有令,这个犯人有变节通敌之嫌,要押送南京受审!
程山:押送南京受审?
军官:你还是赶紧把话说完吧。
〔军官离开,在牢房外等候。
莲花:程山,我这一走,恐怕再难见到你了……
程山:不,莲花……我们会再见的……
莲花:别为我担心,我不怕……来,我有一样东西给你……
程山:什么东西?
〔莲花从包袱里取出了那枚"同心结"护身符……
程山(大惊):同心结?它……它怎么又到了你的手里?
莲花:同心结……护身符?它能护身么?留着做一个念想吧……来,我给你挂上,这回,你别再把它丢了……
程山:莲花!
〔两人拥抱。
军官:程副官,请你快点……

程山：王参谋，你转告长官，我正有要件送往南京，这趟差，就由我来担当吧！

军官：你去？

程山：我亲自护送！

［幕落。

第六场： 断魂

时　间：翌日拂晓

地　点：蓝桥边

［幕启，拂晓中的蓝桥边一片寂静，唯听江水起伏声……

程山幕后唱：趁拂晓，携莲花，来到江畔……

［程山着便装与莲花悄然上，四下察看。

程山（唱）：万籁静，夜未央，四野苍茫。
　　　　　　顺风顺水去彼岸，
　　　　　　孤帆一片迎朝阳。

［程山解缆……

莲花：程山，我们这是去哪里啊？

程山：莲花，我们不去南京了！

莲花：不去南京？

程山：对！我们去一个谁也找不到的地方……

莲花：你，你打算把我放了？

程山：我不仅把你放了，而且还要与你远走高飞！

莲花：远走高飞？

程山：莲花啊！

（唱）：难为你受煎熬苦度时光，
　　　　难为你陷苦海饱受风霜。
　　　　今朝救你出牢笼，
　　　　远走高飞去他乡。
　　　　山重水复路途远，

　　　　　　柳暗花明见桃源!

　　莲花：（唱）多谢你冒死搭救情谊长，

　　　　　　　多谢你带我双飞去他乡。

　　　　　　　患难之中情鸳鸯，

　　　　　　　烈火飞出金凤凰。

　　　　　　　从此噩梦不附身，

　　　　　　　朝夕相伴情缱绻。

　　程山、莲花（合唱）：情鸳鸯，火凤凰，

　　　　　　　　　　生生死死不离散，

　　　　　　　　　　死死生生两相伴!

　　程山：莲花，所有的关节我都打通了，船就在桥那边等候，趁着天色未亮，我们赶快登舟离岸吧！

　　[两人走上蓝桥，莲花突然停住。

　　莲花：程山，我……不能上那条船了……

　　程山：什么？你改变主意了？

　　莲花：对，我还是要去南京申冤！

　　程山：国民政府已经是腐败之极，你怎能申冤啊！我们还是顺风顺水而下吧！

　　莲花：不，我要逆风逆水而上！

　　　　（唱）：逆风逆水浪里行，

　　　　　　　南京城里讨公平。

　　　　　　　若是顺风他乡去，

　　　　　　　满腹冤屈对谁申？

　　　　　　　莲花落红尘，

　　　　　　　傲骨自铮铮，

　　　　　　　身陷污泥中，

　　　　　　　玉洁冰清心。

　　　　　　　是人就该堂堂正正，

　　　　　　　怕谁说人前矮三分？

　　　　　　　大千世界，朗朗乾坤，

　　　　　　　何必躲藏埋姓名？

若是天也暗来地也昏，
若是是非颠倒无公正，
莲花我，
对这滔滔江水喊三声——
苍天你还我清白女儿身！

程山：莲花，不要再议论了，还是赶快上船吧！

莲花：不，我不能上船啊！

程山：莲花，就算我求求你了！

莲花：程山……

［追兵上。

王参谋：站住！好一个程副官，竟敢与囚犯私奔，来人，给我拿下！

［程山与士兵搏斗。

程山：莲花，快走！

［王参谋开枪，程山为掩护莲花中弹，倒在莲花怀中……

莲花：程山！程山！

程山：（慢慢摘下护身符，交给了莲花）莲花，快走……

［程山死去。

莲花：程郎——

［舞台一片黑暗……

［灯光重现，舞台上已经空无一人，一道霞光里，"同心结"悠然落下……

［八个荷花仙子翩翩起舞……

［莲花的歌声仿佛九霄而落——

    手捧莲花灯一盏，
    二家有喜三盏灯……
    乱世鸳鸯乱世情，
    出水芙蓉不染尘。

2005年5月17日　北京初稿

潘军文集

第捌卷

电影

草桥的杏
——根据作者同名小说改编

1 荻花荡 晨 外

一望无际的荻花，但还没有到开放的季节，看上去像是庄稼，在晨风中摇曳着……

一辆农用的小货车在荻花间的乡村公路上行驶着……

车上坐着一个二十五岁的农村女人，穿着暗红色的夹袄，系着绿格子的头巾，身边还带着一些大包小包。这就是故事的主人杏。她长相清秀美丽，但神情却是异常的沮丧，额头上似乎还带着一点淤青。

开车的是一个三十多岁的男子，叫王三宝，他是杏的男人，嘴上叼着半截烟……

2 桥头 远村 晨 外

小货车驶来，渐渐的，出现了一个坐落在山坡上的一个村落，这就是草桥，杏的娘家。从地貌上看，这里应该是皖南，山清水秀，陈旧的粉墙黛瓦，依山傍水。一座古朴的石拱桥跨越在一条清溪之上，更加显得这里的封闭与宁静。

春末的早晨，村子里炊烟袅袅……

小货车刚刚开上一座石桥，坐在车厢上的杏就拍了拍驾驶室的顶。

于是，货车便在桥头停下了。

接着，杏从车上翻下来，同时取下自己的行李。王三宝也跟着下车了，对杏比划着说：就到这？

我们这才知道，原来，杏是一个哑巴。

杏点点头，一边弄着自己的行李。

王三宝似乎并不难过：离婚不是丑事，别不好意思……

说着，就站在路边撒尿，接着说：杏，这事可不怨我，咱家就我这根独苗，不能因为你断了香火……

撒完尿，王三宝就上了车，将车调头，开走了……

杏瞥了一眼远去的车子，不禁叹了口气，然后，她回身看着自己的村子……

字幕：春分

3 草桥村 村口 晨 外

清晨的村子是安静的，几棵几百年的老树屹立在村口。透过树的缝隙，远远就能看见村口的那座老牌坊。一条石板路延伸而去……

杏的背影走进了画面，两只手都拿着行李，但一路上都是低着头，这便让人产生了一种不安。

4 草桥村 石桥 河边 晨 外

杏走过了进村的那座老石桥……

在小溪边上担水洗菜的两个本村女人，还是注意到杏回来了。

二香：那不是杏吗？

桂花：才走没多少日子啊，咋又回娘家来了？

二香：一个人带这么多东西，她男人是司机，也不送送？

5 村街 理发店前 晨 外

随着杏的脚步，我们渐渐看出了村子的全貌。

一条石板路半悬在那条清溪之上。蜿蜒而上，有两里长，街两旁都是人家，建筑新旧各异，却都一样的令人向往。你能感觉到这实在是一个古旧的村落，但又执拗地吐露出新生的气息……

杏低着头匆忙往家走……

街边的乡亲不断有人探出头来，然后就私下议论着……

当杏路过街边的理发店时，二香的丈夫，剃头佬老齐正准备开张，便招呼：杏，回来了？

杏红着脸，不好意思的离开了。

老齐看着杏的背影，一边荡着剃刀：这闺女，出嫁都好几年了，还爱红脸……

6 杏家 院子 晨 外

杏的家是一个普通的并且有些破旧的农家，有一个院子。屋子内部中间还有天井。院子主要是柴房和鸡场。杏出嫁之前就养了几十只鸡，这是这个家的主要经济来源。杏的父母都已经过世，家中就有一个外婆和一个十七岁的妹妹美兰，在县城的中学读高中。

此刻，年迈的外婆正在院子里晾衣服，她七十多岁了，满头的银丝。老人刚把衣服一抖落，她脚边的小花狗就一下窜了出去，直奔家门。接着家门就开了——杏出现在了门口，小花狗扑在她身上，但一路的疲惫，使她无意去逗狗儿。

外婆一看，楞了一下，比划着说：你咋又回来了？

杏看着外婆的手势，她没有回答……

外婆：三宝也没送送？

杏的眼睛突然就湿润了，手一松，身上的大包小包全都散落在脚边——其中一个花布包袱装满了婴儿衣服，还有一只虎头帽……

外婆立即就明白了。

老人赶紧把家门关上了，小花狗惊跳到了一边。

（暗场）

7 杏家 杏的屋子 日 内

杏呆坐在自己出嫁前的屋子里……

8 杏家 院子 日 外

外婆在鸡窝里捡鸡蛋往竹篮里放，一边嘀咕着：……你这闺女也真是命苦，哑了就哑了吧，可又不能生养……你看看，你养的母鸡，个个都生蛋，你咋就不能生养呢？

9 村街 理发店前 日 外

此刻，正是乡亲们吃早饭的时候。二香、桂花等几个妇女，端着饭碗聚集到理发店前的竹棚子里，一边议论着——

桂花：我说嘛，原来是离了婚被婆家赶回来了——这女人不能生娃，那还不退货？那男的家又是根独苗……

二香叹息道：杏真是苦命啊，长得倒跟画上人似的……

桂花：就是中看不中用！

这时，村长旺叔——一个六十多岁的男子，理好了头发，走出来：行了，怎么说，杏回来了就还是咱草桥村的姑娘，今后大伙得帮衬着点才是……

桂花嬉皮笑脸地：旺叔，这生娃的事咋帮啊？

旺叔脸一虎：你就知道生！再生，我罚死你！

正说着，本乡的税管员李成骑着一辆摩托车来了，他看上去四十来岁，很瘦，一看就是乡下那种能说会道的男人。

李成：都在呢？

旺叔：哟，李税务来了……

李成一边取下挂在摩托车把手上的皮包，拿出发票什么的，打趣地：每月来一回，就跟妇女来那个一样……

二香：李税务，电视上不是说咱农村的税都免了吗？

李成：农业税是免了，可这个体的经营税还得交……不多，你这小店一个月就几十块钱……

二香：这一个月还能挣多少？

她丈夫老齐便从口袋里掏出了三十多块钱，交给了李成。

李成和旺叔边走边聊着。

李成：大伙说什么呢？

旺叔：哦，咱村里原先嫁到后山的姑娘，叫杏的那个，离婚回来了。

李成：杏？哪个啊？

旺叔：就是那个哑巴，其实也不算真哑，就是耳背得厉害……

李成：何奶奶家的？

旺叔：对。

李成：那姑娘模样可不差啊？为什么呀？就因为她耳背？

旺叔：肚子不争气，结婚五年了，硬是怀不上……

两人渐渐远去……

10　杏家　杏的屋子　日　内

杏呆坐在床沿上……

那个花布包袱，里面装得全是杏缝制的童装和童鞋，还有一顶小虎头帽子。此刻它们全都摊放在床上，杏沮丧地低着头，一件一件的慢慢叠着……

小花狗似乎懂得主人的心事，安静地伏在门槛上……

（暗场）

11　草桥村　石桥　河边　日　外

又一个早晨来临了，草桥村依旧是那么安静。古旧的民居倒映在缓缓流动的水面上……

鸡鸣声此起彼伏……

字幕：谷雨

12　杏家　院子　晨　外

一只公鸡在高声叫着……

一只手从鸡窝里拾出一只鸡蛋，对着太阳看着，那鸡蛋仿佛是透明的……

这是杏，随着时间的推移，从她脸上，似乎看不出离婚后的那种沮丧了。

杏一双双地数着鸡蛋，往竹篮子里放……

13　杏家　天井　晨　内

杏用一支粉笔头在小黑板上写着："草桥土鸡蛋，每斤十五元，概不还价"，因为"概"她不会写，于是就用拼音写了一个"gai"。

家里的那只花狗"小花"在天井里懒洋洋地晒着太阳。

外婆在屋檐下晾着衣服，一边自说自话：美兰有好些日子没回来了，你得去学校看看她，看她缺啥不……你这妹妹心大，一个姑娘家考啥大学呀……

杏其实一句也没听见。忽然，院子传来了响亮的鸡叫，她倒是听见了，便立即放下粉笔，跑向院子……

花狗也立即追着上去……

14 杏家 后院 日 外

一只老公鸡正骑在母鸡的身上，母鸡大声叫着，却难以摆脱……

杏听到的就是这个声音了。她站在门框里利索地脱下一只鞋，朝着那只公鸡扔去，把它轰开。母鸡顿时就不叫了，抖着脖子上被公鸡咬乱的鸡毛。

外婆对杏比划着喊：你吃饱了撑着呀？公鸡不上身，母鸡的蛋能孵出小鸡吗？啊？

高声的喊，杏还能听见一点。于是，她的脸色顿时就变得低沉了，转身回屋去了。

外婆突然意识到自己说错了话，自语：瞧我这嘴……老糊涂了……

15 村街 理发店前 日 外

早晨的天街村，看上去十分的温暖。

杏穿着碎花的衬衫，挎着装满鸡蛋的竹篮子，提着小黑板迎面走来。

杏路过老齐家的理发店，在门口收拾的二香对她招呼着：杏，又进城卖鸡蛋啊？

杏腼腆地笑了一下，走了过去，那只小花狗也跟在她身后。

二香看着杏走远的背影，自己感叹着：这丫头，往后日子咋过啊？

老齐端着牙刷走出来：咋过？就这么过呗，别小瞧这卖鸡蛋，可不比咱这小破店挣得少，还不用交税……

16 天街村 石桥 日 外

花狗跟着杏走出了村口，到了桥头，杏回头挥了一下手，花狗便往回跑了。

17 村路 日 外

杏一路走来。

这一路上她遇上几个外村的男人，他们都回头看她。杏有些腼腆，低头走过去，不正眼瞧他们。

18 荻花荡 乡村小路 日 外

出了村口，在通往县城的路上，就是那片荻花荡。这个季节，荻花还没有开放，迎风摇曳着。土地虽然穷困，但独得一份天然的风景。

远远走来了杏，她的身影在一片绿色中显得那么突出……

不一会，李成骑着摩托车从后面赶上来了。他叫了声：杏！

杏没听见，但车已经在她面前打横停下了，杏这才吓了一跳。

李成：进城卖鸡蛋呢？

杏听不见，有点腼腆地看着李成……

李成这才想起杏是个哑巴：哦，对，你耳背……

接着李成就指了指摩托车，抬高了嗓门：来，我捎你……

杏还是不好意思上车。

李成拍了拍摩托车：上来吧，我正好进城办事……

杏这回听见了一点，只好坐了上去，李成开动了摩托车……

摩托车在荻花荡中穿行着……

杏坐在后面有点害怕，摇晃了两下，便下意识地抱住了李成的腰……

镜头落在了那只小黑板上……

19 县城 农贸集市 日 外

写着"草桥土鸡蛋，每斤十五元，gai 不还价"的小黑板放在杏的竹篮子边上。

熙熙攘攘的农贸市场，杏蹲在大棚的一角在卖鸡蛋，她铺着一块塑料布，上面放着篮子，篮子里的鸡蛋差不多卖了一半。

一个妇人来买鸡蛋：我买多点也不让价么？

杏听不见，自然也不回答。

那妇人口气冲了：问你呢！

杏还是不理，只指了一下牌子。

那妇人：一个卖鸡蛋的，架子还挺大……

说着，拍拍手就走了。她刚一离开，另一个妇人来了，拿起鸡蛋看了看，还对着太阳照了照。

这妇人：新鲜倒挺新鲜的……便宜点行么？

杏还是指了指牌子，不说话。

这妇人：农村人也不容易……来，我都要了。

说着，正准备掏钱，杏也很高兴。

这时候，突然就从一个角落杀出了两个城管，将杏的篮子抓住了！

城管甲：无证经营吧？商品没收，罚款……

杏害怕地跟城管纠缠着……

城管乙：别犟！再犟罚死你！

这时候，李成骑着摩托车又出现了，见到这情形，便停下车，跑了过去。

李成：老胡……

城管甲回头：哟，李成啊，今儿有空来了？

李成微笑着，给两个城管递上香烟：进城办点事……她是我们乡的，耳背，不大会言语，家里也特别困难，放一马吧。中午我请二位喝酒……

城管甲对城管乙使了个眼色，后者的手便松了。

20　县城　农贸市场　一角　日　外

紧张的杏缩在一个角落里。

不一会，李成走了过来，先把小黑板上杏不会写的"概"字补上，接着又比划说：最近城里集市上管得特别严，你要躲着点城管……

杏显然听不明白了，茫然看着李成。

李成抬高声音：城管，懂吗？就是专门管理市场的那种人……那种……

李成越说越费解，就拿出粉笔在黑板的另一面画了一顶大盖帽，接着又比划说：就是戴这种帽子的人，跟我头上的差不多，管你们的，你见着了，要躲着点，要跑……要不你这一天就白干了，记住了？

杏还是不太明白，看着黑板上的大盖帽，又看看李成的大盖帽，似懂非懂地点点头。

（学校铃声先出……）

21　县城中学　门口　日　外

放学的铃声里，杏已经来到县城中学的门前，等候着下课的妹妹美兰。她篮子里的鸡蛋已经卖完了。

不一会，美兰从里面出来了，她只有十七岁，穿戴却仿佛城里人，她拍了一下姐姐的肩。

杏一回头，笑了，把妹妹拉到边上。

美兰看看篮子，比划着说：这么快就卖完了？

杏点点头，比划：城里人喜欢。

美兰：城里人就是喜欢穿洋的，吃土的。下回你得加价……

说着，就把那块小黑板上"每斤十五元"改成"每斤二十元"。

杏也跟着乐了，然后就从口袋里拿出刚才卖鸡蛋的五十块钱，交给了妹妹。

美兰看着钱，又退了二十给杏，但杏还是执拗地把二十块钱又塞给了美兰，比划：你明年要考大学，得吃好点……

姐妹俩就这么比划着交流。过往的车辆在她们面前不断划过……

22　县城　大桥　日　外

姐妹俩又来到了县城的大桥上，边走便聊。

美兰又问：姐，你想那个人吗？

杏有些困惑：谁？

美兰：你以前的男人啊，那个司机。

杏摇摇头：他已经不是我男人了。

美兰气愤地：王三宝，王八蛋，没准是他自己有毛病呢！什么独苗，他们家绝了户才好……

这时，天空上阴云聚集起来了，眼看着一场雨就会来临。

杏指指天，意思是天色变了，她得走了。

于是，姐妹俩就这么分手了。

23　荻花荡　阴天　外

天色更加阴沉……

杏匆匆从远处走来，忽然，她看见了自己熟悉的那辆农用的小货车，大概是出故障了，就停在路边上。

这让杏十分意外，她下意识地站住了。

这时，从货车底下爬出一个男子来，他正是杏以前的男人王三宝，一脸的油污，手里还拿着修车的工具。

王三宝也很意外：又去城里卖鸡蛋了？

杏低着头，有些不自在。

王三宝走过来：今年就是点背，啥都不顺……你倒比在家那会水灵了，还是你们天街这边的水土好啊……

说着，就动手来摸杏的脸，但杏却闪到了一边。

王三宝：哟呵，这还没几天功夫，就认生了？

杏比划着：我不是你女人了！

王三宝揪住杏：不是？我说是就是！

说着，就把杏往旁边的荻花丛里拖，一边开始解开裤袋……

杏不从，挣扎着，经过一番扭斗，最后杏还是摆脱了王三宝，从荻花丛里冲了出来，一溜烟往自己的村子跑了。

王三宝提着裤子追出来，喊着：你这死哑巴，一日夫妻还百日恩呢！

他生气地朝着车胎踢了几下。

远处响起了轻雷……

24　杏家　堂屋　天井　日　内（雨）

雨水顺着天井往下落着……

杏坐在天井边上，手里拿着那顶虎头帽，想着心事……

（暗场）

25　天街村　河边　晨　外

奔流的溪水……

一只水桶沉到水里，打起一桶水。这是杏，她一早就起来挑水来了。

字幕：立夏

26　杏家　厨房　晨　外

杏把水倒进了水缸里。放下扁担，然后就取下碗橱上的篮子，去了院子……

27　杏家　院子　晨　外

杏来到院子，把鸡蛋一双双地往篮子里放。

不一会，妹妹美兰也起床了，到院子里来刷牙。

杏收着鸡蛋，忽然，手住了——她拿起了一只带血的鸡蛋。

看杏在发愣，美兰便走过来：看啥呢？

杏把那只带血的鸡蛋递给美兰。

美兰眼睛一亮：这是处女蛋。

杏不明白什么是处女蛋，就看着妹妹。

美兰：就是……第一次下蛋……

杏似乎有点明白了，把这只鸡蛋慢慢放进了篮子里。

美兰抬高嗓门：第一次很疼的，就跟女人生孩子一样……

杏突然脸色又低沉了，提着篮子走进了屋。

美兰知道又说到了杏的痛处，就喊着：我可没说你，瞧你这点出息……

28　草桥村　石桥　河边　日　外

姐妹俩上路了，美兰骑着自行车，后面带着杏。杏的手上挎着一篮子鸡蛋，篮子上面盖着那只小黑板。

美兰：姐，等我考上大学，毕业了，将来找份好工作，你就再也不用卖鸡蛋了。

她们的倒影从水面上掠过……

29　荻花荡　晨　外

美兰的自行车在荻花中穿行着……

美兰继续在说：我要把你和外婆都接到大城市去，再给你介绍一个好男人，过上好日子……

杏没听见，但脸上的表情是甜蜜的。

突然，美兰的车停下来，她想起了一件事，便从杏的口袋里掏出一只粉笔头，把原先小黑板上写的"每斤二十元"擦掉，改成了"二十五元"，对杏比划：又涨价了。

杏有些惊讶：这么快？

美兰：如今城里的物价就是这样，隔不了多长时间就涨……

杏含糊地点点头。

30　县城　农贸市场　日　外

小黑板又放在老位置上。杏还是蹲着做生意。星期天的集市，前来买菜的城里人比往常要多。杏夹在其中，正和一对夫妻交易着。

女的：这鸡蛋涨的也太快了，上个月才十五块一斤呢，咋就变二十五了？

男的：人家这是地道的土鸡蛋……快点行吗？我下午还有个会……

女的就往秤盘上放着鸡蛋，杏过称，女人掏钱了，一共给了杏五十多块钱。

杏收起钱，正想舒口气，突然，她又发现人群中有一顶大盖帽，好像是一个税务局的人，正骑着摩托车往这个方向赶来……

杏看看小黑板的背面上李成画的那顶"大盖帽"还依稀可辨，顿时就像弹簧似的站起来，拔脚就跑开了，险些撞到了一辆三轮车上……

那车夫还喊了句：怎么走路的？

30　县城　街道　日外

杏在使劲跑着，旁若无人……

街上人看着奔跑的她，都有点不知所措……

而且，仿佛是心理作用，杏发现街上的大盖帽很多，一下是警察，一下是军人，一下是工商，一下是城管，一下又是邮递员……

小黑板上的"大盖帽"晃动着……

杏辨不出这些大盖帽的身份，只要见到就躲藏着跑，一边跑一边将手里的竹篮子用布盖好，担心被大盖帽发现篮子里的鸡蛋……

31　县城　大桥　日　外

杏在大桥上奔跑着，过往的行人都显得不知所措……

最后，她消失在人群之中……

天空上，传来了轻微的雷声……

（暗场）

32　荻花荡　破窑洞　日　外（雨）

这正是个多雨的季节。

天又下雨了，而且还大，远远就看见杏顶着塑料布跑来，雨越下越大，于是杏就跑向了路边的那口破砖窑，想方便一下，顺便也躲躲雨。

33　破窑洞　日　内（雨）

窑洞里很暗，杏蹲下来撒尿，然后提起裤子，随便系了一下，接着，她开始把打湿的衣服脱下来，露出一块小红肚兜。她很丰满，乳房挺立着。

杏挤着淋湿的衣服，窑洞忽然暗了一下，杏本能地回头一看，原来进来了一个"大盖帽"的剪影，出现在了洞口的逆光下。

杏一下意识到，这个"大盖帽"和刚才在集市上见到的完全一样。于是她惊叫了一声。

正是这声叫，引起了那"大盖帽"的注意——那人一下就注意到杏的乳房……

于是，那人就扑了上来，把杏压倒。

杏以为"大盖帽"是一直从城里追着自己来的，而且要没收她的鸡蛋，便迅速用双手抱着篮子，死死不放。但她完全忘记了自己是光着身子的。

"大盖帽"却顺手轻松地把杏的裤子一下脱光了……

杏这才意识到自己遭到了强奸，于是竭力反抗，在那人的手腕上咬了一口！于是对着杏一巴掌扇了过去，杏眼前一黑……

那半篮子鸡蛋打翻了……

大盖帽也滚落到了地上……

34　破窑洞　日　外（雨）

雨越下越大……

雨水有力击打在一辆停在窑洞口的摩托车上，溅出水花……

35 破窑洞 日 内（雨）

很快，那人完事了，正系裤子，再从地上捡起大盖帽，还掸了掸灰尘，戴到头上。他走出窑洞的时候忽然想起自己还没有付费，于是，就从裤袋里掏出钱包，拿出一张二十块的票子——想想又添了一张，这张钞票在空中飞舞了一下，最后落在杏还光着的屁股上……

杏似乎还在昏迷着，她的身体之下全是破碎的鸡蛋……

36 破窑洞 日 外（雨）

雨小了点……

那人走出来——竟是本乡的税管员李成！

李成带着几分醉意，开始发动摩托车。他踩了几下，却没打上火，便骂了句：妈的，破货！

37 破窑洞 内——外 日（雨）

杏这才翻过身来，看着窑洞口——

她只看见李税务的背影，以及那辆摩托车的牌号：0210。

摩托车终于发动起来，排气管对着镜头喷出一股浓浓的黑烟。

李成呕吐了几下，显然是今天的酒喝多了点，他摇晃着骑上去，离开了……

杏看着地上那些破碎的鸡蛋，眼泪顿时就淌下了。她慢慢站起来，裤子一下退到了脚跟，于是她赶紧将裤子提起，这当儿，一只鸡蛋从裤管里滚了出来……

杏拿起那只大概是唯一没有破碎的鸡蛋，这正是早晨她发现的那枚带血的处女蛋。

38 荻花荡 破窑洞 日 外（雨）

窑洞里突然传出了杏撕心裂肺的哭声……

荻花在风中摇曳着……

（暗场）

39　杏家　杏的房间　夜　内

月光透过窗棂照进来，照在桌子上那枚沾血的鸡蛋上。

杏失魂落魄地坐在床上，盯着那只鸡蛋……

门外传来了外婆的喊声：杏，你出来吃点东西行吗？

40　杏家　堂屋　天井　夜　内

站在门外的外婆，手里端着一碗饭，老人还不知道发生了什么事，一个劲地喊：杏，你出来吃口啊！

41　杏家　杏的房间　夜　内

杏还是没有出来，抱着的身子还在微微发抖着……

镜头慢慢逼近那只放在桌子上的鸡蛋，血迹犹在……

（暗场）

42　村街　理发店前　日　外

草桥村还是和以前那样，吃早饭的时候，大伙还是喜欢聚集到老齐的理发店门前闲聊着。

桂花：昨晚上看的那个电视剧，叫着什么来着，上面那个女的，脸模子就像咱村的杏。那女的也不能生养……

二香：谁说的？你看差了……

不时有汽车和摩托车从村子边上经过……

不一会，李成骑着那辆挂着"0210"号牌的摩托车来了，李成今天又来天街收税了，从他的脸上看不出一点异样。

李成：哟，都在呢。

老齐：李税务来了？

二香：李税务，这免税的政策啥时才能下来啊？

李成停好车：别急，该下来的时候就下来了，其实我比你还急，你们这犄角旮旯我还懒得跑呢……

说着，就跟老齐进了屋子……

43　杏家　门前　日　外

杏也在门边吃饭，突然，她眼睛一亮，她一下就注意到了停在理发店前的那辆摩托车……

44　村街　理发店前　日　外

李成从理发店里出来，正要发动摩托车。
突然，杏拦住了他。
李成觉得奇怪，就停下车：这不是杏吗？咋了？
杏听不见男人说什么，而是出其不意地将男人的手腕一把抓住，接着就要把他拖走！
李成还是不知所措，连声嚷着：你干啥呢？杏？你……
路边一些围观的人也陆续凑来，低声议论着……

45　乡派出所　老刘办公室　日　内

一只钢笔帽脱开……
派出所所长老刘坐下来，看着眼前的杏和李税务。老刘是一个四十多岁的男人，相貌是忠厚中透出一点严肃。
门口聚集着二香、桂花等几个乡亲，老刘起身过去把他们轰开：看什么？走走！
看热闹的乡亲便走了，但还在派出所门前逗留着。
老刘重新回到桌子前：说说吧……哦，她不能说……那你说吧。
李成一副无奈的样子：我，我能说什么呀？我一早来草桥收税，刚到就被她一把揪住了……
老刘：为啥呀？
李成：我哪知道为啥？她上来就揪……
老刘：那她干吗不揪我呀？
在他们的谈话中，杏一下看看李税务的大盖帽，一下又看看老刘的大盖帽……

46　乡派出所　门前　日　外

这时候，村长旺叔陪着外婆来了。

二香她们还在议论着——

二香：这到底是咋回事啊？

桂花：准没好事！

旺叔：让让，有什么看的……

47　乡派出所　老刘办公室　日　内

旺叔带着外婆进了门，外婆急着问：杏，你这是咋了呀孩子……

杏一下就流眼泪了。

旺叔瞥了一眼李成，心里便大致明白了。

老刘上前，搬只凳子给外婆坐：老人家，把你叫来，是想听听你外孙女想说些啥……

外婆有些紧张地：好，好……

老刘打开里面房间的门，对李成说：你先到里面候着。

李成叹了口气：我算是倒霉了……

老刘关上门，回到桌子前对杏说：杏，你说吧。有啥说啥。

48　乡派出所　门前　日　外

派出所门前的人越聚越多，大家都在议论着——

二香：李税务平时看上去不是这种人啊！

桂花：人不可貌相，就杏那俊模样，是男人都会馋。

二香：这话可不敢乱说……

49　乡派出所　老刘办公室　日　内

外婆惊吓得一下站了起来，看着杏：你说啥？你……

杏点点头，还是在哭着。

老刘和村长交换了一下眼色，他们也听出意思了。老刘走过来：杏，这话咱可不敢乱说……你有证据吗？

外婆提醒：刘，刘所长，这孩子耳背，您得喊着点。

老刘便喊了：你有证据吗？

杏摇了摇头。

老刘：那，那这事可就不好办了。

旺叔：杏，啥事都得有个凭据，对吧？

杏比划着，意思是我没说谎！

外婆含着泪劝说：孩子，咱回吧……

杏激动得比划，嗷嗷叫着，还拿起桌上李成的那顶大盖帽比划着……

老刘摇摇头：杏，如今戴这种帽子的人到处都有……我不也戴这种帽子吗？

说着，他把自己的帽子也脱下来给杏看。

杏只好随村长和外婆走了。

50　乡派出所　门前　日　外

旺叔领着杏从里面出来，对围观的乡亲说：搞错了，都散了吧……

大伙这才慢慢离开……

51　乡派出所　老刘办公室　日　内

老刘这才把里面的门打开，让李成出来。

李成却一下嚣张起来：能说的你不信，不能说的你反倒信。你这人可真是……

老刘突然把李成的领子封住，逼到墙角，低声而严厉地：你他妈的别得了便宜还卖乖……滚！老刘实际上心里明白着。

52　杏家　杏的屋子　夜　内

杏独自坐在屋子里，委屈着流泪……

外婆走进来，坐在杏的面前，难过地：孩子，忍了吧……这自古就是鸡蛋碰不过石头呀……

杏默默咬着嘴唇，看着桌子上那只沾血的鸡蛋……

（暗场）

53　荻花荡　日　外

夏天到了，荻花在风中摇曳着……

美兰骑着一辆自行车快速地通过……

字幕：大暑

54　杏家　院子　日　外

一段时间过去了。经历过这件事之后，杏显得更加木纳。她还是像以前那样喂鸡，还是一见公鸡骑到芦花母鸡的身上，便用鞋将公鸡赶走。外婆送饭过来，见了，也不再说。老人心里明白，孩子受了大委屈，只是有口难言……

老人不禁抹了抹老泪，然后把饭碗递给杏。杏接过，回到了屋里。

这时，院子里响起了自行车声，美兰回来了。

55　杏家　堂屋　天井　日　外

外婆一边把饭菜端给美兰一边唠叨：你不是说考试忙，不回来了吗？

美兰拉住外婆：谁欺负我姐了？

外婆迟疑了一下：搞错了……

美兰：咋错了？外面都在说我姐……

杏在一边吃饭，突然"哇"的一声，吐了……

美兰跑过来，拍着杏的后背，问：姐，你这是咋了？谁欺负你了？啊？

外婆一边看着，心下不禁一惊！

杏这是怀孕了！

杏推开妹妹，进了自己的屋子，关上了门。

56　杏家　杏的房间　日　内

杏手里拿着那只沾血的鸡蛋，想着什么……不时，她弯下腰来又吐了几口……

门外，传来美兰的声音：姐，你开门啊！

57　杏家　堂屋　天井　日　内

美兰在敲门：姐，咱得上医院瞧瞧……

外婆走到一边，自己嘀咕着：怀上了？那，那嫁出去五年咋就怀不上呢？

老人还是感到纳闷不已。

58　杏家　杏的房间　日　内

杏下意识地摸着肚子……

接着，她从枕头下面拿出了那顶自己缝制的孩子的虎头帽子，突然，她的眼睛里似乎绽放出一种不可思议的喜悦……

（暗场）

59　乡医院　妇科诊室　日　内

透着写着妇科的玻璃门，可以看见杏提着裤子从屏风后面走出来。

给她做妇科检查的大夫坐在桌子前，写着病历，一边说：怀孕了，已经三个多月了……

杏听不见，但她已经感觉到结果出来了。

大夫：你这是第一胎吧？你男人呢？

杏没吱声，但脸上却浮现出了笑容……

60　荻花荡　砖窑前　日　外

还是这一天里，远远就看见，李成骑着摩托车，又上那处破窑洞里撒尿去了……

61　破窑洞　日　内——外

李成吹着口哨在撒尿，涉险过关，让他有了一副很惬意的样子。

他撒完了，便提上裤子。忽然发现窑洞里的光线暗了，等他刚一转身，发现窑洞门前已经站住了杏。

李成先是一愣，接着脸上便有点邪笑：咋了，不就是那点事吗？你还像王八那样死咬着不放啊？有证据随时告我去……

杏突然也笑了一下，她是带着鄙视的冷笑，又仿佛是胜利的一笑。接着她把上衣掀开，露出了已经微现突出的肚子，让李成看。

杏比划着：这就是证据！

李成这才意识到事情严重了，顿时就傻了，口气也软下来：杏……你，你想干啥？

杏用树枝在地上写了两个字：告你！

说着，她就走出了窑洞。

李成骑着摩托车从后面追上来说：杏，有话好说……那天我喝高了……我可是帮过你啊……

李成在一路央求杏，但每一次杏都将他的手推开了。

（暗场）

62　村街　理发店前　夜　外

入夜的草桥村，家家都亮着灯，有的在理发店的棚子里乘凉，有的在看电视。老齐在拉着胡琴什么，是一段老黄梅戏"树上的鸟儿成双对"……

远远看见，村长旺叔提着一个提包，正往这边来……

63　杏家　堂屋　天井　夜　内

杏回到家，莫名其妙的收拾着桌上的东西。

外婆从里面出来，觉得奇怪，便试探着问：杏，你这一天里都去哪了？

杏不搭理，继续收拾着，还打来一盆水，开始清洗茶杯。

外婆：这么晚了你还忙乎啥呀？

杏比划着：有人来。

外婆困惑地：有人来？谁这么晚还来呀？

但她的话刚落音，外面果然就有人喊了：何奶奶，睡下了吗？

外婆看了杏一眼：你还会算卦？

老人就出去开门了。

杏把茶倒好，自己也进屋了，将门关上。

64　杏家　院子　夜　外

外婆将门打开，进来的是老村长旺叔，一手拿着芭蕉扇，一手拿着一只黑色的提包。

外婆：哟，他旺叔来了啊……

旺叔：何奶奶，杏……在家吗？

外婆：在，在……快进屋吧。

旺叔：我就在院子里坐会吧，凉快些……

不一会，杏给旺叔倒茶送来了。

旺叔看着杏，一脸的难言之隐。

杏离开了……

外婆担忧地：他旺叔，杏这孩子……没惹事吧？

旺叔喝了口茶：没有没有……

65 杏家 杏的屋子 夜 内

杏的屋子里没有开灯，她就贴着窗户站着，看着外面，月下，旺叔正和外婆说着什么……

66 杏家 前院 夜 外

旺叔在说话：……李税务呢，也承认了过失，说那天自己喝高了，当时压根就没看清窑洞里是谁，还以为是那种皮肉生意的女子……男人嘛，出这种事也是难免，那公鸡见到母鸡还上背呢……

外婆一边抹眼泪一边嘀咕着：我就晓得要出事，我就晓得……

旺叔：唉，没想到，就这么一次，杏就……你说怪不怪啊，杏嫁出去五年怀不上，那王三宝还以为杏不中用，现在看来，不中用的是那个畜生！

外婆听不进这些，就只顾抹眼泪。

旺叔：好在这事现在处理起来也不难，赶明儿我亲自送杏去乡卫生院，把肚子里那块肉拿掉就结了……何奶奶，这事可拖不得您说对吗？

外婆：那，那这事就这么算了？

旺叔：当然不能就这么算了。不管咋说，杏是咱天街的姑娘，这回是被人欺负了，我这个当村长的不能不管！至少，咱要争个赔偿啥的……李税务呢，倒也还配合，这不，让我连夜送一万块钱来，一来给杏补补身子，二来，也好供美兰念书，光指着卖那点鸡蛋，不中……

说着，他就从提包里拿出了一万块钱，放到了外婆手里：咱村里又多出一个"万元户"了。

外婆勉强将钱收下，可还是在抹眼泪。

旺叔站起来：回头您再和杏谈谈，早做准备……

外婆：他旺叔，让您费心了……

67　杏家　杏的屋子　夜　内

杏离开了窗口，坐到了床沿上，她下意识地又摸了摸肚子。

不一会，灯亮了，外婆拿着那一万块钱进来了，老人嘀咕着：你旺叔说，那天李税务喝高了……

显然，老人是想忍气吞声，把这件事私了了。

杏从外婆手里接过那一万块钱，放进了柜子里。

外婆这才问：算了？

杏摇了摇头。

外婆一愣，喊着：不算？

杏坚定地点点头。

外婆继续在喊：那，那你干吗还要人家钱呢？啊？

杏比划着：他害了我，就得赔；他犯了法，就该告！

外婆哭泣着：孩子啊，咱告不过人家，咱就认了吧……

68　杏家门外　巷子　夜　外

这个晚上李成一直贴着墙在偷听着屋里的谈话，他知道事情并没有过去，而屋里传来的哭泣又让他很慌乱……

这时，那只花狗不知从哪里窜了出来，对着李成一阵狂吠……

李成赶紧溜了……

刚到巷口，一个人影堵住了李成——原来是派出所所长老刘。

李成知道事情坏了：老刘……我，我正要找你……

老刘冷笑了一下：现在该说说了吧？

李成的头低下了……

（暗场）

（警车声先出……）

69　村街　乡派出所　门前　日　外

一辆警车呼啸而过……

正是午饭时分，村子里的人几乎全都端着饭碗跑出来看热闹了。接着就是议论纷纷——

二香：这下，李税务可真是栽了……活该！

桂花：真看不出啊，一个哑巴还扳倒了一个"大盖帽"！

老齐：谁说鸡蛋碰不过石头？

70　荻花荡　小路　日　外

警车从远处开来……

开车的是民警小吴，后面坐着所长老刘和戴着手铐的李税务。

李成瞥了一眼掠过的那座破砖窑，内疚地：老刘……

老刘闭着眼：叫我政府。

李成尴尬地改口：政府……我这算自首吧？

老刘没搭话，闭目养神。

李成：算我栽了……工作没了，党籍没了，老婆也没了……全都没了……

老刘这才答了句：你自找！一个大活人，管不住裤裆里那四两肉……做！

警车远去……

（暗场）

71　草桥村　村口　石桥　日　外

兴奋地美兰骑着自行车正往村里狂奔……

字幕：立秋

72　杏家　院子　日　外

还是像往常一样，杏又在喂鸡了。不同的是，她时常下意识地摸一下肚子。

不一会，美兰回来了：姐——

杏听见了，迎过来比划：今天咋回来了？

美兰：那王八蛋判了三年！我特地赶回来告诉你，让你出出气……

杏没听明白，似乎早把这事忘记了，就比划：你说啥？

美兰却有些生气的喊着：你说我说啥？那个害你的李税务……大盖帽，判了三年！你咋连这也忘记了？

杏明白了，勉强点了点头，回到了屋里。

美兰看着杏的背影，埋怨地：一点恨性都没有！

这时，二香在门口探出身子：美兰，旺叔让你去趟派出所。

美兰点点头……

73　乡派出所　老刘办公室　日　内

美兰已经到了这里，老刘把一杯水递给她：这事呢，总的说起来，算是圆满解决了。无论他是谁，法律面前人人平等。

美兰站起来鞠躬：谢谢所长，谢谢村长。

旺叔：坐坐……今天找你来呢，就是想通知你姐姐，去卫生院做人流手术。如今这证据……

老刘摆摆手：不需要了，案子已经结了。

旺叔：那手术可就得抓紧做，时间长了，人会遭罪的。

美兰：村长，咱几时动身？

旺叔：越快越好，下午吧，下午就去。

美兰：好！

74　杏家　杏的屋子　日　内

杏仍然坐在床沿上，手里还拿着那顶小虎头帽……

突然，她意识到自己的肚子动了一下，她吓了一跳，偷偷掀起衣服看着——那肚子似乎又显出了一些，而且，还真能感觉有动静似的……

门突然开了，杏吓得坐下，赶紧把虎头帽塞到了枕头下面。

进来的是美兰：杏，你咋了？

杏比划着：他踢我……

美兰困惑地：他？他是谁呀？

杏指了指肚子……

美兰气愤地：姐，下午赶紧去卫生院把这孽种做了！

但是，杏慢慢站起来，却摇了摇头……

美兰傻了：你，你想干啥呀，杏？

杏还是摇着头，比划：他是活的……我不想做掉……

美兰一下就抓住杏的衣领：你傻呀姐！这不是你的孩子！

杏也突然打了妹妹一耳光，怒目看着她……

杏的心声：他是！他在我肚子里，他是活的！是命！

75　乡派出所　老刘办公室　日　内

村长旺叔惊讶地站起来，看着面前的美兰：啥？你姐不去？

美兰哭泣着点着头。

旺叔叹息：唉！这犟丫头！傻呀！

这里已经聚集了二香、桂花等妇女。

二香附和道：月份深了就不好做了呀，再说了，这个孽种留着干吗？她以后不想嫁人了？

旺叔走到老刘边上：刘所长，你看，要不要上点……措施啊？

老刘：这事咋能上措施？她又没犯法……

旺叔：咋没犯法？万一她真把那孽种生下来，就莫名其妙地占了我一个计划生育的指标……这是国策啊！

说着，把趿着的一只鞋穿上，赶紧出了门。

大伙也跟着出去了……

76　杏家　院子　日　外

村长旺叔带着美兰、二香、桂花等人从外面走来了，外婆从屋里迎上来。

旺叔：咋样？

外婆沮丧地摇了摇头：好说歹说她就是不肯去呀，这死丫头！

旺叔生气地：这可不能由着她了……二香，桂花，来，帮我搭把手，今天咱就是抬也要把杏抬到卫生院！

二香她们有些犹豫……

旺叔抬高嗓门：天塌下来有我顶着！

大家这才向屋里涌去……

77　杏家　杏的屋子　日　内

旺叔一脚把门踹开，但是屋里已经没人影了，只见后面的一扇窗户大开着——杏跑了！

那只沾血的鸡蛋滚到地上，摔碎了。

外婆立即就哭喊：杏儿——

78　荻花荡　日　外

杏背着一件布包袱，用手护着肚子，在荻花丛中飞跑着，大片的荻花已经飞白……

79　乡村公路　杂货店前　日　外

杏一路奔来，到了公路上，她累得想歇会，便从口袋里拿出一根黄瓜，咬了一口……

忽然，她一下注意到了王三宝开的那辆小货车，就停在公路对面的小杂货店前。

很快，王三宝带着一个俗气的姑娘从店里出来了，两个人手里都端着碗热气腾腾的方便面，感觉是刚买的。

姑娘：跟着你就吃这个啊？还吹自己一个月能挣多少钱呢……

王三宝：到了城里我带你下馆子，先临时填个肚子……肚子……

王三宝突然愣住了，他看见杏正挺着肚子，从他面前慢慢走过……

杏这是故意做给王三宝看的，她以这种方式证明自己是个有用的女人，她要讨回自己的尊严。

姑娘：看啥呢你？

王三宝还在自语：肚子……

姑娘：你就知道看女人肚子，她是谁呀？

王三宝：是……是我以前的婆娘……

姑娘眼睛一亮，这才盯着走过去的杏：她啊？怪好看的呀……你咋说人家不中用呢？

王三宝气恼地：妈的，真是奇了怪了……

姑娘：我看是你自己不中用吧？

王三宝回手就是一耳光，连面带汤打在了姑娘的脸上，后者一下就哭了起来：王八蛋，你敢打我……

走过去的杏，一直昂着头，她的脸上洋溢着从未有过的骄傲……

（暗场）

80 荻花荡　日　外（雪）

一望无际的荻花，被一场大雪覆盖，失去了先前的美丽，但也显示出生命的顽强，依然迎风挺立着……

字幕：冬至

81 村街　理发店前　日　外（雪）

还是在吃午饭的时候，二香、桂花等村里的几个媳妇又聚集在理发店前，一边吃饭一边谈论着。

桂花：杏这死丫头还真是倔犟，这一走好几个月，居然就没个影了，连过年也不回来……

二香：也不知道她躲到哪里去了？会不会又跑回原来的婆家去了？

桂花：哪能呢！那破司机说是娶了新的……

二香：那也是白搭，他自己无用，糟践了杏。

桂花带着一点埋怨：要说这杏，也真是了不得，她这一闹腾，李税务啥也没有了，公职开了，党籍没了，老婆也跟他打离婚了……

二香很不高兴：这事可怨不得杏，谁叫姓李的欺负人？

突然，远处传来了一声婴儿的啼哭，所有人便闻声看过去——

原来，是失踪几个月的杏回来了，手里抱着一个刚满月的婴儿，那是她的儿子！

街边的几个妇女竟然都不出声了，呆呆地看着……

杏还是旁若无人地从她们面前走过，仿佛过去的一切都没有发生……

好多门里，都探出了脑袋，看着杏，却没有人敢言语……

杏就这样勇敢地抱着自己的儿子，走过着漫长的村街……

82 杏家　杏的屋子　日　内（雪）

婴儿躺在摇床里晃动着，这是一个漂亮的胖乎乎的男孩，一旁的外婆给孩子戴上了那顶虎头帽，又摸了摸孩子的小鸡鸡，感叹着：怎么说，咱家里也有个男人了……这家里好些年都没男人气味了……

杏坐在边上摇着孩子，表情显得有些甜蜜。

突然，孩子啼哭起来……

外婆对外面喊了声：美兰，奶——

美兰就拿着一只装着牛奶的奶瓶进来，依旧是阴沉着脸，她把奶瓶放到姐姐面前，什么也不说。

杏拿起奶瓶，先朝自己手背上滴了一滴，试试温度，在抱起孩子喂奶。

孩子顿时就不哭了，只管喝奶……

一旁的美兰倒流泪了：姐，你傻呀……你今后拖着这个孩子咋办呀？

杏迟疑了一下，然后比划着：我不想以后。

站在门口的外婆也难过地抹着眼泪。

婴儿大睁着眼睛，看着大人……

（哨音先出……）

83　劳改农场　砖窑厂　日　外

这是犯人进行改造的一座砖窑厂，周围有铁丝网和岗楼和几间办公室。

岗楼上，武警哨兵持枪在放哨。

此刻，管教干部老高，一个五十来岁的男子，正喊着口令：立正！

犯人们一起立正，其中就有李成，他已经完全改变了形象，头发也剃短了，猛一看还差点认不出来。

高管教：稍息！

高管教开始了训话：从今天起，你们在这里接受劳动改造。抟砖烧窑，既是体力活，也是技术活，还能取暖……你们要好好干。按照政府的政策，不是白干，是有报酬的，按劳取酬……

下面的犯人便低声议论开来——

"报酬，能有几个钱啊？"

"那总比白干强吧？"

高管教咳嗽了一下，大家又立即静了下来，他接着说：钱是小事，表现突出的，可以争取减刑。我希望大家好好表现，争取早点出去。回归社会……

他停顿了一下，指着前方的那道铁丝网说：有一点我提醒大家注意，休息的时候离警戒线远点，个别人千万不要动歪脑筋，拿生命冒险，明白吗?

大家齐声喊道:明白!

焦点聚在那面铁丝网上。

84 砖窑厂 车间 日 内

一块泥砖的坯子拓出来……

李成在埋头干活,一脸是泥水。

一个大块头的犯人走过来,问李成:怎么进来的?

李成看了那人一眼,没说话,继续干活。

大块头推了李成一下:老子问你话呢?

李成还是沉默着。

大块头:哑巴了?

这时边上另一个犯人贴着大块头耳边嘀咕着什么……

大块头脸上泛出一丝淫笑:妈的,你连哑巴也搞啊?说说,哑巴是啥滋味?

边上的犯人一齐哄笑着……

一直沉默的李成突然像疯了似的,一头撞向大块头。于是,一阵乱打便开始了,显然,挨打的是李成,他被人打倒在地上,抱头缩成一团,任凭他人拳脚相加……

这时,那位高管教来了,大吼了一声:干什么?

大家这才静了下来。

高管教:干活去!

所有的人都离开了,只剩下李成一个人爬在地上,他已经满脸是血……

高管教看了他一眼,随便问了句:没事吧?

李成低声地:没事……

(暗场)

85 草桥村 河边 石桥 日 外

时间又过去了一段,天气已经变暖和了,春天来了,村口的树又绿了,从谁家的院子里传来了黄梅戏的腔调,那还是一出老戏……

美兰骑着自行车从县城回来了……

字幕：惊蛰

86　杏家　堂屋　天井　日　内

一束阳光从天井里泻下，照着摇篮里的孩子。孩子似乎长大了不少。杏又在给孩子喂奶了，她还是和以前那样，先在自己手背上滴下一滴，试试温度，再喂孩子。

87　杏家　前院　日　外

外婆在阳光下抖着盛着老玉米的簸箕。妹妹美兰骑着自行车回来了。

外婆：今天咋回来了？

美兰嗯了一声，又问：取换洗衣服。我姐呢？

外婆：在屋里给孩子喂奶呢。

美兰没好气地：贱！

外婆叹了口气：别说了，好歹也是条命不是？

美兰进屋去了。

88　杏家　堂屋　天井　日　内

美兰站在门槛上，看着喂奶的姐姐，还是那副厌烦的样子。杏一转身发现美兰回来了，就对她笑了笑，还主动把孩子抱给她看，意思是，你看，孩子长得多好。

美兰还是不屑地哼了声。

那孩子看着美兰，突然小嘴动了起来，感觉是在说话。

杏看见孩子的嘴动了，连忙把脸贴着孩子的嘴巴，但她还是听不见孩子说什么。于是，她就把美兰拖进屋来，激动地比划着问美兰：他会说话了？是在叫"妈"吗？

孩子看着美兰，突然发出了一个"ba"的音节。接着是"baba"。

美兰的表情骤然变了……

杏还是期待着拉拉妹妹的衣服，比划：是在叫"妈"吗？

美兰委屈地对着杏喊了起来：不是！这小孽种喊的不是妈，是爸！

杏一下就楞了……

美兰委屈的流泪了：杏，你遭这么大罪连声"妈"都换不来，你值吗？

这时，外婆进来把美兰拉走了，一边说：咋刚到家就跟你姐吵啊？

杏还楞在那里，看着摇篮里的孩子，再次把耳朵贴在儿子的嘴边，这下，她自己真的是听见儿子在说"爸"。

杏看着儿子，表情一下凝重起来……

89　乡派出所　老刘办公室　日　内

老刘回过头，诧异地看着面前的杏和村长旺叔：你说啥？要去看看他？

杏点点头。

旺叔：怎么劝也不听，就是要去。

老刘还是觉得纳闷：为啥呀？

杏指着怀里的孩子，比划着：不是我要，是孩子要……孩子一直在叫着"爸爸"……

旺叔明白，便"翻译"：她说孩子会叫"爸爸"了。

老刘：当初你可是……

杏比划着……

旺叔"翻译"：她说，桥归桥，路归路，一码是一码。

老刘似乎是被杏这片心打动了，他看了杏很久，才默默点了点头……

90　荻花荡　日　外

警车在荻花荡中的小路上驶来……

91　荻花荡　警车内　日　外

这回是老刘亲自开着警车，面色凝重复杂……

杏坐在后面，抱着儿子。当警车经过那处破窑边，杏情不自禁地往外看着，然后，眼泪默默的淌下了……

老刘也注意到了杏的反应，不禁叹了口气……

（暗场）

92 劳改农场　砖窑厂　日　外

李成和犯人们继续在劳动着，他头上还缠着纱布，沉默着埋头干活。
高管教走来了，喊着：031号，出来。
李成便马上站到了高管教的面前。
高管教：有人来看你了。
李成纳闷地：看我？
高管教：对。洗洗，跟我来。
李成：高管教，您没，没弄错吧？
高管教：快点。
李成：是！

93 劳改农场　会谈室　日　内

杏抱着儿子已经坐在那里等待了。过了一会，李成被带来了，他一见到杏，就在门口愣住了……
杏也有些发愣，眼前的李成额头上还包着纱布，模样完全变了。
他们就这么隔着一张大桌子，面对面地坐着。高管教进来，给各人发一张纸和一支铅笔。于是，他们进行艰难的笔谈。
杏先写着——"这是你儿子"
李成一愣，惊讶地看着儿子……
孩子也好奇地看着父亲……
李成的眼泪已经淌下了……慢慢写下——"对不起"。
杏也感到难过，可为了不让怀里的儿子看见，她磨开了脸……
李成写下——"我可以摸摸他吗？"
杏迟疑了一下，然后写下——"洗手！"
李成便去了一旁的洗脸池，开始用肥皂洗手，他洗得很仔细，眼泪像线一样落下……
这是，杏这才抱着孩子走过来，让孩子的脸凑过去……
李成的眼泪挂在脸上，杏见了心里也不好过，背过脸去。李成轻轻摸着孩子的脸，孩子居然和父亲有一种天然的感应，也看着他，然后，孩子笑了，这是孩子第一次露出笑脸，是那样的可爱，接着小家伙伸出小手去摸父亲的脸……

94　劳改农场　院子　日　外

高管教和老刘在院子里闲聊着。
高管教：我当了二十几年的管教，还是头一回见到这种事……
老刘：我也是……说来也怪，那孩子一见李成，就笑了……

95　劳改农场　会谈室　日　内

孩子还在笑着……
孩子的笑容似乎化解了大人的恩怨，好像他们就是一家子似的。
这时，一个年轻的看守陈警官走过来，意思是：时间到了。
李成把孩子还给了杏。
杏正要出门，忽然想起了什么，又从两个口袋里掏出了十来个鸡蛋，放在了桌子上……
李成的眼睛再次湿润了，看着他们母子离开……

96　劳改农场　门口　日　外

警车驶出了监狱，大铁门咣当一声闭上……
（暗场）

97　天街村　村街　夜　外

天空上，一弯新月……
村子安静了，杏的家还亮着灯光……

98　杏家　杏的屋子　夜　内

一滴牛奶从奶瓶里滴出来，落在杏的手背上，她在试奶的温度，然后开始抱起孩子喂奶。
门开了，妹妹美兰又回来了，她一副很无奈的样子，对杏比划：你还真去看那混蛋了？
杏迟疑了一下，点点头。
美兰还是激动地比划：你贱！

杏摇摇头，比划：我是带他儿子去看他的。

美兰比划：这不一样吗？

杏比划：不一样！

美兰一撇嘴：你简直就是一个……

眼看姐妹俩又要吵起来，突然，外面一声大响，像是什么东西倒了。美兰立即跑了出去，接着就听见她大喊道：外婆——

99　杏家　堂屋　夜　内

只见外婆仰面倒在地上，身上压着一只楼梯，老人显然是被楼梯绊住，摔倒了，簸箕里的玉米撒了一地。

美兰呼喊着：外婆——外婆您咋了？

杏也赶出来，见外婆已经人事不知，就立即把孩子递给了美兰，自己背起外婆往外跑去，美兰也跟了出去……

100　天街村　街边　夜　外

杏背着外婆在奔跑着……

美兰已经喊来了村长等乡亲，他们拖着板车，打着手电在后面追赶着。杏的孩子现在由二香抱着在。

旺叔一边拔鞋一边说：好好的咋就摔着了？杏，你等等——车来了……

杏还是背着外婆一个劲地在跑……

101　天街村　石桥　夜　外

杏还是背着外婆一个劲地往前跑，等跑过了桥，村长旺叔带着人追了上来，正安排把外婆放到板车上。大家七手八脚地把外婆搬到板车上，突然旺叔说了句：回吧……

原来外婆已经停止了呼吸。

美兰一下哭了起来：外婆——

杏怔住了，却还是不相信外婆已经去世了，执拗地要把板车往前拖，但是村长旺叔死死拦住了她，大喊：杏！人没气了！死了！

杏这才腿一软，昏倒下来……

（化）

（唢呐声先出……）

102　村街　日　外

一声唢呐，出殡的队伍过来了。

美兰抱着外婆的遗像走在棺材前面。杏抱着儿子跟在棺材边上。村长旺叔在撒着纸钱……

乡亲们按照传统的习俗走来……

103　天街村　石桥　日　外

出殡的队伍经过桥头，派出所所长老刘和小吴在指挥着交通……

（化）

104　山坡　日　外

一座新坟已经落成。

坟前，只剩下抱着孩子的杏和美兰，她们相对无言……

杏让孩子在坟前给外婆磕头。

那只花狗在边上蹲着，看着她们……

（暗场）

105　天街村　石桥　日　外

几天后的一个上午，远远看见杏送美兰去城里上学，美兰推着自行车，后面还架着一大包行李。杏抱着孩子，那孩子又见大了一些。

到了桥头，美兰站住，对杏比划：姐，你回吧。等我考过了就回来……

杏点点头。

美兰正打算走，忽然想起什么来，就从口袋里掏出一个小银锁，挂在孩子的脖子上：这是我小时候戴的……来，对小姨笑一个？

但是，那孩子就是不笑，反倒哭了起来。

美兰看看杏，比划：你看，你这儿子不向着你呢。

杏也笑了一下，示意让美兰快走。

于是，美兰骑车走了，杏还在桥头站着，目送着妹妹……

过了会，杏又开始逗自己儿子，但那孩子就是不笑，看着杏。

杏看着儿子，她的心声：儿啊，你咋就不对妈开个笑脸呢？

孩子还是不笑……

杏的心声：孩子不能没个笑脸啊！

106　村街　理发店前　日　外

杏抱着孩子走来了。路过理发店前，看见旺叔又在理发，便把孩子递给了一边的二香，自己却把旺叔拉了出来。

旺叔：干啥呢，杏，没见着我在剃头嘛。

杏比划着……

旺叔明白了，却很诧异：你要搬家？

杏点点头。

旺叔：为啥？

杏比划着，她的心声：为了我儿子天天能笑……

107　劳改农场附近山坡　日　外

锯子在拉动着……

这是一片荒地，旺叔正带着几个本村的工匠在这里为杏盖一个临时的草棚子，外带一个养鸡篱笆院子。从这个位置，能看见远处的劳改农场。

原来，杏临时把家安到了这里，同时带来了她的孩子、她的鸡、她的狗。

旺叔一边拿刀破篾一边唠叨：你这死丫头，就是个死心眼，放着好好的瓦房不住，偏要挪到这个荒场子……

杏忙着给大伙倒茶水，很是高兴……

108　劳改农场　门前　日　外

高管教正送老刘出来，门口停着警车。

高管教：……你看，就为这事你还亲自跑一趟，打个电话就行了嘛。

老刘：杏这孩子不容易，心眼又好，不来一趟我还真不放心。

高管教：还真别说，自从上回你带杏来过一趟，031号的表现一直很好呢，这样下去，就有减刑的可能。

老刘：那是好事啊，他要是早出来，杏也少受点罪了……老高，这事您多费心了……

忽然他又想起了什么，从提包里拿出一本书，交给了高管教：哦，对了，这是李成让我捎的，回头你交给他。

那是一本《手语入门》。

老刘说着，他就上车去了，警车开走……

（暗场）

109　山坡　杏的草棚　日　外

草棚已经盖好。虽然简陋，但座落在这山坡上，也是一道独特的风景。阳光下，杏抱着儿子站在草棚面前，满意地笑着……

孩子却茫然的看着劳改农场那边，隐隐约约的能看见犯人们在劳动……

110　劳改农场　砖窑厂　日外

劳改农场这边，李成和一些犯人依旧在劳动，他们都发现了，远处那道铁丝网后面的山坡上，新出现了一座茅屋和一个竹篱笆围成的院子，以及门前晃动着的人影……

李成似乎有所预感，但却不敢深想……

（化）

111　杏的草棚　孵房　日　内

一只鸡蛋在滚动着……接着，一只小鸡破壳而出……

一只只鸡蛋里孵出了小鸡……

杏背着孩子，高兴地看着……

（化）

112　山坡　杏的草棚　鸡场　日　外

大簸箕里，一群嫩黄色的鸡雏在阳光下显得格外精神……

杏的一只手托着一只小鸡，杏那么精心地看着小鸡雏……

杏的鸡场挨着草棚，规模还不小呢。

（化）

113　劳改农场　砖窑厂　日　外

李成又在拓砖坯了，还是和以前那样忙着……

他还是孤单地埋头做事，以前打架的大块头那帮人也不再欺负他了。

外面传来一声休息的哨音，犯人们都放下手里的话，到一边休息，抽烟的抽烟，喝水的喝水，聊天的聊天。

李成独自坐到一个角落，从裤带里拿出那本《手语入门》。显然他一直在暗中学习着手语。

这时，那个年轻的陈警官走过来，拿过他的书，觉得奇怪：看这个有意思吗？

李成支吾着：我，我随便看看……

陈警官把书扔给李成：瞎掰。你们这些人脑子是怎么想的？不干正事……

陈警官走了之后，李成又继续看书。

不一会，高管教过来了，喊了声：031号。

李成：到！

高管教：跟我来……

李成便跟着高管教走了。

114　劳改农场外围　铁丝网　日　外

一道铁丝网横在面前，远远看见，高管教带着李成向这边走来。走到一半路的时候，高管教站住了，朝铁丝网这边指了指——

李成抬头，这才看见在铁丝网那边的一颗树后面，走出来了杏，以及他们的儿子。杏今天穿戴得很整齐，头发也梳理得很亮。那只小银锁在儿子的脖子上晃动着……

李成简直不敢相信自己的眼睛。

高管教：去看看吧，别过那道铁丝网。

李成点点头：谢谢政府……

然后，他低着头向那边走去了。

高管教：抬起头来，犯人也是人啊！

李成便慢慢抬起头来，走向那边……

杏抱着儿子也朝这边走去……

那些放风休息的犯人，也被眼前这幅图景惊住了……

李成和杏在铁丝网面前站住了，李成看着杏，看着那孩子，嘴唇哆嗦着，却说不出话来……

果然，那孩子一见到李成顿时就笑了。

还是杏先"开口"，她比划着：你看，你儿子一见到你……就笑了……

李成就把手伸过铁丝网的空格，颤抖着来摸孩子的脸。

然后，李成又比划着：你干吗要搬到这地方呢？

李成能用手语表达，这让杏很吃惊，也有些高兴，杏比划着：我只想让儿子每天有个笑脸……

李成内疚地低下头，比划：杏，我对不起你……

杏还是背过脸去……

115　砖窑厂　日　外

大块头跟几个犯人也朝这边看着，低声议论着什么……

大块头摇了摇头：天下还有这等事……

另一犯人：哑巴就是死心眼嘛。

大块头回手就给那犯人一耳光，吼道：你再说？

犯人们一下不吱声了。

哨音响了……

（暗场）

116　山坡　杏的草棚　夜　内

偌大的草棚里，陈设十分简陋。月光透过窗户撒在床上，杏带着孩子已经入睡了……

117　监舍　走廊　夜　内

监舍内已经熄灯了。其他几个犯人也已经入睡了，李成却还就着走廊上的灯光，在看那本《手语入门》……

118 杏的草棚　夜　内

忽然，传来了几声狗吠。

杏一下坐了起来，顺手拿起身边的一把镰刀。

过了会，狗吠声停了，杏才慢慢躺下……

119 监舍　走廊　夜　内

李成还在看书。不一会，那位年轻的陈警官来了，很鄙视地看着李成一眼，什么也没说，就随手把走廊上的灯关掉了。

顿时监舍里一片黑暗，李成的形象顿时模糊了……

（暗场）

120 山坡　杏的草棚　鸡场　日　外

杏用镰刀在树上刻着一道痕迹……

（化）

如今，那些小鸡如今已经长大了不少。杏的儿子坐在竹子做成的小推车上，和边上的花狗在玩着……

（化）

杏在喂鸡……

（化）

当太阳光线与那树上的那道痕迹完全吻合时，杏一下想起了什么，连忙解下围裙，抱起孩子……

这是她探视的时刻到了。

（哨音先出……）

121 劳改农场　砖窑厂　日　外

哨音响起……

高管教在吹着哨子。犯人们又到了休息的时刻，各自找乐去了。

李成朝铁丝网那边看了一眼，没有见到杏，似乎有些失落，又蹲到一边看那本《手语入门》去了。刚翻两页，忽然听见了狗叫，再往那边看，杏带着孩子来了，那只花狗跑在前面……

李成眼睛一亮……

犯人们也开始哄笑起来，大块头说：瞧瞧，谁来了？

李成似乎有些不好意思。

高管教走过来，对李成说：去吧。

李成这才迈开了步子……

122　劳改农场　铁丝网边　日　外

李成在摸着儿子的脸蛋，高兴得不行。

杏比划着：他重了八斤。

李成点点头，比划着：你辛苦了……

杏比划着：我是他娘呀。

李成又比划：晚上睡觉记着把门关好。

杏比划着：我知道……

接着，李成从口袋里拿出了一个小纸盒子，交到了杏手里。

杏有些诧异，比划：这是啥？

李成便将纸盒子打开，原来是一只助听器，他比划着：这是助听器，你戴上它，就能听见一点声音……

杏很诧异，比划着：你哪来的钱啊？

李成也比划着：我这个月的工资呢。我最高。政府说，表现好还会减刑……

杏不明白：减刑？

李成比划着：就是早点放出来。

说完，便帮杏将助听器戴上了。

李成又哄着孩子：儿子，叫妈妈，叫！

那孩子看着杏，果然就叫出了一声"妈妈"。

杏一下就听见了，眼泪顿时涌出来，把儿子抱得紧紧的……

这时，哨音又响起来了……

（暗场）

123　劳改农场监狱　日　外

戒备森严的监狱，远远可以见到岗楼上持枪站岗的武警……

字幕：秋分

124　劳改农场监狱　高管教办公室　日　内

这里已经坐了几个人，有警察，也有法院的人员。
李成进门，立正站好。
一名戴眼镜的法官打开文件夹：031号，鉴于你在劳改期间的良好表现，政府决定对你实施减刑……
李成激动地竟用手语比划：谢谢政府……
法官有些困惑，看了看高管教，这是啥意思？
高管教咳嗽了一声，意思是提醒李成不要用手语。
李成这才意识到自己失态，鞠躬，说：谢谢政府宽大！

125　劳改农场　铁丝网外　日　外

李成流利的手语在杏的眼前比划着：我减刑了！
杏也显得特别高兴：减刑了？
李成继续比划着：减掉了一年半。
杏比划着：哦，那，那等儿子会走路的时候，你就能回家了？
李成感动地：回家……
他情不自禁地哭了起来。
杏用力捶了他一下，比划：这是好事，你哭啥？
李成抹掉眼泪，又显出了生硬的笑……
孩子也笑了……

126　劳改农场　砖窑厂　日　外

这边，大块头等几个犯人凑在一起抽烟休息，看着远处的李成他们。
大块头：听说了吗，031减刑了。
另一犯人：这小子，什么都顺了……
这时，边上的一辆货车刚刚驶到——这是王三宝的车，今天是给砖窑厂送煤来的。他正准备从驾驶室下来，无意中就瞅见了远处的杏抱着孩子，正笑着和李成比划着……
王三宝顿时就很气恼，气得把方向盘一拍，汽车喇叭突然就一响。

那位陈警官便走了过来：抽什么风啊？

王三宝跳下车，堆着笑脸：不好意思，无意中碰到了……

陈警官拿出哨子一吹：干活了！来两个人，把这车上的煤卸了。

王三宝还在暗中看着正往这边跑来的李成，自语：妈的，他们倒凑成了一家子……

（暗场）

127　山坡　杏的草棚　夜　外

夜幕降临，远远看见山坡上杏的草棚亮起了灯……

128　杏的草棚　夜　内

杏点上了马灯，吹灭了手里的火柴。接着，她就在翻看着日历，其中九月的某一页被她折起来，这显然就是李成出狱的日子。

杏扳着手指算着，也就不到一周的时间了。

这时，外面的花狗跑了进来，摇着尾巴。杏有些迟疑，然后她就看见了赶来的妹妹美兰，便一下愣住了……

美兰喊了声：姐，我考上了！

杏因为戴上了助听器，所以听得真切，一下扑向美兰……

姐妹俩拥抱着，哭泣着……

摇篮里的孩子在吸着手指头，左顾右盼，看着两个大人……

129　天空　月亮

连绵起伏的山峦上，悬挂着一轮即将要圆的月亮……

130　监舍　夜　内

躺在地铺上的李成睡不着，望着窗外的月亮，手里也在掐算着出去的日子……

131　杏的草棚外　夜　外

夜已经深了，草棚里还亮着灯光……

那只花狗蹲在门前，警惕地看着外面……

132 杏的草棚 夜 内

姐妹俩躺在床上,美兰帮杏把助听器弄好,但她们之间还在用手语进行着交谈。

美兰:你能听见吗?

杏点点头,比划着:能听见一点点。

美兰:他几时能出来?

杏:还有六天。

美兰:那以后呢?

杏:以后?

美兰:你没想过以后?

杏:我不想以后……

美兰不想再说什么,她的心声却在说:也许,这就是命吧……

杏从枕头套里拿出一个布包,里面是当初李成赔给她的那一万元钱,她交给美兰,比划着:这是一万元钱,你留着上大学用……买几件好看的衣裳……

美兰流着泪,摇着头,把那钱推了回去。

杏还是把钱按到了妹妹手里,比划:你一定要考上大学,将来,好教我儿子……

美兰点点头,她抱着姐姐,像孩子一样闭上了眼睛……

杏把马灯拧小了……

(暗场)

133 砖窑厂 日 内

几天后的一个下午,李成还和以前那样在拓着砖坯。边上的大块头走过来:哎,老李,没几天就出去了吧?

李成有些激动:还有三天。

大块头:恭喜呀。

李成:你也快了……等你出去,我就办喜酒,到时候你一定得来。

大块头:还办喜酒?儿子都能走路了……

李成:那也得办。

134　劳改农场　砖窑厂　日　外

高管教和陈警官走来，一边说着：我到局里开个会，这里你盯一下。

陈警官：好。

高管教临上车之前，从口袋里把哨子摸出来，交给了陈警官。然后，他就开车离开了……

陈警官脸上现出一丝傲慢：多大岁数了，还不退？

他也离开了。

135　杏的草棚　鸡场　日　外

杏在鸡窝里收着鸡蛋，那些鸡已经长大了。忽然间一只公鸡又骑到了母鸡身上，杏下意识地急忙脱鞋，但想想又把鞋穿上了。

然后，她看着那棵树上的阳光影子，又落到那道痕迹上，便站起来解下围裙，提着鸡蛋，向屋里走去……

136　杏的草棚　日　内

杏刚进门，突然就被门后闪出来的一只大手捂住了嘴巴，她手一松，篮子里的鸡蛋落到了地上——

鸡蛋全都碎了！

杏挣脱了那只脏手，这才看清，原来闯进来的男人竟然是她的前夫王三宝！她一时手足无措……

王三宝凶狠地：你这不要脸得死哑巴，跟强奸犯搞出了这么个孽种！

说着，就抬起脚，想将摇篮蹬翻，杏一见王三宝欺辱她的儿子，便急忙冲上前去，一头撞向男人。

王三宝踉跄了两下，又把杏扑倒在床上：老子操了你五年你没动静……老子今天就操死你！

摇篮里的孩子在哭……

院子里的鸡在飞……

门口的狗在吠叫……

眼看一场暴力侵犯即将发生，杏在和王三宝扭打着，她仿佛听见了远方的哨音……

137　砖窑厂　日　外

陈警官在吹着放风的哨子……

犯人们纷纷走出来,到不同的位置休息。李成还是向铁丝网那边看着——今天他没见到杏的身影。于是,他便有些纳闷,也有些担心,自语:病了?

陈警官正好路过,便站住问:你说什么?病了?谁病了?

李成莫名有些紧张,敷衍着:我就随便一说……

陈警官冷漠地:这里能随便说吗?

李成不敢吱声了。

陈警官走后,李成还楞在那里。突然,他仿佛听见了远处来自杏那边的狗吠……

138　杏的草棚　鸡场　日　外

那只花狗在门前狂吠不已……

鸡在飞……

139　杏的草棚　日　内

杏还在王三宝搏斗撕扯着,这家伙显然要实施强暴……

孩子在摇篮里哭着……

院子里的鸡飞狗跳,乱成了一团……

140　砖窑厂　日　外

这边,李成越发觉得不对头,睁大眼睛看着铁丝网那边的山坡——

他看见门前的狗在跑动着,在叫……

他看见鸡场里的鸡正纷纷从竹篱笆里飞出来……

接着,他注意到了停在草棚后面的那辆货车……

李成担心地:出事了!

但是,这时哨音再次响起,放风已经结束。犯人们全都从四面走向车间,准备干活,只有李成还站在原地看着远方。突然,他跑起来了——此时的李成完全忘记了自己的身份,他只记得自己是杏的男人,他要去保护自己的女人，他越跑越快……

后面传来了那个陈警官严厉的喊声：031 号，站住！

李成仿佛成了聋子，他根本听不见，他要越过那到近在咫尺的铁丝网，他要去救自己的女人……

他的脚下越来越快，简直像风一样！

后面的声音继续在喊：站住！

141 杏的草棚　日　内

杏的衣服已经被王三宝扯破，她也挣扎得没有力气了，但她的手触及到了那把镰刀……

杏拿起刀，猛地一挥，只听王三宝"啊"的一声惊叫……

142 砖窑厂　日　外

李成还在奔跑……

岗楼上的武警也在喊：站住！

但李成根本就听不见，他已经接近了那道铁丝网，正欲翻越……

突然传来了一声枪响！

银幕出现五秒的黑片。

黑片之后，是静的让人发怵的空镜，仿佛一切都已宣告结束。那道铁丝网依旧横在眼前，镜头慢慢升起，似乎是在替李成翻过了这道人间屏障，去接近远方无限凄美的秋色……

天空上，几只鸟在无声地飞着，不知飞向哪里……

寂静之后，我们听见了沉闷的鼓声……

片尾曲渐渐响起……

演职员表自下而上……

2010 年 5 月 21 日　北京
2011 年 7 月 2 日改定

纸·盒子
——根据作者有关小说改编

1 某城市·街道·外·早晨

这是一个拥有轻轨的现代都市。我们的故事与这项交通工具有关。故事开始的时间是在初秋季节。

在阅读剧本时,请注意两种字体的变化。宋体字,表示未来的影片画面是彩色的,拍摄方式以轨道、摇臂等辅助摄影器械居多,画面强调造型感。如果是楷体字,那么即表明黑白,拍摄方式以手持为主,有一种随意性的纪实手法。这将是一部彩色与黑白交错进行的影片。而且,长镜头的拍摄会很多。

随着镜头的渐渐升起,一列轻轨从我们眼前驶过……

2 轻轨车厢·内·早晨

一只戴着卡通手表的手,抓着套环。

这是一个年轻的姑娘的手,她的年纪大约二十四岁,穿着随意,但很有味道,当然人长得也不难看,甚至称得上漂亮。她叫楚翘,一个刚刚毕业的硕士研究生。她同时也是这个故事的叙述人之一。此刻,她正在用手机发短信——

今天加班,别烦我。

轻轨转弯,向纵深驶去……

3 崇文寓所·卧室·客厅·厨房·内·外

床头柜上的闹钟刚走到八点,立即闹了起来……

一个男人的手从被子里伸出来,将闹钟按停。接着他便利索地起床了,他叫马崇文,一个四十来岁的男子,干瘦,毫无精神的形象与这间杂乱无章的房子倒是很协调。

崇文的寓所感觉是一个破旧的大房间改造的,所谓卧室和客厅以及厨房,其实是连成一体的,中间用书架隔开,书架上堆着不少书,但是整个房间显得寒酸,你一眼就能看出,这是一个混得极不如意的男人。

崇文从床上下来,然后是一系列的动作:拉开窗帘、穿好衣服、跑进卫生间撒尿,接着就是刷牙洗脸……

最后,他夹起一只和他本人一样没有精神的公文包,从冰箱里拿出一块冷馒头,出门了……

这几乎就是一个长镜头。

4　轻轨·车站·外·日

随着车站广播的声音,轻轨列车驶进了某一站……
旅客们上下车。

5　轻轨·内·日

轻轨列车在关门的瞬间,崇文挤上了车,与此同时把最后一口馒头塞进嘴里,硬咽了下去。列车开动了……

刚才车上那个叫楚翘的姑娘,现在已经有座位了。她还在低头发她的短信,从表情上看,那应该是一些比较暧昧或者搞笑的内容。

崇文挤到了楚翘的边上,拉着套环。他的神情还是无精打采。

很快,他就注意到,面前这个姑娘头发上有一片纸,他下意识地想把它拿开……但这时楚翘的头歪了一下。他终于还是没有把它拿掉,反倒有点尴尬,把目光虚了。

楚翘回头了,看了崇文一眼,接着就没有再看。

确实,像崇文这样的男人不需要多看。

一声汽笛中,轻轨驶远了……

(暗场)

6　某公司·电梯·内·日

电梯的数字在变换着:5、6、7……

电梯里没有别人，只有楚翘，她还在发着短信。

等到了第十层，停住了。一个相貌端正、衣冠楚楚的男人上来了。他叫王一平，四十多岁，是某公司的一位部门经理。

电梯继续上行：11、12、13……

王一平很快就发现了楚翘头上的那片纸，于是就顺手把它取下了。

楚翘有些吃惊地回头。

王一平把那片纸给她看：你头发上夹了片纸。

楚翘勉强笑了一下：谢谢。

然后继续发她的短信……

王一平：你是新来的小楚吧？

楚翘有些意外……

王一平微笑着：我看过你的档案。我叫王一平。

楚翘尴尬而激动地：是你啊，王主任！您出差回来了？

王一平点点头……

7 某机关·办公室·内·日

一把钥匙插进锁孔，轻轻将门打开，这是马崇文。接着，他就打开电脑，开始加班赶写材料。他一边忙着，一边嘀咕：不就是个总结报告嘛，非得让我加班……

正忙着，忽然他听见了手机声。于是他拿出手机，接听：喂？

手机铃声还在响着……

崇文这才明白：哦，不是我的……

手机铃声一直在响……

崇文便起身，闻声寻过去，于是就这样走进了里面那间办公室——那是吴局长的办公室。

桌上的手机在吴局长的照片镜框下响着，还带着一点震动……

崇文拿起手机，正准备说话，但是手机铃声没了。

崇文看着手机，自语：这不像是局长的手机啊？

这时，外面的门突然开了——

一个年纪五十开外的男人匆忙进来，他就是手机的主人吴局长。显然，他是赶着来拿这部手机的，但它现在却拿在崇文的手上。

两个人都有点不自在。

还是吴局长先故做轻松地：小马，怎么星期天还来单位啊？

崇文有些紧张：哦，吴局长……我，我来加班赶材料……

吴局长拍拍崇文的肩膀：你辛苦。

崇文：我听见手机响，就……这是您的吧？

吴局长：对，忘了拿……

说着，他就接过了手机：行，你忙吧。

说着，他就打算离开，走到门口又停住，没有回头说：小马，有人打这个手机吗？

崇文：响了一阵铃，我刚拿起来，就没了……

吴局长：哦，还真巧啊……

然后，他就离开了。

屋子里就只剩下崇文了。他突然意识到，自己犯了一个错误，他的心声：这是什么意思？

他的旁白：10月4日，晴。星期天。一早赶到单位加班，外面的天气很好……可我遇见了一桩倒霉的事，我真不该去碰那部手机，吴局长肯定认为我看了里面的什么内容，他肯定会这么想……

（暗场）

8　王一平家·客厅·餐厅·内·夜

王一平的家是一处挑高的屋子，用钢材搭建着复式结构，有一种居家和工作室一体化的感觉。窗外不时有闪电，一场雨眼看就要来了。

镜头从楼上一群服装裸体模特开始，摇出王一平的妻子刘蔓，她是一个三十五岁的服装设计师，相貌端庄，有这个年纪的女人特有的丰韵，此刻她正在给模特"穿"衣服，其实就是把布料别在她们身上。

从这个位置，可以看见下面的餐厅。王一平正把一份汤端上餐桌。

王一平：吃饭了。

刘蔓：我这就好。

说着，她就从楼上下来了，先去厨房洗了洗手，再回到餐厅里。夫妻俩就这么对面坐着边吃边聊。

刘蔓：见到那女孩了吗？

王一平有些困惑：女孩？

刘蔓：就是那个小楚。

王一平明白过来：哦，见到了。

刘蔓：感觉怎么样？

王一平：看上去还精明……不过以后这种事你可别再揽了。

刘蔓：你以为我愿意啊？我这也是还许校长的一个人情，要不安排好他的外甥女，咱们儿子能上那么好的寄宿学校？光"择校费"就得五万。

王一平笑了笑：正好是他外甥女一年的工资。倒还算公平交易。

刘蔓似乎想起了什么，忙从边上一个架子上拿出一只装衬衣的盒子：明天上班穿这个，今年最新的男款。

王一平打开盒子——里面是一件很别致的衬衣。

9　崇文寓所·卧室·厨房·内·夜·雨

冰箱门打开，崇文从里面拿出了一只碗面，接着就拿起暖瓶来冲，但是暖瓶已经空了，他只好去厨房重新烧水。水壶刚放上，外面的闪电就更加强烈了，一会儿，窗户的玻璃上就有了雨点。

煤气灶上的水壶在煮着……

崇文捧着碗面，坐在小马扎上，他的表情还是那样的沮丧，显然他还在想白天办公室发生的那件倒霉事。

闪回：吴局长似笑非笑的脸：哦，还真巧啊……

崇文很是纳闷：这是什么意思？他怀疑我偷看了他的手机？

一声轻雷，转移了崇文的注意力，窗外，下雨了……

10　崇文寓所·外·夜·雨

大雨笼罩着那座灰色的旧楼，闪电中可以看见墙上用红漆写着几个打字"拆！"。也就是说，这是一座即将拆迁的房子，所以没有几户人家的窗口亮着灯光……

一辆出租车从远处驶来，在这座旧楼前停下了。下车的是一个穿风衣的男人，我们看不清他的脸，但能看清这人手里提着一只盒子。

他付了车费，连忙向楼里跑去。

11　崇文寓所·卧室·内·夜·雨

　　崇文在吃面，就着一碟榨菜。他差不多要吃完了，还哽咽了一下，伸了伸脖子。

　　从房顶漏下几滴水正好落在他的碗里，还溅出了水花，弄到了崇文脸上。

　　崇文看看房顶，破损的天花已经湿了一片，正往下漏雨。

　　崇文赶紧放下碗面，找出一只脏脸盆去接漏水。

12　崇文寓所·楼梯·走廊·内·夜·雨

　　刚才下出租车的那个男人正走在楼梯上，镜头跟着他的脚和手里的那只盒子……

13　崇文寓所·卧室·内·夜·雨

　　雨水滴答滴答地落到了脸盆里……

　　崇文的心声：屋漏偏逢连夜雨，说的就是我……

　　这时，门被推开了——刚才那个男人已经站到了门口，他叫李全，年纪和崇文相仿，但看上去比崇文年轻而精神。他们是小学同学。

　　崇文愣了一下，竟然一时没认出来。

　　李全一笑：马崇文！

　　崇文这回认出来了：李开运？

　　李全递上名片：我现在叫李全。

　　崇文看着名片：行啊，都当大老板了……

　　李全随手拿了张报纸垫到沙发上：谈不上，谈不上……

　　这个细节还是被崇文发现了，他脸上虽然微笑着，但心里却在说：知道嫌弃我了，可三十年前我就开始讨厌你了……

14　小学教室·内·日（回忆）

　　县城小学教室，同桌的崇文和李全那时都是八岁的男孩，他们正在听老师讲课。崇文很认真，李全则低头折着纸鸟，鼻涕还流了出来。

　　崇文嫌弃地看着李全，下意识地把座位挪开了一点。

老师发现了，叫了一声：李开运！

李全一惊，鼻涕立即吸进了鼻孔：到！

15　崇文寓所·卧室·内·夜·雨

崇文把一杯茶递给了李全：来，开运。

李全：叫我李全。

崇文：干脆我叫你李总吧。

李全：咱们之间可不兴这么叫……崇文，我这次来，是请你帮我的。

崇文有些意外：你什么意思？

李全：我呢，这几年公司多开了几个，缺人手，最缺贴心的哥们，所以我想请你过去帮一把，年薪暂定三十万，怎么样？

崇文更加意外：你想让我辞职下海？

李全：辞职怎么了？放心，我先替你把后半辈子的养老保险买上。

崇文：这，这事太突然了……你容我考虑考虑……

李全：行。我明天回南边，下个月再来。要是你想好了，咱们就把合同做了。

崇文：明天就走啊？

李全起身：没办法，董事会着急开会。哦，对了，这个盒子我先放你这儿，下回来取。

说着，就把盒子架到衣柜上。

崇文：这东西不金贵吧？

李全：就一玩具。

镜头给到盒子上，它看上去很普通，却还是感觉有点神秘。

（暗场）

（轻轨运行声先出……）

16　轻轨·车厢·内——外·日

轻轨驶过……

镜头还是自套环而下，那是崇文的手，干瘦，慢慢滑落着，似乎怎么抓都不是很紧——原来，崇文在打着瞌睡，这个心事重的男人昨夜没有睡好。

车厢轻摇了一下，崇文一个趔趄，险些撞到了边上坐着一个男人身上。

　　崇文：对不起……

　　那人放下报纸——他是王一平。

　　王一平看了崇文一眼，没有回答，继续看他的报纸。他今天果然就穿着妻子给他买的新衬衫，一边还理着袖子什么的，还顺便往嘴里放了一块口香糖，慢嚼着，并朝外看了看……

　　轻轨驶过之处，城市的风景很美。

17　某公司·写字间——王一平办公室·内·日

　　电话在响……

　　一只手拿起话筒，这是王一平：圣达贸易公司……

　　透过外面写字间的玻璃墙，可以看见他一边接电话，一边还在整理着自己的新衬衣。

　　楚翘拿着一份文件，由外面走进了里间……

　　楚翘：主任，这份合同您看一下。

　　王一平：好。怎么样，刚到公司，是不是不太习惯啊？

　　楚翘：还行吧。

　　王一平：有什么不适应的方面吗？

　　楚翘：就是每天按时上班，有点困难。

　　王一平："上班族"可都这样，朝九晚五的。

　　楚翘：我学着适应吧。主任，您这件衬衣不错啊。

　　王一平：哦，是我老婆买的。我的东西都是她一手操办。

　　楚翘：你太太眼光不俗……主任，还有事吗？

　　王一平正打算说话，但这时电话响了，他拿起电话……

　　楚翘的心声：很快我就发现，王主任有一个习惯，凡事爱提老婆。这是一个日子过得很滋润的男人……

　　她离开了，把门带上。

18　某机关·办公室——局长办公室·内·日

　　一只手在轻轻敲着吴局长办公室的门——这是马崇文。他显然还是因为昨天那件倒霉的事情而来的。

里面传来了吴局长的声音：进来。

19　某机关·局长办公室·日·内

崇文推门进来：局长。

吴局长鼻子上架着老花眼镜在办公，看着文件什么的。见到崇文他只是"哦"的一声，一点也不尴尬，似乎昨天没有发生任何事情。反倒尴尬的是崇文了。

崇文把一份文件放到局长面前：局长，这是上个月的工作总结，请您过目。

吴局长：放这吧。

崇文没有走，似乎还有话说。却一时不知道怎么开口，他心虚而紧张。

吴局长这才抬眼：还有事？

崇文支吾着：吴局长……昨天，我是来加班的……

吴局长：哦，我看见了，加班很辛苦。

崇文：不辛苦……您辛苦……

吴局长又抬起眼，那意思是：你什么意思？

崇文慌了，口齿也变得不伶俐：不不，我是说……我昨天确实是来加班的，赶这份材料的，碰巧您的手机响了，所以……我刚拿起来……

吴局长打断：你刚拿起来它就不响了，对吧？

崇文：对，对……

吴局长：这你不是已经说过了吗？

崇文更加紧张了……

（暗场）

20　崇文寓所·客厅·厨房·内·夜

煤气灶点上……

崇文下班回来，顺手买回来的蔬菜、手纸、洗发水之类的东西。他熟练地收拾着，一边烧水。

然后，他就坐在小凳子上开始摘菜，摘着摘着，眼睛又分神了。

崇文的内心独白：10月6日，晴。昨天下了一夜的雨，今天晴了。可我心里还一直是阴天，那块不散的阴云，就是局长那张似笑非笑的脸……他肯定认为我偷看了他手机……看来，这地方我是不能继续呆下去了……

21　崇文寓所·卧室·内·夜

抽屉打开，崇文从里面翻找着一些杂乱的名片，找出了李全的那一张。他开始按照名片上的电话给李全拨打电话，但所听到的回答是——"你所拨打的电话已经关机。"

崇文很无奈地躺到了床上。这时，他注意到了放在衣橱顶上的那个李全留下的纸盒子。他便起身，把那只盒子取下来。盒子完全被胶带封住了，他摇晃了几下，又放了上去……

外面，炉子里的水开了，鸣叫起来……

他又赶了出来……

这还是一个长镜头。

（暗场）

22　某写字楼·大厅·电梯间外·内·日

上午，楚翘背着大挎包进门，直接朝着电梯间走去。忽然她看见电梯的门正要合上，便叫着"等一下！"

一面跑了过去，挤进了即将关闭的电梯间。

门一关上，就听见楚翘说：主任，是您啊！

23　某写字楼·电梯·内·日

上升的电梯，不断变化的楼层数字：6、7、8……

今天电梯里就只有楚翘和王一平两个人。他们都是来加班的。王一平今天又换了一条领带。

楚翘：主任，你这条领带肯定又是你太太买的吧？

王一平笑了笑。

楚翘：主任，问你一个私人问题——你和太太是怎么认识的？

王一平：怎么想起来问这个？

楚翘：也就是随便问问——正好电梯里没人嘛！

王一平：我和太太，就是在这样的电梯里认识的。

楚翘：电梯里？那肯定很浪漫，赶紧跟我说说！

王一平紧了紧领带。

楚翘的话外音：这个男人一定是把与太太的恋爱当作了这辈子最有成就感的事情……

24 某电梯间·内·日（王一平的回忆）

楚翘的画外音：后来我知道，他和太太是在十一年前认识的，就在这样的电梯里。那也是一个星期天的上午，只不过，那一次电梯是由上往下……

电梯闪现的楼层数字：35、34、33……

电梯里只有王一平和他的妻子刘蔓。那时候他们都很年轻。

王一平一眼就注意到刘蔓的头发上有一片纸屑。

电梯不时停一下，但是却没有一个人上来。

他们就这么默默站着，偶尔偷偷看一眼，又立即避开。

电梯楼层的数字一直在变化着：28、27、26……

王一平似乎想伸手把姑娘头上那片纸屑拿掉，但是，还是觉得冒昧。

电梯楼层的数字还在变化着：21、20、19……

王一平咳嗽了一下，刘蔓回了一下头。

王一平终于鼓足了勇气，说：小姐……你头发上有片纸屑……

刘蔓觉得奇怪：纸屑？

王一平：对……我能帮你把它拿掉吗？

刘蔓对着电梯的镀镍镜面察看着头发，但是她看不见。

王一平：在这……

说着，就伸手把那片纸屑从头发里慢慢拿出来，很有点费劲似的。

王一平把那片纸屑放到刘蔓手上：没弄疼你吧？

刘蔓有点羞涩：没有……谢谢啊。

电梯忽然又停了，他们到达了一层，一起走了出来……

两人一边走着一边微笑着交谈，走到门外，又想起了交换名片什么的。

25　某写字楼·电梯间外·走廊·内·日

电梯门打开，这次走出来的是王一平和楚翘。

楚翘：后来呢？

王一平：后来我们就说上话了，然后就交换了联系方式……

楚翘：再后来呢？

王一平：再后来我们就结婚了，一结婚就有了儿子……

两人渐渐向远处走去……

楚翘的话外音：他说，当时要是他不主动去把那片纸屑拿下来，那么电梯一停，他们就各奔东西了。他还说，当时刘蔓正在和一个牙医谈着恋爱，他如果不及时出现，一切都将是另一个样子。天呐，人生的这件大事，就这么不经意地让一片纸屑搞定了……

（暗场）

26　郊外公路·海边·外·日

汽车行驶的主观……

这是一条环山公路，可以看见山下便是大海。和喧闹的城市相比，这里显得分外安静，没有多少行人。

车上坐着的是吴局长和秘书小何。显然，他们又是来偷情幽会的。

局长开着车，小何坐在边上，一边把一根香蕉含在嘴里，突然咬断了，她显然是联想到某种熟悉的细节，不禁笑了起来。

局长似乎是明知故问：你笑什么？

小何不答，把剩下的半截香蕉塞到局长嘴里……

汽车弯曲着向前开去……

27　海边·坡下·外·日

局长的车停在近处，远远看见他和小何挽着手在散步。

小何：什么时候跟你老婆谈啊？

局长：谈什么？

小何：你说谈什么呀？还装！

局长：咱们现在这样不是挺好的嘛！

小何撒娇地：我不！我可不想一辈子跟你玩地下！

局长：这是地下吗？你看这天是多么蓝，海多么蓝……

小何：你别闲扯好不好？

局长：这不是闲扯，是现实。眼下，我的情况你不是不知道，这回市里调整班子，我有可能……

小何：我才不管什么班子不班子呢！我就要你！就要！

说着，她把手里装有香蕉皮的垃圾袋扔到了坡下。

坡下。那袋垃圾正好落在一个男人的头上，这个人是崇文。他吓了一跳，立即冲了上来，说：谁这么缺德啊！

崇文一露头，就看见了坡上的长椅上，坐着局长和小何。

崇文傻了！

小何立即回到了车上。

崇文尴尬地：局，局长……

局长走过来，带着阴险的微笑：小马，这么巧啊？

崇文尴尬地：是巧……局长，我在等一个老同学，给他送东西……

说着，他拍了拍手里的那只纸盒子。

局长冷笑着走开了，上车。

局长对小何说：看见了吧，昨天拿手机的就是这个人……

小何惊讶地：什么？那他是不是看见里面……

局长：闭嘴！

说着将车开走……

远处的崇文更加紧张起来。

（暗场）

28 崇文寓所・卧室・内・夜

崇文在用笔写日记……

他的心声：10月26日，星期天。好不容易联系上了李开运，他又来了，约好了今天上午到海边把这个盒子给他。可是等了半天也没有见到人，最后却撞见到了鬼……

他生气地把钢笔摔在桌子上，抽烟。

然后又开始给李全打电话，这次，电话里传出来的竟是：用户已欠费停机。

崇文气得把手机扔到了床上。

29　王一平家·楼上·客厅·内·夜

一块时尚的花布搭在了时装模特上。这是刘蔓。她一边用别针别着布，一边对画外的人说：怎么样？

画外是刚来的楚翘，手里还拿着饮料：我觉得挺好。蔓姐，干脆我辞职跟你学服装设计好了。

刘蔓：怎么，在老王那里干得不舒心？

楚翘：没有没有，我是觉得你这工作有趣。

刘蔓开始为丈夫熨领带，一边说：人都是这样，自己的未必喜欢。喜欢的都是别人的。

楚翘忽然想起什么来，就问：蔓姐，你跟王主任真是在电梯里因为一片纸认识的？

刘蔓觉得意外，一笑：这人，总爱说这些陈芝麻烂谷子的事。

楚翘：我觉得特别浪漫啊！

刘蔓：还浪漫呢……

正说着，她的手机响了。

刘蔓看了一下手机号码，却把它按了。

楚翘：你怎么不接啊？

刘蔓：号码不熟悉，不想接。

楚翘觉得怪怪的，却又不便多问什么。

刘蔓：小楚，你今天来，没什么事吧？

楚翘：没有。我就是随便串串门。

刘蔓：谈对象了吗？

楚翘：没呢。

刘蔓：不会吧？

楚翘笑笑：前一个分手才两个月，得歇会……

刘蔓：这还差不多。

这时，刘蔓的手机又响了，她拿起电话，走到了门外。听不见她在说什么，但从表情上看，她有点儿生气。

楚翘似乎明白了点什么。

（暗场）

30　地铁站·外·日

翌日一早，马崇文和往常一样来赶轻轨了。他一边走一边打手机：喂，请问你们李总在吗？

对方的声音：李总出国了。

崇文：那他什么时候回来啊？

对方的声音：不知道。

31　轻轨车厢·内·日

一列轻轨刚刚驶出站台……

车厢内，马崇文又与王一平遇上了，后者还是坐着，而前者也就站在他边上，情形与上次十分相似。

他们彼此对了一眼，之后就再也没有说话了。

32　某机关·走廊·内·日

走廊里没有人，就崇文慌张地走来，路过洗手间，便赶紧走了进去。

33　洗手间·内·日

洗手间里也没有人，崇文放下公文包，准备小便。这时，听见大便间里发出"轰"的一声水响，接着，就走出了吴局长。

崇文讨好地：局长，是您啊？

局长冷笑着：怎么，连我上厕所你也跟着啊？

崇文连忙解释：局长，您真是误会了！那天我真是碰巧……

局长打开水龙头洗手：你总是碰巧……

然后他扯下纸，使劲擦了擦手，把纸团扔到了垃圾桶里，走了。

崇文端着裤子，小便半天也无法解下来。

倒是那只没关紧的水龙头一直在滴着，滴着……

（暗场）

34　崇文寓所·外·夜

那座即将被拆迁的楼房，仿佛只有崇文的房间亮着灯光。
夜似乎已经很深了。

35　崇文寓所·卧室·内·夜

崇文在灯下写日记……

他的心声：11月9日。多云。一直和李开运联系不上，我想他出国也该回来了。我后悔自己那天晚上没有及时答应他，我得尽快离开这个单位……

他点了一纸烟，接着写……

心声继续：每天一见到局长那张似笑非笑的脸，我都害怕，真的害怕……

他放下钢笔，合上日记本，目光再次落到了那只纸盒子上。

崇文看着，想想又把它取了下来，放到了桌子上。

然后，他从抽屉里拿出剪刀，迟疑了片刻，最终还是决定把这盒子打开。

剪刀剪断了封口的胶带，里面还是一只盒子。

于是，崇文又将这个盒子打开。结果里面是第三层盒子。

崇文纳闷了，但是，他也更加好奇。他终于打开了第三层盒子，里面便呈现出一个东西——

那是一把六四式的手枪！

崇文大为惊讶！

（火车声先出……）

36　轻轨·外·日

轻轨的车轮呼啸而过……

37　车厢·内·日

崇文站在车厢里，目光呆滞。

他眼前总是出现着那把手枪……

突然，一把枪抵上了他的腰间，接着听见一个声音：别动！

崇文吓了一跳，原来是一个孩子用玩具手枪在顽皮。那孩子的妈赶紧过来：对不起啊，先生……

接着就教训那孩子了。

又一站到了，他面前的一个座位的客人起身下车，但崇文却还恍惚着，没有及时坐上去。这时，后面一个人挤上来，坐到了那空位上——这是王一平。

他对崇文看了一眼，然后，例行看起报纸来。

38　轻轨·外·日

轻轨向着纵深方向驶去……

39　公司食堂·内·日

这是公司员工食堂，看上去很不错，午餐时分，员工们都在用餐。

在一个靠近窗口的位置上，楚翘和王一平也在对面坐着用餐，一边交谈着。

楚翘：主任，再问你一个私人话题。

王一平：说吧。

楚翘：你和太太结婚十年了。这十年里，除了太太，你还爱过别的女人吗？

王一平对这个问题显然有些意外，但回答却很坚决：没有。

楚翘：说实话哦。

王一平：我们日子过得好好的，我怎么可能会爱上别的女人呢？

楚翘：那我再问一个问题——你太太除了你，爱过别的男人吗？

王一平：她也不会。我想是的。

楚翘迟疑了一下：这太奇怪了。

王一平很不明白：奇怪？这奇怪吗？

楚翘端起自己的盘子离开了。

王一平却不以为然地笑了笑：现在的年轻人啊……

40　某机关·崇文办公室外·走廊·内·日

崇文也在吃着盒饭。他刚吃完，出门把空盒子放进垃圾桶里，他仿佛听见主任在里面喊了声：小马。

　　崇文立即就跑了进去。

41　某机关·局长办公室·内·日

　　崇文走进局长办公室：局长，您叫我？

　　局长在用牙签剔着牙齿：我叫你了吗？

　　崇文：我听见您在叫我呀……

　　局长：我没叫你。

　　崇文又很尴尬：那是我听错了……

　　崇文正准备离开，但局长叫住了他：小马。

　　局长走出来：你最近思想上是不是有点压力啊？

　　崇文：我……

　　局长：有一句话，我还是当面对你说了吧。

　　崇文：局长，您说……

　　局长：听说局里有人往市里写我的匿名信……

　　崇文：局长，我可没做过这种事！

　　局长：我也没说是你嘛。你这个人很聪明，又是名牌大学出来的，怎么可能给别人当枪使呢？

　　一听"枪"，崇文的脸色就变了惨白。

　　局长狐疑地看着崇文——他已经相信了，写匿名信的那个人就是这个马崇文。

　　（暗场）

42　崇文寓所·卧室·内·夜

　　一只巨大的手对着镜头伸来，接着是李全的声音：我的盒子呢？你是不是把它弄开了？！

　　崇文惊醒了——原来是个梦！

　　他打开灯，额头上全是冷汗。然后，他又把那只盒子取下来，找出了那把枪，慢慢放在桌子上……

　　他又打开了自己的台式电脑，开始搜索"刑法"。

　　很快，屏幕上出现了《刑法》条款，其中有第128条：

违反枪支管理规定，非法持有、私藏枪支、弹药的，处三年以下有期徒刑、拘役或者管制；情节严重的，处三年以上七年以下有期徒刑。

崇文惊吓得站了起来，慢慢地，他拿起那把枪，把它放到盒子里去……

他的心声：又是一件不该碰的东西，我却碰了，我他妈的手太贱了……

43　某派出所门前·外·日

翌日上午，崇文抱着那只盒子，站在派出所的门外很远的地方，看着警察进进出出。

显然，今天他是打算来报案的，但是又十分犹豫。

他的心声：11月13日。上午请假，打算到附近派出所把那只盒子交掉。可这样一来，无疑就是把李开运给出卖了……

他还是犹豫不定。

突然，一只手落在了崇文的肩上。

崇文回头一看，面前站着一位魁梧的警察，不禁有些惊吓。

警察：您有事吗？

崇文尴尬地：没，没有……

警察：我看你已经在这边上转悠半天了。

崇文：哦，我等人……谢谢啊。

警察打量着崇文一眼，然后就离开了。

44　大街·外·日

崇文抱着那只纸盒子盲目地在街上走着……

红灯亮了，但是他却没有意识到，照样抱着那只盒子走过了十字路口，因此他在大街上显得特别突出……

他从一辆车前走过——这是吴局长的车，他边上坐着秘书小何。

局长下意识地低了低头，等崇文走过车前，他又纳闷地说了句：这家伙怎么到哪都抱着那只盒子呀？

45　崇文寓所·卧室·内·夜

焦点聚在近景的那只盒子上，崇文在纵深处打电话。

崇文：喂，你们老板究竟什么时候回来呀？

对方的电话声：你是谁呀？

崇文生气地：我是他大爷！

他叩下了电话，沮丧地坐在了床上，看着那只倒霉的盒子。

他的心声：我真不该打开这只盒子……

（化）

崇文埋着头，十分沮丧……

（化）

崇文躺在床上，茫然看着头顶上一个蜘蛛网，那蜘蛛在爬动着……

（暗场）

46　王一平家·卧室·内·夜

换上睡衣的刘蔓对着镜子在抹着晚霜什么的。王一平从卫生间走出来，把手里的报纸扔到一边，先上了床。

王一平：睡吧。

刘蔓随后上床。

夫妻俩就这么靠在床上随便交谈着。

王一平：儿子这么小寄宿，我还是不大放心。

刘蔓：这不都忙嘛。早培养他的独立生活能力，也没什么不好。

王一平：倒也是……哎，今天我们那个小楚，问我一个奇怪的问题。

刘蔓：什么问题啊？

王一平：她问我，咱们结婚这十年里，我是不是爱过别的女人？

刘蔓：你怎么说的啊？

王一平：我还能怎么说？当然没有啊！

刘蔓：那她肯定觉得你好冤。

王一平：冤？我冤什么？我日子过得挺好的，干吗要瞎折腾？

刘蔓：就问这个？

王一平：后来她又问，你爱过别的男人没有？我也说没有……是吧？

刘蔓：这姑娘，话可真多……

说着，她就关了台灯。

黑暗中听见王一平说：就是……现在的年轻人……

47　崇文寓所·卧室·内·夜

崇文的电视机里一直在变换着频道……

崇文靠在床上，身上披着被子，手里拿着遥控器，打了个哈欠。显然，他是神经衰弱了，睡不着，又困意难熬，只好看电视打发时间。

忽然，屏幕上出现了一部老电影的镜头——一个司令模样的胖子，睡前把小手枪放到了枕头下面。

崇文盯着……

崇文突然从床上跳下来，又找出了那只盒子，从里面拿出了那把手枪，他试着模仿刚才"司令"的样子，把手枪放到自己的枕头下面。

然后他睡下了，关上了灯。

月光下，看着崇文很快就入梦了，但他从此没有噩梦了。

画外是崇文的心声：昨天晚上把那东西放在枕头下面，那个瞬间，我感觉自己也像个大人物。我估计自己很快就睡着了，这一觉睡得很香……我已经很久没有睡得这么香了……可是，没想到这东西今天却又惹了大麻烦……

（暗场）

48　崇文寓所·卧室——客厅·内·日

早上，睡眼惺忪的崇文正在卫生间刷牙，忽然听见外面传来了敲门声。

崇文急忙走出来，把门打开——外面是一个三十来岁的老姑娘，一看就是从外地刚来省城的。她叫小芳，是某县的一个小学教师，经人介绍，刚与崇文认识不久，两人正恋爱。

崇文有些意外：小芳？你，你怎么来了？

小芳像主人一样地自己倒水，一边用某种方言说：学校临时安排我来省城看一个展览，连夜上的车。

崇文：那你干吗不打电话，我好去接你啊。

小芳：我手机忘记带了。

崇文：你看你这人……我给你做吃的。

小芳：我不想吃，想睡……一起睡……

崇文反倒有些腼腆：那是……

小芳一边解裤带一边说：坐了一晚上的车，我困死了……

说着，就去了卫生间，门也不掩，就坐到马桶上。

崇文：那，那就先睡……

忽然，崇文一愣，他想起了枕头下面的那把手枪，就急忙溜进了卧室。

小芳从卫生间的镜子上看见，崇文似乎从枕头下面摸出了个东西，又不知藏到哪里去了。

49　崇文寓所·卧室·内·日

崇文藏好了手枪，把床收拾好。

这时，小芳端着裤子进来了，就问：你刚才从枕头下面摸了个什么东西藏起来了？

崇文有些慌乱：没有啊……

小芳：没有？我明明看见你……

崇文：真的没有！

小芳：我眼可没瞎，我视力1·5呢！

崇文底气有些不足：我确实……没有……

小芳：你是不是在藏哪个女人的短裤，要不就是胸罩？是不是？

崇文：我真的没有啊！

小芳：马崇文，我们刚刚谈恋爱，我看你大小是个文化人，年龄大我十岁，我不嫌；经济条件不好，我不嫌；这么个破房子，我都不嫌！可我不能容忍一个男人不诚实！我没离开你多少天你就熬不住了？啊？

崇文哭丧着脸：小芳，你冤枉我啊……

小芳一耳光就上来了：你这个骗子！

说着，提起刚放下的行李，立马就走人了。

崇文被打懵了，醒过来就追赶出去：小芳——

50 街上·日·外

小芳跑过马路,拦上了一辆出租车,走了。

崇文还是晚了一步,没有留住恋爱中的女人。但他还是执着地拦下后面的出租车去追赶了……

51 轻轨·外·日

一列轻轨从一座城市桥梁上驶过……

52 轻轨·车厢·内·日

车厢内,还是熙熙攘攘一片……

王一平和刘蔓夫妇今天也乘轻轨出门,他们打算是看房子。一边还看着报纸上登的广告。

王一平:这个楼盘据说很不错,主要是离咱们儿子的学校近……

刘蔓:可是价格也不便宜呀。

王一平:只要合适,慢慢来……

这时,看见一头是汗的崇文从一端挤过来了,他显然还是在找他的小芳……

崇文四下张望着……

车厢里依然见不到小芳的身影,他很着急……

当他从王一平夫妇身边挤过时,后者也注意到了他。

刘蔓低声地:看谁呢?

王一平:刚才那个人,脸熟……

53 轻轨·外·日

轻轨向郊外方向驶去……

(暗场)

54 郊外·外·黄昏

然后黄昏到了。

郊外的旷野上,渐渐少了人迹。只有崇文像游魂似的茫然走动着……

他的心声：我没有追上小芳。她走了。她这一走，估计就不会回来了。这是我此生的第一次恋爱，就这么完了。而我的一些同学都已经离两次婚了……

崇文坐在路边一块路碑上，从口袋里找出香烟，但是香烟盒子已经空了，他把烟盒揉了，扔到了一边。

就在这时，一辆笨重的摩托车突然驶来，横在了崇文面前。那上面坐着两个戴头盔的青年男子，看上去来者不善。

头盔甲：哥们，借两个钱花花。

原来他们是打劫的主。

崇文并不感到惊吓，他显得麻木，就把钱包拿了出来。

头盔甲拿过钱包，又把崇文上身捏了捏，从口袋里把他的手机也拿走了。他们正要上车，这时，崇文喊了一声：喂，给我留下打车的钱吧。我走不动了……

头盔甲已经上了摩托，但还是从崇文的钱包里抽出一张十元的钞票，扔到了地上……

一阵风把十元钞票吹走了好一截路。

崇文追赶那张钞票，弯腰把它拾了起来。这时候，他留泪了。

崇文的心声：这个瞬间我感到了自己像被人扒光了衣服，这个瞬间我觉得自己像一只无人认领的包裹，扔在了路边，这个瞬间……我今天为什么不把枪带在身上？如果刚才，那个戴头盔的家伙搜我的时候，摸到了那把枪，或许后来的一切都不一样了……不是或许，而是一定！

他把那张十元的钞票紧紧捏在手里！

（暗场）

（电话铃声先出……）

55　公司·王一平办公室·内·日

电话铃继续响着……

王一平拿起电话：喂？

传来的是刘蔓的声音：是我……

王一平：你呀。怎么临下班了还来电话啊？

56　王一平家·客厅·内·日

刘蔓在打电话，一边还摆弄着自己的布料和模特，在近景的台子上，可以见到一只快递的信封，似乎刚拆开。

刘蔓：我今晚有个应酬，外地来了两个同学，想一起聚聚。

王一平电话声：那你去聚吧。

刘蔓：今天是周末，儿子你得去接了。

57　公司·王一平办公室·内·日

王一平：这没问题，我会把儿子安顿好的……

放下电话，外面就有人喊了：王经理，董事长让你过去一下。

王一平：好的。

他就离开了办公室。他走到外面的大写字间时，从楚翘边上走过，这姑娘有意无意地看了他一眼。

58　街头修鞋摊·外·日

崇文骑着自行车赶来，蹲到一个修鞋摊前，看看四下，然后拿出了一张自己绘制的图纸，递给修鞋老头。

崇文：师傅，这个能做吗？

修鞋老头拿过图纸——那上面画着一只背挎式的手枪套。

修鞋老头狐疑地：做这个？

崇文：您别误会，我们是拍电影的，道具用……

修鞋老头：这还差不多……急吗？

崇文：很急。

修鞋老头：那得俩钟头。

崇文：我等。

说着，还殷勤地递给了老头一只香烟，后者把它架到了耳朵上。

崇文本人点上香烟，美滋滋地吸了一口……

59　公司·王一平办公室·内·日

王一平返回办公室，看看表，时间已经五点半了，他正打算收拾下班，忽然发现玻璃台板下压着一张音乐会的票子。

　　王一平觉得挺纳闷的。

　　他走到外面看了看，同事们都已经下班了。

　　镜头注意着楚翘的座位……

　　王一平的心声：请我听音乐会？什么意思？

（暗场）

60　城市夜景·外·夜

　　夜就这么来了，华灯初上……

　　一列我们熟悉的轻轨从眼前通过……

61　轻轨车厢·内·夜

　　王一平安然坐在车厢的座位上。他已经换上了新衬衣，看了看表，时间已经七点半了……

　　到了一站，一些旅客上下车，王一平也到了。

　　他刚起身，就有一个新上车的客人占了他的座位，他一看，竟然又是那张熟悉的脸——马崇文。

　　王一平似乎觉得有点奇怪——怎么老是遇见这张脸？

　　崇文也注意到了王一平，他抱着自己的公文包，不过，还是露出了一小截弯曲的牛皮带子。显然，那只请修鞋匠制作的枪套已经成了。

　　轻轨驶向远方……

62　音乐厅前·外·夜

　　音乐厅前，前来观看演出的人正在陆续进场……

　　还有的人在询问"谁有多票"。

　　王一平赶来了，一个青年上前问：先生，有多余的票吗？

　　王一平：没有……

　　他急忙进了门……

63　崇文寓所·客厅·内·夜

　　门被打开，然后灯亮了。几乎同一时刻，崇文抱着公文包也到家了。

他立即将窗帘拉上，从枕头下面拿出那把枪，接着就从包里取出了刚逢好的枪套里，小心地放了进去，正合适。

64 音乐厅·内·夜

王一平匆匆走来，看着手里的票，寻找座位……

突然，他站住了——他看见自己座位边上的一个熟悉的背影，正是自己的妻子刘蔓！

原来刘蔓并没有去和老同学聚餐，原来刘蔓对他这个作丈夫的说了瞎话，原来……

王一平简直傻了！他不敢走上前去，不敢去坐那个空位子。

就在这时，场内的灯光暗了下来，接着，大幕拉开，随着指挥手里的指挥棒一挥，音乐会开始了！

（这个旋律一直贯穿下去，直到这个段落结束。）

王一平往后退了……

而在一个柱子后面，露出了楚翘的眼睛。原来，她暗地里给他们各自都送了一张票。

65 崇文寓所·客厅·内·夜

而这个时刻，崇文已经把枪套背在了身上，他很酷地拔出手枪，对着镜子摆出了一个连他本人都感到不可思议的姿势！

这一刻，崇文找回了自己，镜子里也渐渐转变为彩色。

这之后，崇文的世界全是彩色的！

66 音乐厅·外·夜

王一平从音乐厅走出来了，他眼中的世界与崇文正好相反，在这个瞬间，他的世界一切都变化为黑白而晃动的……

街上是那么的杂乱，那么的喧嚣……

67 崇文寓所·客厅·内·夜

崇文对着镜子继续比画着……

他的心声：马崇文，你知道吗？原来你很酷……真的很酷！

68　街上·外·夜

王一平茫然走在街上……

他手里依旧攥着那张票根，那片纸。

他的耳边，还回响着几小时前妻子的电话：我今晚有个应酬，外地来了两个同学，想一起聚聚。

王一平的心声：她撒谎……她为什么对我撒谎呢？

他确实不明白。

69　音乐厅·内·夜

台上在演奏着一支激越而抒情的曲子……

台下，那个叫楚翘的姑娘正在看演出，但显得心不在焉。

刚才看着王一平失魂落魄的背影，她似乎有点同情，她心中也在感叹着：我可以想象得出，这个晚上，这个叫王一平的男人是多么的难受。在他心里，十年引以为骄傲的夫妻生活顷刻间濒临崩溃……是啊，为什么妻子要对他说瞎话？这十年里，这个女人对他说了多少瞎话？

楚翘就坐在距离刘蔓不远的位子上。

刘蔓也显得心不在焉，显然，她在想张票究竟是谁给她送的，而那个人为什么到现在还没出现？

她不时看一下边上的空位。

楚翘的画外音：此刻，这个女人一定在想，她身边的这个空位，将被谁拥有？她在等一个人，这肯定是一个男人……

70　街上·外·夜

王一平还在街上茫然走着……

他面前走过一个又一个的男人……

楚翘的画外音在继续：这个人可能是暗恋她的某个同事，可能是她谈得来的朋友，甚至可能就是她的某个相好……总之，这个城市每个男人都有可能去坐那个位子，唯独没有她的丈夫……

（暗场）

（轻轨声先出……）

71　轻轨·外·日

一列轻轨呼啸而过……
又一个早晨来临了,这是一个阳光灿烂的早晨。

72　轻轨·车厢·内·日

一切都和往常一样,车厢内还是那么熙熙攘攘。唯独不同的是,原先王一平坐的位子,现在变成了马崇文的。他今天理了头发,穿着一件黑色的风衣,还戴着墨镜,正在悠闲地看着一张报纸——他完全就换了一个人!
一个人挤到他跟前,仔细一看,正是王一平,他虽然还是西装革履的,但是精气神感觉是完全泻了,显得沮丧而沉默。
一站到了。有旅客下车,但王一平却没有去占那个空位……
王一平的眼前,还是昨晚音乐厅里的那个空位……

73　某机关·大门·内·日

崇文潇洒地走进了大门……
保安原准备上前拦阻,但崇文把墨镜摘下,对保安笑了笑……
他一路走来,走上了电梯……

74　某公司·电梯·内·日

电梯上升的数字在变化着:7、8、9……
这是另一部电梯,电梯里只有王一平和一个陌生的女人,那女人头发上居然也有一片纸屑……
王一平的眼前,出现的是十年前电梯里遇见的那个刘蔓……
他不禁叹了口气,引得那个女人回头看了他一眼。
王一平把目光虚掉了……

75　某机关·走廊·内·日

崇文洒脱地迎面走来……
遇见了熟人,他也不打招呼,标准的旁若无人。

同事惊讶地回头看崇文的背影,觉得好奇怪。

76　某公司·走廊·内·日

王一平也走出了电梯,他还是茫然走在走廊上,一个同事和他打招呼:主任,早啊。

王一平敷衍地点点头,就走过去了……

77　某公司·王一平办公室·内·日

王一平走进办公室,避开了所有人的目光,直接走进了自己的办公室,然后就把门关上了……

玻璃墙外面的楚翘注意到这个变化。

楚翘的心声:看来,那一小片纸的分量越来越重了,一夜之间,主任似乎变成了另一个人。以前那个经常爱把老婆挂在嘴边上的男人,已经渐行渐远,但他还不至于走出我们的故事……

78　某机关·会议室·内·日

吴局长走到中间位置上,清了清嗓子:现在开会。

这个不大的会议室,济济一堂,全机关的人都在听局长讲话。

这时,穿着风衣、戴着墨镜的马崇文进来了,他见到局长对面还有空的座位,就很自然地坐到了那里。

大家也立即低声议论起来——

"他怎么坐到局长对面了?"

"脑子进水了!"

局长也意识到崇文不懂规矩,于是又说:今天的会议很重要,大家集中精力……个别同志,请把墨镜摘了。

这时,崇文突然接过话头:局长,我今天眼睛不舒服,不过我的耳朵挺好使,您说您的,我会听得一字不落。

大家的议论声高了起来——

"怎么对局长这么讲话呢?"

"这家伙今天怎么回事啊?"

终于一个中年妇女站了起来,维护局长似的:小马,这是机关,没有人戴着墨镜开会的!

崇文的声音也高了起来:现在不是有了吗?你们是不习惯我戴墨镜吧?那我今天就乘着大家都在宣布一下——从今往后,我马崇文天天都戴墨镜,甚至会像那个香港导演王家卫一样,晚上也不摘!

会场顿时乱了……

79　某公司·王一平办公室·内·日

那张半截音乐会票根还攥在王一平手上……

有人敲门,王一平连忙把票根收进钱包里,那里面有他们一家幸福的合影。然后,他随手放进了西装口袋,然后说:请进。

门开了,进来的是楚翘。

楚翘:王主任,请在这上面签个字。

说着,就把一份文件送到了王一平面前。

王一平签完字,楚翘并没有马上离开。显然,她是打算等着王一平就昨晚发生的事情说点什么,或者她解释点什么。但是,王一平却说:还有事吗?

楚翘:哦,没了……

楚翘离开了办公室……

80　机关·会议室外·走廊·内·日

这里的会议散了,大伙走了出来,有人还在低声议论着——

"马崇文今天是怎么了?"

"这家伙,平时不这样啊!"

"不过他那个样子还真酷……"

崇文走进了卫生间。

81　卫生间·内·日

这里,就只有吴局长和崇文,两人都在小便。

局长:小马,你是不是心理上还有负担啊?

崇文:没有啊。

局长:是吗?

崇文一笑：我也觉得奇怪，突然间就没有了。

局长：我知道，你对一些事情有看法，职务上没有调整，房子一直没拆迁，成家的事也耽误了……

崇文：这些都已经不重要了。

局长有些意外：不重要了？

崇文：对，一点都不重要了。

局长：那你说说，什么事情重要啊？

崇文：活着。

局长：那也得活得像个样子啊！

崇文：您说得真好。

局长停顿片刻，又说：我知道，你还是放不下那件事……

崇文：什么事啊？

局长：就是……就是那件事……

崇文：我怎么听不明白啊，局长？

局长：关于匿名信的事，我不打算再追究了。真的。

崇文洗好手，也用手纸擦着手：哦，您说这个啊。那我告诉你，如果是我，那我肯定就不会匿名，你信吗？

说完，他把纸团往垃圾篓里一扔，扬长而去。

局长一下就楞了，小便也煞住了。

那只没关紧的水龙头在滴答着……

（轻轨声先出……）

82　轻轨·外·黄昏

一列轻轨驶过……

崇文的声音在回荡着：11月28日，今天是我有生以来最开心的一天……

83　轻轨·车厢·内·黄昏

镜头还是从拉手套环开始，崇文依然戴着墨镜的样子。巧的是，在他的边上，就是王一平，他们都站着在，但状态是完全的不同。

崇文的心声在继续：我这辈子真是从来没有像今天这样轻松过，真可称得上是身轻若燕……

王一平却还是沉默而沮丧的。他的西装口袋里露出了钱包的一角。

他的眼前还是那样的杂乱……

84　轻轨站·外·夜

又一站到了。

旅客们上下车，崇文和王一平也夹在出站的人群中……

忽然，一个小偷偷了王一平的钱包，王一平一下就从恍惚中惊醒，叫道：小偷！

崇文一看，立马撒腿就去追赶……

小偷跑出了站外……

85　轻轨站外·外·夜

小偷夹着公文包跑了出来……

崇文和王一平在后面追赶……

86　胡同·外·夜

那个小偷一路狂奔，钻进了一条死胡同。一堵高墙挡住了他的去路，他已经无路可逃。他转过身，看见从后面追上来的崇文已经到了他的跟前，于是就拔出了一把短刀。

崇文一笑，将风衣突然敞开——那里面是枪套和手枪。

小偷腿立马就软了，哭丧地：我怎么这么倒霉啊！

崇文从小偷手里夺过刀，扔到了墙那边。接着又说：交出来吧。

小偷把钱包交给了崇文。

崇文：滚吧。

小偷觉得不可思议：你让我滚？我没听错吧？

崇文：下回别干这种丢人现眼的事了，滚！

小偷：谢谢警察大爷……

说着，那人就逃了。

崇文再一看，失主王一平并没有跟上，他有些茫然了，自语：这人哪儿去了？

（暗场）

87　轻轨·城市风景·外·日

又一个早晨。这已经是春天了。

一列轻轨从城市中间驶过……

字幕：三个月后

88　轻轨·车厢·内·日

楚翘坐在车内，看着窗外掠过的景物……

她的画外音：那件事情之后，我就离开了那家公司。自然，和王一平一家就没有了联系。我现在能记得的，就是那片纸……

轻轨到了一站，乘客们上下车。这时，崇文出现了，他理了光头，还是风衣墨镜的装束，显得十分从容。

楚翘以为他是盲人，便起身让坐。

崇文一笑：我不是盲人。谢谢。

楚翘也大方地一笑……

崇文发现，楚翘的头发上有片纸，便说：小姐，你头发上有片纸，我帮你拿掉怎么样？

楚翘忽然一笑，她显然是想起了王一平恋爱的事迹。

崇文便把那片纸拿下了：你笑什么？

楚翘：没什么没什么……

但她还是偷偷在笑……

89　轻轨站·出口·外·日

又一站到了。

乘客们鱼贯而出……这其中就又崇文和楚翘，他们已经认识了，一路交谈着，听不清他们在说什么，但感觉上他们很谈得来。

最后，楚翘做了一个打电话的手势，就上了一辆出租车离开了……

崇文很得意地一笑，然后消失在人群里……

90　某酒店·门前·外·日

这是一座十分气派的酒店，门前挂着喜庆的横幅，上写：中文系八四级毕业二十周年纪念大会。

　　一辆辆豪华的轿车驶来，这些老同学如今都是很有身份的人，在这个群体里有市长、部长、局长、教授等等……

　　有人打开车门：刘市长！

　　刘市长：千万别这么叫……

　　一会又有人喊：王部长，你这车好气派啊！

　　王部长：一般一般……

　　还有人说：胡大教授，我前几天在中央电视台上看见你了！

　　胡教授：丢人丢人……

　　不一会，马崇文来了，但是居然没有人认出是他。

　　一个女生悄悄地：那是谁呀？

　　崇文摘下了墨镜，对大家一笑。

　　女生叫了起来：马崇文！

　　大家便起哄起来，跟崇文打招呼。

　　边上有两个男人在低声议论——

　　"马崇文混得怎样啊？"

　　"听说还是科级……"

　　"不会吧？毕业都二十年了……"

　　"和领导关系很僵。不过看他那样子，倒很得意……"

91　某酒店·餐厅大堂·外·日

　　老同学们在喝酒，碰杯……

　　崇文拿着酒杯在边上，从墨镜后面看着眼前热闹的一切……

　　他的心声：同学相会，还是让人高兴。大家对我很热情，其实，他们都在想一个问题——我凭什么得意？在他们看来，人得意是需要理由的，比如说提拔、晋升、发财、得奖、又娶了个新太太，如此等等。而这些我都没有。是啊，一个什么都没有的人凭什么得意呢？

　　他自己得意地笑了一下。

　　刚才那个女同学又来了，找崇文喝酒。

　　女同学：马崇文，你变了！

　　崇文：我变了？我怎么变了？

女同学：咱们班就数你变化最大，跟原先那个老实巴交的样子简直就不是一个人……

崇文一笑：可我还是我啊……

崇文的画外音在继续着：是的，我变了，至少，我跟以前那个人不是一个人……我喜欢现在的我。

他看了一下镜子里的自己，心声：你很酷。真的很酷。毫无道理的酷！

（暗场）

92　街道·民政局门前·外·日

王一平和刘蔓从民政局走出来，看来，今天是他们离婚的日子。

他们上了一辆出租车。

93　王一平家·内·日

几盘精致的小菜，两杯红酒，置放在他们面前。

刘蔓：我可是很久没有吃到你做的菜了。

王一平解下围裙，苦笑了一下：就算是个仪式吧。

刘蔓：挺好的，我喜欢这个仪式。

王一平：我还给你买了个礼物，不知道你喜欢不喜欢……

说着，就从口袋里拿出了一个方盒，打开一看，是一块裸芯的机械手表。

刘蔓看了看：这么暴露啊。为什么要送我这个？

王一平叹了口气：刘蔓，我们结婚整整十年……这十年里你心里怎么想的，以前我以为自己知道，其实……

他苦笑了一下，接着说：我就想啊，要是你的心能像这块表这样，就好了；哪儿不对劲，我一眼就能看出来……

刘蔓：王一平，你觉得这样会有意思吗？

王一平：至少，它，它是透明的……

刘蔓：为什么要透明？就因为我是你老婆吗？

说着，她站起身，把周围一些模特儿身上的布料全给撤了下来：你觉得这样好看吗？

刘蔓：我们是夫妻，可这不等于我们之间一天二十四小时都要一丝不挂。光着身子吃饭、聊天、看新闻联播，你觉得美吗？王一平，人穿衣服，不仅仅是为了包裹自己的身体。

王一平沉默着……

刘蔓也从口袋里拿出一只小盒子，放到王一平面前：我也给你准备了一份礼物，自己看吧。

说着，她没有吃饭，提起包就出门了。

王一平打开小盒子——里面竟然是自己那张音乐会的票根！

他这才意识到，原来自己的妻子早就知道了真相。

他捂住了脸……

（歌声先出……）

94　KTV包厢·内·夜

"你问我爱你有多深，我爱你有几分……"

在这个很大的KTV包厢里，崇文班上的老同学在继续欢庆着。一个女同学正在演唱这支怀旧的老歌……

接着，大家一起跟着哼起来：

"你的情也深，我的爱也深，月亮代表我的心……"

只有崇文在一个不起眼的角落里没有唱，他依旧戴着墨镜，却还能感觉得到他很专注……

歌声在继续……

95　大街·天桥·外·夜

王一平孤独地走在天桥上，手里还拿着那张票根，忽然，背后一个声音在喊他"王主任？"

王一平回头，原来是楚翘来了。

王一平：哟，小楚啊……

楚翘：王主任，怎么一个人出来转悠啊？

王一平：哦，有点闷，随便转转……

楚翘：嫂子好吗？

王一平：她……我们今天办掉了。

楚翘：哦。

王一平：你好像一点也不吃惊？

楚翘：我吃惊什么？我不过是开了个玩笑而已。

王一平：你不觉得你这个玩笑开得有点大吗？

楚翘笑了笑：也许吧。其实，倒也公平……

王一平：公平？你什么意思？

楚翘：十年前你们因为一片纸走到了一起，十年后你们又因为一片纸而分开，你不觉得很公平吗？

王一平沉默了……

楚翘看看王一平，走了。

96　KTV 包厢·内·夜

一曲唱毕，大家鼓掌起哄。有人正拿过话筒，准备接着唱，这时，门突然被推开了，外面两个很蛮横的男子走了进来。

大家一下就安静下来，不知道发生了什么。

其中一个胖子粗暴地拔下的插头：你们闹了一晚上，把老子的头都唱晕了，手气也唱背了，四圈不开和！

刚才那个女同学嘀咕一句：这里不就是唱歌的地方吗？

胖子：闭嘴！到别的地方嚎去！

之后就再也没有人出面说话了。

这时，角落里的崇文突然说了句：大家谁也别走，接着唱！

他的声音不大，但异常有力。

那胖子这才发现了崇文，就走过来，一把抓住崇文的肩膀：行啊，哥们！

说着，就把崇文抓了出去，大家还是没有人出面制止。

崇文临出门的时候还回头说了句：接着唱吧。

可是没有人再唱了。

他们一离开，刚才那个女同学就哭了：怎么会这样啊！你们这些当领导的管管啊！

一个同学对刘市长说：刘市长，您是市长，您……

刘市长：这不是在我的城市里，这事……我还真不好出面……

另一个同学：要不，咱们报警吧！

王部长：别别……谁知道那帮家伙什么背景？

另一个有身份的人：再说了，今晚咱们可是公款消费，传出去，影响不太好……

女同学急得想哭了：可马崇文怎么办啊？他肯定要被那帮家伙……

正说着，崇文回来了。他毫发无损，只是刚才穿在身上的风衣现在挽在胳膊上。

刚才那个蛮横的胖子也满脸堆笑地陪着崇文进来，一面跟大家鞠躬，一边说：对不起啊各位，小的有眼不识泰山，今晚你们的单，我买了！

接着，两个服务生又端来了果盘和红酒什么的。

胖子：各位尽兴，尽兴……

他正打算退出去，但崇文突然抓住了他的肩膀，把刚才那个电源插头踢到他面前。

胖子连忙弯腰把插头插好，这才害怕地离开了。

对于这一切，大家全都傻了，不知道是怎么回事。他们不明白一个什么都不是的马崇文怎么这么简单就把事情给摆平了。

崇文清清嗓子，这回是自己拿起话筒唱了起来：

"你问我爱你又多深，我爱你有几分……"

他唱得热泪盈眶！

97　大街·天桥·外·夜

夜已经深了，街上的人车都少了。崇文走上了天桥，把胳膊上的风衣撩起来穿上，挺威武地走来……

他的心声：其实这个世界很简单，只是我们把它想复杂了……

这时，他遇见了王一平。

王一平：先生，有火吗？

崇文拿出打火机给王一平点上烟。

王一平：谢谢。

崇文：不客气。

这时，王一平似乎记起来了，这个爱戴墨镜的男人，就是他以前经常在地铁上遇见的人。他正准备说点什么，但崇文已经走过去了……

98　街边·外·夜

崇文似乎也想起了刚才在天桥上遇见的那个男人了……

99　胡同·外·夜　（回叙）

三个月前的那天，崇文赶走小偷后，却发现钱包的失主却没有来。于是，他就打开钱包，发现里面有一张王一平一家三口的照片，十几张百元的钞票以及几张卡，另外，还有一张刘蔓的名片和半截音乐会的票根。

他拿出了手机……

100　王一平家·内·夜　（回叙）

那天晚上，刘蔓还是在为模特儿布置着面料什么的，但也有点心不在焉。显然，她也在为昨天晚上发生的事情纳闷着。

这时，电话响了起来，她来接：喂？

传来的是崇文的声音：是刘蔓女士吗？

刘蔓：我是，请问您是……

崇文的电话声：您不认识我……

刘蔓一下就把电话挂了。

101　街道·外·夜　（回叙）

崇文一楞，知道对方误会了，于是一边走一边继续拨打电话……

电话再次接通，这次是刘蔓先说：先生，我不认识你，请你……

崇文急忙解释：刘女士，您先听我把话说完再挂不迟。是这样的，我拾到了一个钱包，里面只有您的名片，所以……

102　王一平家·内·夜　（回叙）

刘蔓意识到自己错了：哦，对不起啊先生……

崇文的电话声：我看了一下地址，我们住得很近，我这就给你送过去……

刘蔓：谢谢啊……

103　某酒馆·内·夜　（回叙）

还是那个晚上。此刻，王一平正在这家小酒馆里独自喝酒，老板是个熟人，一边上菜一边说：王主任，您可是好久没光顾小店了……夫人怎么没一起来啊？

王一平：哦，她出差了……老板，不好意思，我今天身上没带钱，明天就给你送过来……

老板：没事的……

104　王一平家门前·外·夜　（回叙）

那只钱包已经交到了刘蔓手上。

崇文：您看看，是你们家的吧？

刘蔓：这是我先生的……谢谢啊……您请进吧。

崇文：不了……

刘蔓：先生，您怎么称呼？

崇文：哦，我姓马……再见……

刘蔓：再见……

105　王一平家·内·夜　（回叙）

刘蔓回到屋子里，继续检查着王一平的钱包，自语：这个人，连个钱包也看不住……

忽然，她发现了那半张音乐会的票根！

刘蔓十分意外，接着就从自己口袋里找出了另一张票根，一比照，正好是连号的！

闪回：音乐厅里，她身边的那个空位一直没有人坐……

刘蔓立即就傻了，旋即脸色也变了。她拿起电话就拨……

106　某酒馆·内·夜　（回叙）

王一平的手机响了，他看了看，却没有接……

107　王一平家·内·夜　（回叙）

刘蔓放下电话，沉默了。

那张票根现在已经攥在了她手里……

108　天桥·外·夜

天桥上的王一平似乎还在想着……

闪回：他在火车上经常遇见马崇文……

闪回：那个晚上，他的钱包被小偷抢了，马崇文去追赶……

王一平这才意识到，手里的那张票根是怎么到了老婆手里的。他伏在栏杆上，崇文的背影已经走远了。

王一平沮丧地把那张纸片扔下……

纸片悠悠落下，正好又落到了一个从下面走过的女人头发上……

（暗场）

109　崇文寓所·客厅·厨房·内·夜

崇文回到家，首先打开了电话留言，很快就传来了楚翘的声音：喂，老马，同学聚会开心吗？这个星期天咱们去郊外吃烧烤怎么样？我刚得了一个红包，犒劳你一下……

现在，他们已经很熟悉了。

崇文把风衣脱下，接着又把西装脱了，这才露出枪套和枪。他习惯性地走到镜子前面欣赏了一下自己的形象，又拿出枪比画了几下，玩得十分熟练。

崇文感叹一声：总有一天，我会把把你打响的。

然后，他取下了枪套放在桌子上，进厨房烧水去了，一边哼着"月亮代表我的心……"

110　崇文寓所·楼梯·走廊·内·夜

一个男人的身影出现在楼梯上……

这人的脚走到走廊上，在那只早扔到崇文门外的盒子边停了一下。显然，来人应该就是当初出现的那个李全。

111　崇文寓所·客厅·内·夜

崇文从厨房来到客厅，刚准备坐下，就听见了敲门声。

崇文开门——门外果然是李全。

崇文冷笑了一下：你小子总算是露面了。

李全也笑了一下：我来取那件东西——你小子跟小时候一样，好奇心还是那么足。

他瞥见了桌子上的那把手枪。

崇文：我也一直在等你。

李全：我知道……其实这段时间我就没离开过这个城市……

崇文打断，急了：那你还不跟我联系？

李全坐下来，拿起那把枪玩着：那天我看见你端着这只盒子去派出所了，还好，你还没敢进去。

崇文：我在等你。等你一块去派出所，把这东西交出去，免得你说我把你给出卖了。

李全：我要得就是你这句话啊！到底还是从小一起长大的，靠谱……

崇文：那就别啰嗦了，走吧！

李全：你觉得我会去吗？

崇文：这可由不得你了。

说着就将李全一把抓了起来。

李全：你干什么干什么？

崇文吼道：老子都等烦了！

李全：你别急，让我把话说完行吗？

崇文又把李全放到椅子上：有屁快放！

李全整理了一下领子什么的：其实，我就是跟你开了个玩笑……

崇文：玩笑？你说得轻巧！

李全：那回我来，就是想请你去帮我管一片业务的，我也知道，你打心里看不起我，但我还是觉得你是最靠谱的，所以就试探你一下——这玩意不是真家伙，就是一玩具……

崇文糊涂了：什么？玩具？

李全：是啊，不信，你瞧——

说着，就把枪拉上了膛，对着自己的脑袋开了一枪，发出砰的一声响。

崇文惊吓得跳到了一旁。

但李全还是好好地站在他面前,说:怎么样,这下信了吧?我当时就想,你要是把这东西交出去了,那我就掉头就走了,幸好,你扛住了……
崇文突然抽了李全一耳光。

112　崇文寓所·走廊·内·夜

屋里传出来崇文的声音:狗日的!
李全的声音:你小子……靠谱……
音乐渐起,镜头迎着破旧不堪的走廊,缓缓向前……
演职员表由下而上。

2010 年 9 月 18 日　北京寓所

天　亮

序　幕

1　淮北市街头　某酒吧前　（夜 黑白片 梦境）

黑片中出现街头斗殴的打骂声——

"你他妈的嘴里干净点！"

"操你妈的……"

"你再说一句？"

"操你妈！"

"打你这个狗日的！"

一只啤酒瓶在一个脑袋上砸开……

这是1993年春天，发生在安徽省淮北市的一场激烈群殴场面。

打架的双方都是男青年，他们从酒吧出来，莫名其妙的就打了起来。那时候，郭强二十三岁，很能打，虽然他本人的额头上也被划了一刀，但他夺过对方的刀，然后不顾一切地对着对方的两个人捅了起来，先倒下一个，接着一刀插进了另一个的腹部……

刀一时没有拔出来，双方几乎脸对着脸……

郭强一下把刀拔出来，鲜血立即射到了他的脸上……

（暗场）

2 漠河 陈立新家门外 （夜）

残雪中的陈立新家，是一处临街的二层楼的房子，其中一楼是个饭馆，门面上挂着"东北老乡"的牌子。

随着一声惊叫，屋里的二楼的一个窗户灯亮了。

字幕：十一年后

2004 年 3 月 黑龙江省漠河县

3 漠河 陈立新家 （夜）

陈立新从恶梦中惊醒了，额头上都是冷汗——他就是当年的郭强，如今已是三十六岁的人了。

他的惊醒，也弄醒了身边的妻子余珍，一个三十岁的女子。

余珍：咋了，发梦了？

陈立新没有吱声，喘着气……

余珍嘀咕着：你最近咋了，老是半夜发梦，还让不让人睡啊？

说着，女人伸手把边上的儿子被子盖了盖，又翻了个身自己睡去了。

陈立新下床，镜头一直跟着他走出了门……

（片头字幕开始）

这时，外面传来了鸡叫……

4 陈立新家 楼下 饭馆内 （夜）

简陋的楼梯，下楼的脚……

陈立新走下来了，楼下，就是他经营的小饭馆，虽然不大，但收拾得还很整齐。

他打开冰箱，拿了一瓶啤酒，咬开盖子，大口喝了起来……

5 陈立新家 卫生间 （夜）

水龙头打开……

陈立新脱光衣服到卫生间洗澡……

他看着镜子里自己的脸，不禁低下了头……

水淋在他身上……

（暗场）

6　陈立新家　门外

早晨，过往的车辆不断划过……

饭馆门前的匾额是"东北老乡"。

远远看见，陈立新在门前的电动三轮车上摆弄着上街买菜的箩筐。

余珍领着九岁的儿子陈小果从屋里出来，把孩子的帽子系好。

陈立新将儿子放到电动三轮车上。他是这家小饭店的老板兼大厨。他的老婆余珍则是收银员。

7　街道

陈立新驾驶着电动小三轮在街上行驶着……

儿子坐在车后，两只腿在轻松地甩动着……

8　小学门口

陈立新的车到了学校门口，儿子跳下车，和爸爸招招手，就进学校了。

陈立新看着儿子的背影，很迟才将车开走……

9　菜市场

陈立新在大捆大捆地把菜往三轮车上放，一边付钱给菜贩子……

10　街道

陈立新驾驶着装满菜的车，一路开着，但他还是被昨晚的那个恶梦纠缠着，眼前不断出现的还是刀子，刀子，鲜血，鲜血……

这时，一辆警车从远处迎面开来……

陈立新顿时就紧张起来，顺势把三轮车往边上一打……

突然，一辆大卡车斜插过来，刮倒了他……

一车菜撒得到处都是，鸡蛋也破了，西红柿也烂了……

（字幕终　暗场）

11　医院　病房

陈立新头上打着绷带，胳膊上也打着纱布，腿也上了夹板吊着在，躺在床上……

不一会，妻子余珍跑来了。

余珍：这是咋了啊……

陈立新淡淡笑了一下：怪我自己……

（暗场）

12　淮北市中级人民法院　门前

三十六岁的女律师张瑾是一个智性矜持的女人，相貌端庄，此刻她正站在法院门前的高高台阶上，看了一下表，显然是在等人，边上停着她的小车。

字幕：2004年3月21日
安徽省淮北市中级人民法院

不一会，她等的人匆匆来了——是她的丈夫，叫李子涛，年纪在四十出头，一个身材挺拔，十分俊朗的男子，他是这个法院的刑事一庭的庭长。

李子涛：什么事不能回家再说吗？

张瑾：家？你觉得那还是个家吗？

李子涛：又来了……

张瑾：李子涛，这事不能再拖了，如果我们还想顾及一张脸面的话。

李子涛迟疑片刻：你想好了？

张瑾从提包里拿出一张事先打印好的纸，交给了李子涛：这是离婚协议，你要是觉得可以，麻烦高抬贵手，签个字吧。最好别在你们这儿，丢人现眼的，咱们一起上民政局。

李子涛：至于这么急吗？

张瑾：当然，今年是我的本命年，我不想把晦气带到明年。

李子涛：我正在开会……讨论十一年前那宗杀人案……

张瑾没有理他，上了自己的车，离开了。

李子涛瞥了一眼，不禁叹了口气。

（暗场）

13　漠河　陈立新家　门外　（夜）

一个月后的一个夜晚，饭店已经打烊，门前没有什么人迹了。

渐渐传来了陈立新的声音：……这回算是命大吧……

14　陈立新家　楼下　饭馆内　（夜）

饭店里只剩下陈立新和余珍夫妻在吃着火锅。

陈立新头上还贴着一块胶布：不过，倒也提醒了我。

余珍：提醒你今后要小心驾驶。

陈立新：不，不是这个……我躺在医院病床上就想，要是这回我真的给撞死了，你和儿子咋办？

余珍不高兴地：闭嘴！说什么呢！

陈立新：我可是说真的，你得听……

余珍：我不听！

陈立新：你先别急，听我慢慢跟你说……我想啊，儿子如今也大了，你呢，也不能老闲着……

余珍：我闲着吗？我除了干家务还兼着饭店的收银吗？

陈立新：收银不是手艺，你得学门手艺。俗话说，荒年饿不死手艺人，即使有一天我不在了，你也不至于……

余珍：你今天是咋了，老是讲这种不吉利的话，烦不烦啊！

陈立新突然发现了火锅里的血肠，便放下了筷子：你怎么又往里面放血肠了？

余珍：吃火锅不放血肠放什么？

陈立新：我不爱吃这个，你把它给捞走。

余珍一边赌气地捞着血肠，一边嘀咕：爱吃不吃……

陈立新：我跟你说过多少回了，我爱吃你们东北的红肠……

正说着，两名便衣男子进门了，感觉是出差的。

其中一个男子先微笑起来：不好意思，请问，还能吃到东西吗？我们出差，车出了毛病。

陈立新迟疑了片刻：能，我这就给你们做……

15　饭店　厨房　（夜）

跳动的火苗——陈立新把炉子又捅开了。

陈立新在切菜，案子上放的就是东北的红肠。

他一边喊着：阿珍，给我搭把手……

不一会，余珍就来了：咋了？

陈立新：来，说干就干，跟着我学……

余珍：你还来真的啊？

陈立新切好一盘红肠：当然。

他放下菜刀，又去炒菜……

跳动的火苗……

陈立新对边上的余珍说：记住，炒菜要大火……

余珍：我知道，这么多年，看都看熟了，是我懒得动手……

炒菜的手……

余珍：你走吧，我做一回给你看看。

陈立新一笑，端着红肠先离开了……

16　饭店内　（夜）

陈立新端着红肠从厨房出来，摆放在桌子上，一边搭讪：听口音，二位不是本地人……

便衣：对，我们是从安徽淮北来的。

陈立新一下就明白了，就在这时，一只冰冷的手铐卡在了他手上。

陈立新：其实你们一开口我就听出来了……

便衣：你很聪明，如果你刚才跑了，外面有十几只枪对着你。

陈立新苦笑着：我不会跑……跑了十一年，累了……

这时，余珍端着菜从厨房出来，一见这场面，傻眼了，手里的盘子落到了地上……

便衣警察将陈立新带走，他不禁回望妻子……

（定格，转黑白片）

字幕：2004年5月13日，负案潜逃在外十一年的郭强（化名陈立新）在黑龙江省漠河县被捕……

(暗场)

17　淮北市中级法院　法庭外

庄严的法庭外，法警林立。
字幕：2004年7月28日
安徽省淮北市中级人民法院

18　法庭内

法庭审理已经到了最后的时刻。
一审法官李子涛身着法官袍，正在宣读判决书：……犯罪嫌疑人郭强，犯故意杀人罪，判处死刑，立即执行，剥夺政治权利终身……
到场的听众、媒体记者全部都站立起来，其中就有律师张瑾。在她边上，就是陈立新的妻子余珍，她完全惊呆了……

19　淮北市中级人民法院　法庭外

听众散场……
电视台主持人小米正在报道：十一年前震惊淮北市的"3．21"杀人案今天正式开庭审理。犯罪嫌疑人郭强化名陈立新，在逃匿十一年后，终于在今年五月十三日在黑龙江省漠河被捕……

20　李子涛家　客厅　（夜）

电视上正在转播"庭审实况"，张瑾一边修指甲，一边在看着……
屏幕上李子涛正在讯问郭强……
丈夫李子涛从卫生间洗澡出来。
张瑾带着一种抵触和不屑：逃匿十一年，隐姓埋名，娶妻生子，这个郭强也算是悔过自新了，结果你们还是判了他死刑……
李子涛反问：这些能作为不判死刑的理由吗？
张瑾：刑法的意义是什么？死刑的意义又是什么？
李子涛：死刑的存废是一个国际性的争议课题，在中国至少要争论几十年甚至一百年。我知道你是反对死刑的，可如果没有死刑……
张瑾打断：我要做郭强的律师。

李子涛听了这话，有些意外：可我是这个案子的主审法官啊！

张瑾：你只是一审法官，二审你就插不上手了，牵扯不到回避。

说着，她就起身离开了……

（暗场）

21　淮北市看守所　会见室

张瑾已经坐到了郭强的面前。

郭强抬起头：我是一个犯了死罪的人，还需要律师吗？

张瑾：当然需要。死刑犯同样拥有自己的权利。

郭强：我现在不想要什么权力了，我就想知道，自己还能活多久？

张瑾：我只能说，是在倒计时……

郭强：明白了。律师也不能让我活。

张瑾：但能让你死得干净一些……

郭强不语……

（暗场）

22　安徽省高级法院　门前　院子

张瑾的车驶进进了省高级法院的院子，她走下车。

字幕：九个月后。

2005年4月26日

安徽省高级人民法院

23　省高级法院　刑事庭庭长办公室

江庭长把最高法院的死刑核准裁定书递给了张瑾：郭强的死刑裁定通知，最高法院已经下来了，按照规定，一周后将执行死刑。

张瑾冷笑了一下：无话可说。

说完，她收起裁定书的副本，离开了。

24　省高级法院　院子

张瑾坐到车上，一气按动着汽车喇叭，似乎是在抗议。

楼上的几个窗户都伸出头来，以为是出了什么事。

一个值班的人员跑过来，但张瑾把车开走了。

25　淮北市看守所　会客室

那份死刑核准裁定书放到了郭强面前。

郭强表情麻木。

张瑾：你还想说点什么吗？

郭强摇摇头：杀人偿命，欠债还钱，我服……

说着，他接过律师的钢笔签了字，就准备起身离开。

张瑾：郭强，你还有最后的要求吗？

郭强头也不回：没有了。

张瑾：你难道就不想见见你的妻子儿子？

郭强站住了脚，但还是走了……

（暗场）

26　李子涛家　客厅（夜）

李子涛在收拾着行李，这时，张瑾回家了，样子有些沮丧。

李子涛：院里临时通知我，要去北京参加一个学习班，马上赶火车……

张瑾：干吗不坐飞机啊？

李子涛：机票不好落实……

张瑾还是不屑地：什么不好落实，你就是怕死。捍卫死刑的人都怕死。

李子涛笑了笑：这哪挨哪啊！看来，那件事，也只能等到我回来之后再办了，你看呢？

张瑾自己倒了杯水：签个字就那么难吗？

李子涛：我这也是临时的事……就一个月……

张瑾：行了，分居两年都过来了，那就再等一个月吧。

说着，不禁叹了声气。

李子涛：去看你的当事人了？

张瑾不语。

李子涛：这个案子我早就说是铁定的死刑案，当初我就对你说……

张瑾：你别说了，我不想听。

李子涛就不吱声了，但还是嘟哝一句：你这是何苦呢……

说着，他看了看表，就提着箱子进了卧室。

张瑾不知为什么，莫名其妙地就落泪了……

27　看守所　监舍内　（夜）

此刻，死囚郭强已经上了脚镣，正独自靠在床上，思念着妻子和儿子……

28　漠河郊外　（郭强的回忆）

掠过的树影……

那是去年的秋天，他驾驶着三轮车带着妻子、儿子去郊外春游……

儿子：爸，你什么时候带我去北京玩啊？

陈立新：爸天天要管饭店，等放假了再说……

余珍：你就不能歇几天吗？结婚都十年了，连北京也没去过，让人笑话……

陈立新：那明年"五一"黄金周你带儿子去北京玩吧，记着拍张照片带回来给我看。

陈小果：我要去看升旗仪式！

29　看守所　监舍内　（夜）

郭强痛苦地抱着头……

（暗场）

（火车声先出……）

30　北京站　出站口

正值"五一黄金周"，北京站门前人山人海……

字幕：2005 年 4 月 30 日 北京站

人群中，出现了余珍和儿子陈小果，他们刚从漠河那边过来。

陈小果：妈，什么时候去看升旗啊？

余珍：明天……

陈小果：跟电视里看见的一样吗？

余珍：一样……

这时，李子涛也从人群中出现了，他也是刚刚下车。

那边，余珍正牵着孩子往外走。

陈小果：妈，爸爸到底去哪了呀？

余珍克制着自己的情绪：不是都跟你说了吗，爸爸出差了……

他们的谈话被李子涛无意间听见，他忽然觉得这个声音好熟悉，便回头一看——

余珍和陈小果已经走远，李子涛一时想不起来，便走进了地铁……

陈小果：爸爸真是，走这么长时间都不回来……

这时，一个小偷趁机偷走了余珍的手机。

31　淮北市看守所　监舍

郭强面对高管教：我想见我的律师！

32　李子涛家　客厅

张瑾正在收拾自己的东西，她拿起了柜子上镶嵌着她和李子涛的小镜框，不禁苦笑了一下，又将它放下了。

这时，她的手机响了。

张瑾接听：喂，我是张瑾。

对方是高管教的声音：张律师，你的当事人要求见你。

张瑾：我马上到！

说完，她就离开了。

33　看守所　会客室

郭强抬起头：我想见我老婆最后一面……我想给她磕个头……

张瑾：儿子呢？

郭强：儿子就不见了。他得上学，上回，已经从第四名落到第六名，不能再耽误了……

张瑾：法院会考虑你的要求。

郭强：我家里人知道我还有几天吗？

张瑾：肯定会知道的，核准裁定的通知书法院已经派专人送达了。
郭强：谢谢……

34　北京　某地铁站

李子涛从地铁站出来，忽然想起了什么……

闪回：在淮北市的一审法庭上，李子涛看见过张瑾身边的余珍……

于是，他拿起了手机……

35　淮北市街道　张瑾车内

正在驾车的张瑾拿起了手机，接听：喂，你到了吗？

传来的是李子涛的声音：到了……张瑾，我刚才看见郭强的老婆和孩子了！

张瑾：他们也去北京了？

36　北京　地铁站附近

李子涛在打电话：是啊，我肯定没看错……

37　淮北市街道　张瑾车内

张瑾的电话声：郭强是我的当事人，你的工作不是已经结束了吗？

李子涛的电话声：我是说，郭强的老婆这时候带孩子来北京玩，是不是她没有接到郭强的"死刑核准通知书"啊？

张瑾一下踩住了刹车。

然后，她连忙将车掉头……

（暗场）

38　淮北市中级法院　刑事庭庭长办公室

刑事庭庭长老何正在打电话，张瑾坐在边上。

何庭长：……什么？郭强的家属还没有收到？

对方的电话声：是啊，他们家一直没人……

何庭长：行，我知道了……

他放下电话，对张瑾说：老李没看错，郭强的老婆是带着孩子出门了。

张瑾急忙从手机中找余珍的手机：余珍……

她拨了，但传来的声音是"你所拨打的手机已关机"。

张瑾：联系不上。

39　看守所　会客室

郭强抬起头，看着面前的张瑾，失望地：联系不上？

张瑾：对，我一天都在打余珍的电话，就是不通。有人看见她去北京了。

郭强：她应该是去北京了……

张瑾一下紧张起来……

（暗场）

40　合肥洛岗机场　（夜）

张瑾拖着行李箱赶往机场，一边给李子涛打手机……

张瑾：喂，睡了吗？

李子涛的电话声：刚躺下……

张瑾：我刚到合肥，赶去哈尔滨的航班。看来你得辛苦一下了……我联系不上余珍，法院的人说，她到现在没有收到郭强的死刑核准通知书……

41　北京　街道　出租车内　（夜）

出租车行驶中的主观……

李子涛已经在出租车上，还在和张瑾通电话：我已经上了出租车，正往电视台赶……

42　合肥洛岗机场　候机楼　（夜）

张瑾站在落地玻璃窗前打着手机：无论如何得请他们帮这个忙，你一定要说服他们……

李子涛的电话声：我尽力而为。

张瑾：我马上就把余珍的照片发给你，让她看见通知后立即赶回漠河与我汇合！

窗外一架飞机刚刚起飞……

43　北京电视台　新闻部　走廊（夜）

余珍的照片正在彩色打印中……

照片打印出来，便被一只手抽走。

此刻，李子涛正在和新闻部的吴主任交谈着。

李子涛：时间很紧急啊，现在距离死刑执行的时间也就两天……吴主任，我们希望电视台能帮这个忙，以满足死刑犯最后一个心愿……

吴主任：他的家属真在北京？

李子涛：我亲眼看见的！怪我一时没有认出来……

吴主任：这事我还做不了主，我得请示领导……

说着，他拨起了电话……

（暗场）

44　天安门广场

翌日清晨，国旗班从天安门城楼整齐走出……

整齐的军靴……

字幕：2005年5月1日

　　　北京　天安门广场

广场上，已经聚集了一些观看升旗的群众，其中就有余珍和陈小果，孩子心情激动，母亲则心情沉重……

闪回：陈立新回头对余珍说：明年五一黄金周，你带儿子上北京吧，记着拍张照片给我……

军乐队奏起了国歌……

国旗冉冉升起……

陈小果对着国旗敬礼……

余珍准备拿手机为儿子照相，这才发现手机没了。

陈小果：妈，快照啊！

余珍：对不起，儿子……妈手机忘在旅馆了……

陈小果失望地：真是的……

余珍就对边上一位大姐说：大姐，能用你的手机为我儿子拍张照吗？
大姐：行……
余珍：我把手机号给您，回头麻烦您发到我手机上。
大姐：行，你写吧。
余珍连忙把手机号码写给了那位大姐。
大姐给陈小果拍下照片。
余珍：谢谢啊，大姐……
陈小果：谢谢阿姨……
他们刚刚离开，背后的大屏幕上就播送了寻找他们母子的通知，并附有一张余珍的照片——
电视播音员：来自黑龙江省漠河的余珍请注意，请你看见本通知之后立即赶回漠河，有急事……
那位照相的大姐看见了，但是再找余珍，已经不见人影了……

45　漠河郊外公路　警车内

警车在行驶着……
张瑾再次拨打手机：喂，我现在正往漠河赶，电视台的通知播出了吗？
传来的是李子涛的声音：已经播出了……

46　北京　公共汽车

忙了一夜的李子涛此刻正在公共汽车上……
车内的电视机也正在播放着通知……
李子涛：电视台的新闻从今天早晨起，一直在滚动播出，几家报纸也连夜改版，刊登了启事……
他手头正看着一张报纸，上面就登了余珍的照片和启事……

47　漠河郊外公路　警车内

张瑾：太好了！
警车往远方驶去……

48　漠河　陈立新家　门前

警车在门前停下。

张瑾和法院的王副院长下车。

张瑾看着这家小饭店，心情很是复杂。

王副院长：张律师，还是先去宾馆休息一会，我们在这里派了专人蹲守，一旦余珍和孩子回来，就通知你。

张瑾：好……不过，暂时先别告诉孩子……

王副院长：我们知道……

（暗场）

49　漠河　某宾馆（夜）

张瑾还在给李子涛打电话：……第一天已经过去了，还是没有余珍的消息，我手机一直都开着在……

李子涛的电话声：别急……

张瑾：我能不急吗？还剩下最后一天的时间，如果不能让他们见上最后一面，我这辈子都会感到遗憾的！

50　北京　某招待所（夜）

晚上，余珍带着陈小果回来了。孩子手里拿着一串冰糖葫芦和玩具，显得兴高采烈的。

陈小果：要是爸爸跟我们一起来就好了……

余珍敷衍着儿子：以后还有机会的……

说着，就到服务台去拿钥匙：306。

正在看电视的服务员把钥匙给了余珍，同时还递给她一瓶水：玩了一天，挺累的吧？

陈小果：不累。

余珍带着儿子上楼去了。服务员继续看电视，电视屏幕下方一直在播放着字幕广告，其中就有寻找余珍的，但服务员根本就没有留心。

51　北京　某招待所房间（夜）

余珍正在找手机，可是怎么也找不到……

余珍：小果，你没发现妈妈的手机吗？

小果在看电视，用遥控器随便换台，一边回答：没有，不会被人偷走了吧？

余珍想了想……

闪回：她走出北京站的时候，一个男青年碰了她一下。

余珍：天啊，还真是……

她失落地坐在床上，自语：这下坏了……坏了……和你爸爸联系不上了……

陈小果安慰妈妈：妈，回去再买一个吧，现在手机不贵的……

忽然，电视上出现了余珍的照片。

陈小果叫起来：妈，你上电视了！

余珍抬头一看，电视上正在播送通知：来自黑龙江漠河的余珍请注意，请你看见本通知之后立即赶回漠河，有急事……

余珍一下站了起来……

（火车声先出……）

52　原野　火车　（夜）

一列火车呼啸而过……

53　火车　车厢内　（夜）

硬座车厢内，余珍带着儿子踏上了归乡之途……

陈小果：妈，怎么刚到北京就走啊？

余珍不回答……

（暗场）

54　漠河　某宾馆

合衣睡在床上的张瑾被敲门声惊醒，连忙去开门。

门外站着的是王副院长：张律师，余珍回来了！

张瑾惊喜地：好……王副院长，我洗把脸，我们直接赶到大连……

王副院长：大连？

张瑾：我在网上查了一下，只有大连有飞江苏徐州的航班，到了徐州，就离淮北市近了。

王副院长：那好，我们派车送你们去大连机场！

55　通往大连的高速公路　警车内

警车急速行驶着……

车内，坐着张瑾和余珍，王副院长坐在副驾驶的位置上。

王副院长：大连那边的机票已经订好了，这样，今天傍晚你们就能赶到淮北了。

张瑾：谢谢……

王副院长：是我们要谢谢你啊，张律师。毕竟，郭强和余珍户口落在咱们漠河……

余珍难过地流着眼泪……

王副院长：余珍，不要太难过了，你得保持一个好的状态，让郭强安心上路……

余珍低声抽泣着……

张瑾握着余珍的手……

警车向远方开去……

58　大连　周水子机场　进口处

一架飞机刚刚升空……

但是，这不是张瑾她们的航班。

字幕：2005年5月3日下午1时

大连周水子机场

此刻，她和余珍刚刚下车，正和王副院长道别。

王副院长：余珍啊，见到郭强，给我带上一句话——这辈子走错了路，下辈子再改过来！

余珍含泪点点头……

张瑾和王副院长握手：谢谢你，王副院长！

王副院长：以后来漠河，提前给我一个电话。

张瑾：好！

警车开走……

张瑾：时间还早，你要不要睡一会？

余珍：张律师，我想给立新买双鞋，可以吗？

张瑾：当然可以，我陪你。

两人起身。

59 机场附近 耐克店

一双耐克鞋拿在了余珍手里，那是一双洁白的球鞋。

余珍：就这双。

服务员：这款有点老了，我们这里还有其他的款式，您不打算再挑一下？

余珍：不，我就要这双。多少钱？

服务员：九百二十一。

余珍付钱……

60 机场附近

买完鞋的余珍和张瑾一路走来，一边交谈着。

余珍：他就喜欢这款……当时因为开店，钱紧，我没让买……想想真对不起他……

张瑾：要说对不起的，应该是他。骗了你和儿子十多年……

余珍：不，不……张律师，我，我不怪他！

张瑾有些意外……

余珍：他是犯了死罪……可他对我还是个好男人，对儿子，也是个好父亲啊！

张瑾被余珍的话触动了，她沉默了片刻，才问：余珍，你和郭强——就是陈立新，怎么认识的？

余珍：我们是在做生意的时候认识的……我以前也是卖鞋的……

61 漠河 中俄边境贸易市场 （余珍的回忆）

热闹的中俄边境贸易市场，熙熙攘攘……

字幕：漠河 中俄边贸市场

1994年3月

余珍正在和一个俄罗斯女贩子谈鞋的生意,由于她不会俄语,所以只能比比划划地交流……

余珍:一百双以上,打八折怎样?

俄罗斯女贩子不懂,用夹生的中国话说:什么叫……八折?

余珍:就是一百块钱只收你八十。

俄罗斯女贩子:为什么只收八十?

余珍不耐烦地:少收你钱你还问为什么?你这人真是……

这时,一个小伙子过来了,用比较流利的俄语说:她的意思就是给你非常大的优惠,你买得越多,就越优惠。

他就是那时的郭强。

俄罗斯女贩子听明白了,也笑了:我要五百双!

余珍也高兴地:那就七五折!

女贩子叫人开始装货,同时在一边数钱……

余珍这才对郭强说:谢谢你啊。

郭强:不客气。

余珍:你是新来的吧?我以前咋没见过你啊?

郭强:对,我是新来的……叫陈立新……

62　机场附近

张瑾有些惊讶地看着余珍:他还能说俄语?

余珍:他也是学的,他聪明,学得快……

张瑾:你们就这么认识了?

余珍:对……一年后,我就嫁给了他;年底,孩子就出生了……

突然,远方传来了一阵雷声……

机场上空,乌云密集,远雷一阵阵逼来……

张瑾看看天空,很是不安……

63　大连　周水子机场　候机厅

果然,很快就传来了机场的广播声:各位旅客,由于气象条件不允许,今天下午全部航班将取消……

旅客们一下炸了锅,议论纷纷……

"怎么这么倒霉啊!"

"这鬼天说变就变啊!"

"我早说不能坐飞机……"

余珍看着张瑾:张律师,这,这咋办啊?

张瑾当机立断:改火车!

64　大连火车站　站台　(夜)

镜头从火车站降下……

字幕:2005 年 5 月 3 日 18 时 30 分
　　　大连市火车站

一列火车正待发车……

张瑾和余珍匆忙跑来……

65　火车　硬座车厢内　(夜)

随着火车的发车,车厢也开始了晃动……

车厢里还是人满为患,张瑾和余珍二人挤在一个角落里,好在还有个座位,她们就这样在嘈杂声中交谈着。

张瑾:你看,我们乘这列火车,九个小时之后,也就是明天凌晨一点就可以到达徐州了,徐州离淮北只有三个小时的车程,还来得及的……

余珍:但愿吧……

张瑾:火车不像飞机,上了车就没有什么变动了。即使是晚点,那也是前后个把钟头的事……

余珍点点头……

66　火车　原野　(夜)

汽笛声中,火车呼啸着向茫茫黑夜奔去……

(暗场)

67　淮北市　看守所　会客室　(夜)

此刻,高管教正在和郭强交谈。

高管教:我刚刚和张律师通过电话,飞机虽然晚点了,但她们已经改乘了火车。今晚十二点左右，就能赶到徐州了。

郭强：十二点？

高管教：你放心，市法院有专车在那里等候……

郭强：让你们费心了……

高管教看看表：还有十来个小时，去睡会吧。

郭强看着高管教，没有说话……

68 火车 原野（夜）

火车继续在向前行驶着……

字幕：2005年5月3日21时10分

69 车厢连接处（夜）

夜渐渐深了。这节车厢里，大多数旅客已经睡了。

在车厢连接处，张瑾和余珍还在低声交谈着。

张瑾：余珍，你和陈立新结婚十一年，就从来没有发现他有什么异常吗？

余珍想着：现在想起来，也还是有的……

70 哈尔滨 街头（余珍的回忆）

余珍的声音：他这个人平时是不出远门的。只有一次，那是正准备结婚的时候，我硬着拖着他去哈尔滨，给我挑几件衣服……

余珍和陈立新从一家商场出来，手里提着几只服装袋，两人都兴高采烈的样子。

余珍：这件衣服好看吧？

陈立新：对，其实你穿什么衣服都好看。

余珍：那你说，那件最好看？

陈立新凑近余珍的耳朵：最好看的就是不穿衣服。

余珍：你坏死了！

两个人就这样开心地笑着，逛着街。

忽然，陈立新看见了前面有两个警察正迎着他走来，便本能地紧张起来，又一头扎进了那家商场……

余珍回头一看，陈立新不见了，便四下张望着……

陈立新躲在商场里，透过窗户看见警察走过……

他松了口气，然后才走出来。

余珍：你跑哪去了？

陈立新支应着：我，我刚才好像看见一个熟人了……

余珍：这是哈尔滨，不是漠河，你哪来的熟人啊？

陈立新：是个老毛子……以前买过我的货……

余珍：你这死人！

陈立新站住了：你说我什么？

余珍：我说你是个死人！

陈立新迟疑片刻，才勉强笑了起来：对，我就是个死人……

71　车厢连接处　车厢内　（夜）

余珍抽泣起来：我怎么能说他是……死人呢？我这嘴……

张瑾递给余珍一张纸巾：想想，他隐藏的这十一年，实在很累……

余珍：对，他就是这么说的……抓他那天，他就是这么说的……

闪回：陈立新对便衣警察说：我不会跑，跑了十一年，累了……

张瑾：余珍，时间还早，去打个盹吧？

余珍：我不想睡……

突然，火车那一端传来了一阵躁动，张瑾看过去，那边有几个人都围起来了……

于是，张瑾便赶过去……

一看，原来是一个年轻的产妇即将临盆，腿部都有羊水和鲜血溢出了！

边上人七手八脚地把产妇放倒在座位上，议论纷纷——

"这么大肚子咋还出门呢？"

"不得了，得赶紧找医生啊！"

不到一会，广播里传出了声音：各位旅客，现在11号车厢有位产妇即将临盆生产，请妇产科大夫和护士赶快过去……

张瑾一看，知道事情麻烦了！

72　火车　餐车内　（夜）

产妇已经被临时送到了餐车里，很快就有两个妇产科的大夫和护士参与抢救。

车厢两头也被乘警把持着，张瑾站在外面，偷偷看了一下手表……

时间已经是晚上十点了！

73　车厢连接处　（夜）

张瑾走过来，对余珍说：这里没你的事……

余珍：张律师，火车……火车不会停下来吧？

张瑾：但愿不会……

74　火车　餐车内　（夜）

那位产妇已经陷入到昏迷之中……

护士用车上急救的点滴给她输液。

两位大夫在低声商量着——

大夫甲：胎位不对，顺产的可能性没有……

大夫乙：看来只能在就近的医院进行手术了！车长——

女车长走来，大夫便和她低声交谈着……

张瑾看到这种场景，预感到情况不妙……

75　火车　车厢连接处　（夜）

余珍在这里对着窗外默默祈祷着……

张瑾走来，她一样地焦急，默默看着祈祷的余珍……

这时，车厢内再次响起了广播声：旅客同志们请注意，为了抢救这位产妇，我们的列车在经过上级批准后，拟改道行驶……

余珍一听愣住了：改道？张律师，怎么能改道啊！

张瑾沉默着……

这时，那位女车长正好匆忙路过，余珍一下抓住她的胳膊，有些失控：不能改道啊！车长，我求求你们了……

女车长不解地看着余珍：人命关天，对不起！

张瑾连忙过去将余珍拉开：余珍！

余珍哭泣着：你们不能这样啊……

张瑾：总得先顾着活人吧？

余珍愣愣地：对……先顾着活人……

张瑾知道自己的话重了，便道歉：余珍，对不起……

76　火车　原野　（夜）

道岔突然分开，那列迎面开来的火车驶向了另一条道……

（暗场）

77　某火车站　站台　（夜）

那列火车迎着镜头驶来……

这是一家小火车站，但站台上已经停放了救护车和警车。一些医护人员和警察在做好接应产妇的准备……

字幕：2005年5月3日23时零8分

　　　某火车站

火车到站，徐徐停下……

立即就有担架上车，不一会，那位产妇在医护人员的护送下抬出来了，然后转送到那辆救护车上……

接着，张瑾带着余珍也下了火车。

站台上，很快只剩下了张瑾和余珍。

张瑾看了看表，时间已经接近十二点了。她说：这个地方没有去徐州方向的列车……

余珍：那怎么办啊？

张瑾：别急……

她走到一边，先去小卖部买了两瓶矿泉水，递给余珍一瓶，自己也喝了一口，然后拿出了手机……

电话很快就拨通了：喂，高管教吗？我是郭强的律师张瑾……

78　淮北市　看守所办公室　（夜）

高管教在接电话，激动地：张律师，你们到了？

79　某车站　站台　（夜）

张瑾在远处接电话：没有……火车也遇到了一点问题。我们现在停在某车站……

80　淮北市　看守所办公室　（夜）

高管教：那可怎么办啊？这边已经在做执行前的准备了啊！
张瑾的电话声：我知道……
高管教：要不，我让法院的车赶去接你们？

81　某车站　站台　（夜）

张瑾：不行……这里距离淮北市至少还有五百多公里，往返就是一千多公里，无论如何也是赶不到的！所以，我想，能不能让中院直接给这边的法院来个电话，请他们派车送我们？要是这样，执行之前我们还是能够赶到的！
余珍远远看着，忧心忡忡……

82　淮北市　看守所办公室　（夜）

高管教：张律师，我马上向院里请示，你等我电话！
（暗场）

83　公路　警车内　（夜）

夜色中，一辆警车远远驶来……
字幕：2005年5月4日1时14分
车内，警车小马在驾驶着车，还打着哈欠。
小马：这可是我出车最早的一次了……一条腿还插在梦里呢。
张瑾和余珍坐在后面。
张瑾：小马，不好意思，搅了你的美梦了。
小马：其实也算不上什么美梦，就是梦见第一个女朋友来找我借钱……就这，当时弄得我还很紧张，老婆在家呢！
张瑾笑了一下：结婚几年了？

小马：去年才结……有了孩子，奉子成婚啊！
张瑾笑了一下。
小马：张律师，你孩子多大了？
张瑾：我还没有孩子呢……
小马：你是不想要吧？
张瑾：也许吧。就当是为国家做点贡献吧。
余珍看着一身警服的小马，却引起了回忆……

84　漠河　陈立新家　（余珍的回忆）

那是他们的孩子两岁的时候……
有一天，陈立新从外面回来，刚进家就听见一声"不许动！"
他抬头一看，原来儿子穿着一身警服，拿着玩具手枪，正对着他。
陈小果：爸爸，我像不像黑猫警长？
陈立新先是一笑，接着就说：儿子，咱不穿这身衣服好吗？
陈小果：不，我就是要当黑猫警长！
陈立新突然将儿子的衣服脱了下来：不许穿！
余珍进来：你干吗啊？我刚给儿子买的……
陈立新：你干吗给他买这身衣服？
余珍：我为什么不能买啊？你说？为什么？
陈小果哭了起来……
余珍抱着儿子，看着陈立新：神经病！

85　警车内　高速公路　路口　（夜）

警车突然煞住了。
余珍抬头一看，原来高速公路已经封闭了！
红色的灯光指示牌上显示着：前方大雾，高速封闭！
小马下车跟交警在交涉着……
张瑾看了看表……
不一会，小马回到了车上：前方高速全程封闭，即使我们通过了，到了别人的地界上还是照样被轰出来……
张瑾：有别的路吗？

小马：那还是有，估计会慢一些。

张瑾：慢多少？

小马：两个多小时吧？

张瑾：那可能就来不及了……

余珍再次哭泣起来……

小马：要不，咱们就走山路吧，这样会近很多。

张瑾：好……

小马将车倒出来，离开了高速公路……

（暗场）

86 山路 警车内 （夜）

山道弯弯……

警车在山间行驶着……

字幕：2005年5月4日2时11分

车内，小马在谨慎驾驶着，一边安慰张瑾：翻过这座山，等于少走了七十多公里……

张瑾：那以后呢？

小马：以后的路就好走了，省道……走过百公里左右，如果雾散了，咱们还可以插到高速上……

张瑾：只要我们能在天亮之前赶到淮北就行……

小马：那应该没问题！

张瑾：余珍，这下你可以放心了吧？

余珍：谢谢……谢谢你们……

87 淮北市 中级人民法院 院内 （夜）

几辆摩托车和警车已经将车灯打开……

其中，有一辆引人注目的死刑执行车，看上去像是一辆救护车。

庭长和检察官、法警指挥人员从办公楼里走出来……

字幕：2005年5月4日3时

安徽省淮北市中级人民法院

所有车辆开动……

88　淮北市　街道　（夜）

警车车队迎面驶来，驶在寂静的大街上……

这个阵势，看上去很是瘆人！

89　淮北市　街道　警车内

车内，庭长和另一位法官在低声交谈着。

法官：看来他们是赶上不上了……

庭长：一小时前，张瑾来了电话，说当地法院已经派专车送他们过来，可是，又遇见高速公路封闭……

警车远去……

90　山道　警车内　（夜）

小马驾驶着警车还在行驶之中……

车到拐弯处，突然，迎面过来一辆马车。车灯照着马车，让马惊了！

小马也惊吓得把车轮往里面一打，车一头撞在了山壁上，损坏了。

马车也被车夫制服住。

车夫吓得不轻，口齿不清地：对，对不住……

小马跳下车，看看自己的车子，沮丧而恼怒地：你不知道这条道不能走马车吗？

车夫：知道……

小马：知道你还走啊？差点闹出人命！

张瑾也下了车。

小马：张律师，看来赶不到了……

张瑾一下没话了，她看了看表……

字幕：2005 年 5 月 4 日 3 时 40 分

张瑾慢慢走向了余珍，扶着她的肩膀：余珍，对不起……

余珍这时候反倒是克制住了：张律师，你们都尽力了……要是能够推迟一天，我就能把这双鞋，给他穿上了……

张瑾看着余珍……

突然，她又拿出了手机，可是拨打了几下，都没有信号。

张瑾：小马，你的手机有信号吗？

小马：山里都不会有信号的……

张瑾：我想联络我先生——他就是这个案子的一审法官，正好在北京学习。我想让他直接去找最高人民法院的有关领导，请求推迟一天执行……

小马：推迟一天？

张瑾：对……

小马：张律师，法律是有尊严的，这怎么可能……

张瑾：我知道这种可能性几乎没有，但，但是我还是想试试……

小马：那这样吧，你写上短信，写清楚，我骑马下山给你发！

张瑾：对……对对！

于是，她连忙开始发短信——

91 山道 （夜）

马蹄疾驰……

小马骑着马，一手举着手机，在往上下赶……

92 山下 公路边 （夜）

小马骑着马下了山，他勒住缰绳，看着手机——信号渐渐恢复了！

他按动了发送键，短信发送成功！

93 北京 某招待所 （夜）

躺在床上的李子涛此刻正在熟睡，他似乎听见了床头柜上的手机发出了震荡，但翻了个身又睡去了……

过了片刻，手机再次发出了震荡……

李子涛侧身睁开眼，看见手机上亮着信号指示，便打开了台灯，拿起手机一看——

张瑾的画外音：子涛，我们已经尽力了，但还是不能如期赶到。现在，只有靠你了……

李子涛立即披上衣服，出门……

94　北京　长安街　出租车内　（夜）

疾驰的出租车……

字幕：北京 2005 年 5 月 4 日 4 时 15 分

车内，李子涛焦急地看着表……

张瑾的画外音继续：我知道，推迟一项死刑判决的执行日期，这在我国司法史还是史无前例的，但事到如今，我还是想通过你做最后的努力。法律是至高无上的，但我更相信，在人间大爱面前，法律也许会做出让步……

95　北京　最高人民法院门前　（夜）

出租车停在了最高法院的门前……

李子涛下车……

（暗场）

96　北京　最高法院会议室　（夜）

庄严的会议室，与会的法官已经陆续抵达……

主持者打开了郭强一案的卷宗……

字幕：2005 年 5 月 4 日 5 时 30 分

　　　　最高人民法院会议室

97　淮北市　看守所　院内　（黎明）

执行行刑的各种警用车辆都已停当……

法警威严地站在车边，等待出发……

字幕：2005 年 5 月 4 日 5 时 35 分

　　　　安徽省淮北市看守所

98　北京　最高法院会议室　（黎明）

这里的会议正在进行中……

主持人在发言……

字幕：2005 年 5 月 4 日 5 时 40 分

　　　　最高人民法院会议室

99　会议室外　走廊　（黎明）

李子涛在等待着最后的结果……

100　淮北市　看守所　走廊　（黎明）

庭长、检察官以及相关执行人员走来……
字幕：2005 年 5 月 4 日 5 时 45 分
　　　安徽省淮北市看守所

101　看守所　监舍　（黎明）

高管教带着即将走向刑场的郭强走出了监舍……

102　看守所　会客室　（黎明）

法官正在对郭强验明正身……
法官：姓名？
郭强：郭强……

103　山道　（黎明）

张瑾和余珍拄着树枝做成的拐杖，正走下上来……

104　看守所　会客室　（黎明）

郭强在按手印……
郭强在进行最后的拍照……
警察将郭强的脚镣打开……

105　淮北市　看守所　院子

外面的天已经亮了……
郭强走出来，抬头看了看天，再回头，就看见了那辆死刑注射车……

106　看守所　院子　注射车内

行刑的法医正在做最后的调试……

107　淮北市　看守所　院子

庭长看了看表……

字幕：2005年5月4日6时25分
　　　　安徽省淮北市看守所

庭长做了个手势。

很快，两个戴着白手套的法警将郭强押上了注射车……

108　看守所　院子　注射车内

郭强安静地躺下……

法医将他的手脚逐一固定……

109　淮北市　看守所　院子

庭长的手机突然响了起来……

他立即接听，传来的是一个严肃的声音：我是最高人民法院死刑核准庭庭长……

110　北京　最高人民法院　会议室

庭长在打手机：鉴于郭强一案的特殊性，经研究，决定将死刑执行日期推迟24小时执行，特此命令！

（暗场）

111　淮北市　看守所　门前

一辆警车在看守所门前停住……

字幕：2005年5月4日12时
　　　　淮北市看守所

张瑾和余珍下车……

112　看守所　会客室

余珍在等待着郭强……

郭强出现了，他慢慢走近妻子，对她一跪……

113　看守所　会客室隔壁

张瑾看到这样的场面，禁不住眼泪溢出，她悄然离开了……

114　看守所　院子

张瑾走到院子里，走到一个僻静的地方，放声哭了起来……
忽然，她的手机响了，她接听：喂，哪位？
传来的是一个女声：请问，是张瑾律师吗？
张瑾：我是。
女声：我知道你接手了郭强的案子，我有件东西传给你……

115　看守所　会客室

郭强抹着眼泪，劝慰妻子：我走了，你要把儿子带好……
余珍：我知道……我把手机弄丢了，要不，就能让你看见他在升旗时的照片……
这时，张瑾走进来了，把手机递给了郭强——那上面正是陈小果在国旗下的留影！
余珍：这是……
张瑾：是那位好心的大姐给我发来的……
郭强看着儿子的照片，激动得眼泪落在了手机上……
张瑾：郭强，你还有别的要求吗？
郭强：张律师，我想把身上有用的器官，比如眼角膜、肝脏、肾脏，捐给需要的人……可以吗？
张瑾看着郭强，点点头……

（暗场）

116　淮北市　看守所　院子

天色渐亮……
院子里又一次恢复到昨日的情形。但增加了一辆医院的救护车以及几位医护人员，他们有的手里还拿着保存人体器官的器具。
字幕：2005年5月5日6时

安徽省淮北市看守所

117　看守所　会客室

余珍蹲在地上，将那双耐克鞋给郭强穿上……

118　看守所　走廊

穿着新鞋的郭强在法警的押送下走来……

119　看守所　院子

郭强走向了那辆注射车……
张瑾搂着余珍，两个女人的心情一样沉痛……
注射车的门关上了……

120　注射车内

那双正对着镜头的穿着新鞋的脚，在经过短暂的痉挛之后，突然停住了！
黑片。

字幕：2005年5月5日6时30分，故意杀人犯郭强在安徽省淮北市被注射执行死刑。

对死刑执行令推迟一天执行，这在中国司法史上是第一例。

（暗场）

121　淮北火车站　站台

一列火车正在出发……
张瑾在送余珍上车，她们默默无语，只是轻微地挥了挥手……
火车离开，张瑾却还站在站台上。
这时，她的手机响了，传来的是李子涛的声音。
李子涛电话声：都结束了？
张瑾：都结束了……
李子涛的电话声：我们的学习班明天正式开学……
张瑾含着眼泪：子涛，早点回来吧……
李子涛的电话声：我知道……

张瑾：我在家等你……
她关了手机，向远方走去……
演职员表自下而上……

2011 年 2 月 19 日，初稿北京

天 足

1 广西东兴 飞凤村 田野

一双孩子的手在田边的水塘里摸索着……

从水面的倒影里，可以看清这是一个八岁的男孩。很快，他摸到了一件东西——那是一顶锈迹斑斑的军用钢盔，上面还有一个枪眼。

男孩很高兴，先是把钢盔戴在头上，回头一笑，显得十分可爱。后来他又将它取下当作足球，沿田埂踢着……

夕阳西下，连绵起伏的山峦……

山脚下，是一片贫瘠的村庄，炊烟袅袅……

这是中国广西东兴的边境地区，一个叫作"飞凤"的村子。

辽阔的田野上走着收工回家的乡亲，其中有些人穿着传统的壮族服装，他们赶着耕牛，扛着农具，一路说说笑笑……

男孩踢着钢盔，跟在大人的后面……

片头字幕陆续出现。

男孩抬起脚，把钢盔踢下了一处坡地……

钢盔往下翻滚……

男孩在追逐，灵活的小腿在奔跑着……

突然，传来了一声巨大的爆炸……

烟尘里，男孩的一条腿飞到了天上……

2 广西防城港 码头仓库（夜）

迈克便在这爆炸声中惊醒了，一头坐起。

惊魂未定的他一头是汗，气喘吁吁，仿佛还没有从刚才那个噩梦中挣脱出来……

迈克是一名美国人,这一年他三十六岁。他算得上一个英俊的男子,但此刻却胡子拉碴,形容憔悴,看上去就像混在纽约布鲁克林区的落魄艺术家。这座防城港码头的旧仓库,成了他的临时居所。绳索上晾着衣服,简陋的行军床边上堆放着成箱的方便面和矿泉水,床底下是一些空的啤酒瓶。

他睡在堆积如山的货物之中。这些纸箱子上一律贴有"天足"的商标,其实里面装的是假肢。尤其是一条广告用语特别有趣——

你想扔掉拐杖和轮椅,穿条裤子逛街吗?

现在的迈克成了假肢推销商,其实几个月前,他是这家"天足"公司的老板。

外面不断划过闪电,不时还伴有轻微的雷声……

3 防城港 码头(夜)

迈克从仓库里走出来,外面的天很黑,风很大,闪电和雷声时而划过,眼见着一场大雨将至……

他走到码头上,孤寂的路灯在风中显得格外迷茫,从海面上传出的轮船汽笛声空洞而悠远,一艘夜航的轮船正在远去……

字幕:广西 防城港 1998年8月

迈克茫然看着眼前波涛起伏的水面……

(暗场)

4 纽约 曼哈顿大桥

水面渐渐明亮……

早晨,阳光照射在美丽的哈德逊河上,一群海鸟自水面掠过,飞往远处的曼哈顿大桥……

字幕:四个月前

纽约 曼哈顿 1998年4月

在这座大桥上,依旧行进着密集的上班车辆……

迈克的车就在其中，当时的他身着灰色条绒的休闲西服，牛仔裤，外表整洁，只有忧郁的神情让我们想起，这是曾经在防城港码头见过的那个男人。

迈克一边吃三明治一边开车，顺便还听着车内的广播，这是一个财经频道，说的是华尔街的新闻，比如说谁家的股票又跌了，谁家金融机构的评级标准被下调了，一听就明白，那时的美国正处于经济危机之中。

迈克不禁摇了摇头……

5　华尔街　美国证交所内

证交所内一片混乱，证券经纪人拿着电话在嚷嚷……

电子显示牌上的交易在不断变化，数字几乎一片绿色，道格拉斯股票全线下挫……

6　华尔街　美国证交所外

那头著名的公牛雕塑，此刻似乎真的有点愤怒了。不过还是有一些游客在它跟前拍照留念，他们大都是中国人，全是灿烂的脸，给人一种幸灾乐祸的感觉。

迈克的车经过此地，他看着车外的景象，表情与那些拍照的游客是那样的格格不入。

这时，他的手机响了，他接听。

传来的是一个男人的声音，显得有些急促：迈克，你到哪了？

迈克敷衍一句：刚过那只牛。

电话里的男声：银行那帮家伙和警察已经等得不耐烦了……

迈克：史蒂文，你先对付着吧，我这正堵着呢。

果然，在他前面的路口，红灯再次亮起，路上两排车辆全都停下了……

（暗场）

7　曼哈顿某街　天足公司门前

迈克开办的是一家专门生产、经销假肢的公司，取了一个莫名其妙的中国式名字——天足。公司位于曼哈顿某条街上，看上去还是一个挺讲究的门面，几面大橱窗里陈列着各式的假肢，基本上是腿，上面照例张贴着那句醒目的产品广告用语——

你想扔掉拐杖和轮椅，穿条裤子逛街吗？

迈克的车已经停在门前。

不一会，他陪同两名银行官员和两名警察从里面走出来。

他的律师史蒂文，一个胖乎乎的中年男子，跟在后面。

银行官员：迈克，事情必须有个了断。你知道，只有美联储可以印钞票，而我们不能，贷款逾期不还，就只能封你的房子了。

迈克苦笑着：也好，从明天起，我可以安心在家睡个好觉了。

银行官员：那我们就法庭上见吧。有关法律上的一些细节……

迈克打断：法律上的事你跟史蒂文谈，我还得去工厂跟我的那群工人说声道歉，失陪了。

史蒂文点点头。

他们说话的时候，两名警察已经开始在往门上贴封条了。其中一个警察看着那张广告，不解地自语：这是什么意思？难道还要人光着屁股逛街？

迈克应道：我现在不就光着屁股吗？

说着，他就上了汽车，很快就开走了……

8 布鲁克林 假肢工厂仓库外

迈克的假肢工厂位于纽约布鲁克林区，一个比较荒凉的地方。车间已经关闭，院子里四处可见一些废弃的原材料和不合格的假肢产品，残肢断臂，横七竖八，猛一看还以为是战场。

迈克的车又停到了这里。

仓库里面渐渐传来了迈克的声音：……事情就是这样，我已经尽力了……

9 假肢工厂仓库内

仓库里堆满着"天足"排假肢产品，有成箱的，也有零散的。几十个工人在围着迈克开会，这已经是这家企业最后的会议了。

迈克的发言也到了尾声：只是很抱歉，这个月的工资实在发不出来，只能让各位拿点货回去……

工人们全都阴沉着脸，但没有人反对。

迈克不无自嘲地：或许有一天，想扔掉拐杖、穿裤子逛街的人多了，没准这批货还会涨价，不比房子差多少。

一个年纪稍大的黑人员工率先站起来：迈克，别说了，如今这个年头人连脸都不要了，谁还要腿呢？

说着，他扛起了一包假肢，又提了一只，先离开了。

于是工人们便纷纷拿起分配给自己的货物……

很快，工人们全都离开了，仓库里只剩下了迈克。他独自行走在各式的假肢中间，仿佛是走在一座屠宰场里……

他似乎是情不自禁地摸着一条"腿"……

10　新泽西　迈克家　卧室

这条腿突然动弹了，举得高高的……

此刻，迈克的妻子瑞秋正在床上和一个年轻的男子做爱，瑞秋其实是台湾人，那男子是送快递的邮差，连迈克也不知道这对狗男女是什么时候搞上的。

邮差：瑞秋，你真打算和迈克去中国旅游？

瑞秋：对，我们这次是去桂林，先飞香港……

邮差：那什么时候回来？

瑞秋：很快……回来我就给你电话……

邮差：迈克今天不会提前回来吧？

瑞秋：不会，他每天都是早出晚归……

正说着，房门突然推开了，迈克出现在了门口——

床上的两个赤裸的人惊吓万分，慌张地用被单遮挡着颤抖的身体。

但是，迈克似乎并不吃惊，又把门带上了。

11　新泽西　迈克家外

迈克的家在哈德逊河对岸的新泽西，是一座独栋的小别墅。和喧闹的曼哈顿相比，这里显然要安静很多，路上几乎看不到什么行人和车辆。

迈克的表情还是比较平静，或者说比较麻木，他正打量着停在自家的门前的这辆快递专用摩托车，然后点上了一支烟……

不一会，那年轻的邮差穿好衣服，难堪地出来了，他胆怯地从迈克身边走过，还歉意地欠了一下身，然后就准备发动摩托车。

突然，迈克不知从哪里抄起了一根棒球棍，狠命朝那邮差的腿挥去！

邮差顿时就被撂倒，滚在地上痛苦地叫喊着……

12 迈克家 卧室

从窗户里偷看的瑞秋也吓得一声惊叫。

13 迈克家 门前

迈克继续挥动着棒球棍……

瑞秋从屋里跑出来拦住他：迈克，会闹出人命的！

迈克这才住了手，扔掉了棒球棍，回手就抽了妻子一记耳光，然后用一句标准的汉语骂道：婊子！

瑞秋捂着脸跑回屋里……

邮差还在地上呻吟着：你打断……我的腿了……

迈克叼着香烟，接着就从汽车后备箱里，拿出了一副假肢，"咣当"一声扔到了那痛叫不迭的邮差面前……

（暗场）

14 曼哈顿 哈德逊河畔

几天后，迈克独自坐在河边的椅子上用饼干屑喂着水鸟。远处，就是那座著名的自由女神塑像。他没刮胡子，神情自然更加憔悴。

不一会，那位叫史蒂文的律师手里捧着爆米花摇晃着来了，坐到了迈克身边。

史蒂文：迈克，法院的裁决可能对你不利。

迈克：哪个裁决？

史蒂文一边吃一边说：两个裁决都不利。捉奸在床，离婚不难。财产嘛，存款平分；瑞秋没有工作，所以房子得归她——当初我就劝你不要冲动，应该把房子当作婚前财产加以公证，可你就是听不进去，还说什么东方女人善良……

迈克：那时我也没想到会破产……我还能分点什么？

史蒂文：也就是仓库里那一堆货了——法院是按市场批发价作价的，与你家房子的价格大致不差……

迈克火气上来了：那我把它抵给银行他们怎么就不认账了？这他妈的是什么法律？啊？

史蒂文：我已经尽力了……中国不是有句成语，叫祸不单行吗？你就慢慢卖吧……

说着，他拍拍迈克的肩打算先离开，但又站住了：迈克，你还打算去中国桂林吗？

迈克不禁叹了口气，欲哭无泪。

史蒂文：也好，出去散散心吧……

说着，律师就离开了。

一只水鸟好奇地看着迈克……

（飞机引擎声先出……）

15　桂林机场

引擎声轰鸣……

一架波音客机正在着落……

字幕：中国广西　桂林机场　1998年6月

16　机场海关

这是一班来自香港的航班，旅客中大都是外国人，其中就有迈克，他已经刮了胡子，穿着一件花衬衫，戴着棒球帽、墨镜，显得很酷。

迈克递上护照，然后摘下帽子。

海关边检人员比照了一下，盖上戳子，用英语说：欢迎来桂林观光。

迈克却用汉语回答：不客气。

这让海关人员有些意外。

17　漓江　竹筏

峰峦起伏，漓江蜿蜒流长，宛如一幅水墨长卷……

迈克的身影已经出现在漓江的竹筏上，顺流而下，他对着四处拍照，心情显得特别好。

他用发音略嫌古怪的汉语自语：桂林山水甲天下，阳朔山水甲桂林……中国人说话总是喜欢绕来绕去……

这时，江面上远远飘来了歌声：

唱山歌嘞——
这边唱来那边和……

迈克闻声望去，远处驶来一艘旅游公司的白色游轮，唱歌的是一个穿着白色裙子的姑娘。

迈克转身对撑筏的老人：大爷，这是什么歌？

老人：刘三姐……

迈克有些不解：刘三姐？

老人点头。

那艘游轮正迎面开来，站在船头甲板上为游客演唱的是一个年轻美丽的女子，秀发飘飘，穿着一条白色的裙子……

18　漓江　游轮

唱歌的女子是这艘游轮上的导游小姐，叫阿玉，今年二十五岁，毕业于民族学院，长相清纯而动人。

她继续唱道——

山歌好比春江水嘞，
哪怕滩险湾又多……

19　漓江　竹筏

竹筏上的迈克激动不已，他大喊一声：刘三姐——

接着他就纵身跳到了江里，向着那艘游轮划去……

竹筏上的老人吓了一跳……

20　漓江　游轮

游轮上的人全被迈克这个近乎疯狂的举动吸引住了，大家一齐站起来，向江面欢呼着……

迈克奋力向这边游来……

很快，游轮停下了。

迈克被两个船员拉上了船。

浑身湿透的迈克看着游客，继续用汉语说：大家好，我叫迈克，是美国人。

大家为迈克这几句汉语鼓掌……

这时，阿玉也转过身来，看着迈克……

迈克也看着姑娘，一边脱下衬衫，用手挤着……

（暗场）

21　漓江码头

翌日早晨，码头上还是一片繁忙，那艘游轮正在接待登船旅游观光的客人，阿玉扶着一位老人上船：您走好……

忽然，迈克又出现在了排队登船的旅客里，这让阿玉有些意外。

边上一个叫小林的姑娘对阿玉嘀咕：这不是昨天那家伙吗？

不料这句话被迈克听懂了，他用汉语回答：对，我就是昨天的那个家伙……我就是冲着"刘三姐"来的……

他看了看阿玉，后者的脸竟一下红了。

大家一起哄笑起来……

22　漓江　游轮

游轮在漓江上划出美丽的波纹，仿佛一把剪刀，将缎子一样的江面裁开……

架子鼓再次敲打起来……

阿玉再次为游客演唱"刘三姐"——

唱山歌嘞——

这边唱来那边和……

突然,迈克也拿起了另一只话筒,接着唱到——

山歌好比春江水嘞,
哪怕滩险湾又多……

大家一起鼓掌,阿玉也对迈克笑了……
歌声中,游轮远去……

(暗场)

23　码头附近一条街　(夜)

华灯初上,码头附近的这条街上慢慢进入了夜市时分。一些居民在街边摆起了小摊子,他们有不少是少数民族的,其中壮族居多。这些各式各样的地方小吃和旅游工艺品,让游客们留连忘返……

迈克走来了,开心地看着路边的摊点,然后在一家花店前,买下了一束红玫瑰……

24　码头附近　某旅游公司宿舍　(夜)

旅游公司的女生宿舍是一个套间,外面是厅,里面是卧室,摆着两张床,阿玉在拖地,同屋的小林刚洗完澡,在凉台上晾衣服,两人一边闲聊。

小林:还真别说,那家伙今天唱得还真不差……

阿玉:美国人就喜欢掺和……

小林:阿玉,那家伙是不是看上你了?

阿玉:瞎说什么呢。

小林:如今嫁个老外也不是什么新鲜事,我要是有你这条件,早就……

这时,传来了敲门声,接着是迈克的声音:有人吗?

阿玉顿时就紧张起来,对小林做了个手势,慌张地躲到了里屋。

小林打开门,手捧鲜花的迈克礼貌地对她笑着。

小林：你怎么找上门来了？

迈克傻笑着：这地方不大，很好找。请问，阿玉在吗？

小林：不好意思，阿玉不在。

迈克有些失望，于是就把鲜花给了小林：这个，请交给她，她教会了我唱"刘三姐"……谢谢。

小林：行，拜拜。

说着，就把门关上了。

确认迈克离开之后，阿玉才从里屋走出来。

小林把鲜花扔给阿玉：看见了吧，这家伙想泡你。

阿玉不屑地：门都没有……

忽然，楼下传来了迈克的歌声——

唱山歌嘞——
这边唱来那边和……

阿玉和小林都跑到窗口，偷偷往下看着……

25　某旅游公司宿舍　楼下　（夜）

迈克边走边唱——

山歌好比春江水嘞，
哪怕滩险湾又多……

路上的行人全都驻脚看着迈克，有人好奇，也有人鼓掌……

26　某旅游公司宿舍　（夜）

楼上的阿玉不禁浅笑了一下，然后闻了一下手中的花……

（暗场）

（电话铃声先出……）

27　桂林市　某酒店客房　（夜）

这是市内一家五星级酒店客房，此刻迈克已经回到了房间，正在洗手间洗脸。听见电话响，便走出来拿起了话筒。

传来的是史蒂文的声音：迈克，我是史蒂文。你现在到哪了？

迈克：广西桂林。

28　布鲁克林　假肢工厂仓库

由于时差，此刻是美国东部时间上午10点左右，史蒂文走在那堆假肢中间打着手机。

史蒂文：刚才来了一个客户，说按出厂价的一半，把库存产品全盘过去，你觉得怎么样？

29　桂林市　某酒店客房　（夜）

迈克：你疯了？这个价格我连本都捞不回来。

史蒂文电话声：那这堆东西总不能老压着吧？

迈克：等我回去再说吧……

史蒂文电话声：你打算什么时候回来？

迈克：这个……这个我现在还说不好，得看情况……

30　布鲁克林　假肢工厂仓库

史蒂文：什么情况？你是不是又被女人缠住了？你这人总改不掉"东方女人"情结……

但是迈克的电话已经挂断了。

31　桂林市　某酒店客房　（夜）

迈克挂了电话，靠在了床上。然后拿出手机，看着自己偷拍的阿玉照片……

他又哼唱起来：唱山歌嘞……

（暗场）

32　漓江码头

翌日一早，迈克又买票上了这艘游轮。但是这次他没有见到阿玉，他四下张望着……

这时，小林走过来：你又是来找阿玉的吧？
迈克：对。
小林：她不在……
迈克有些意外：为什么？
小林：昨天她家里来电话，说她妈妈病了，就连夜赶回去了。
迈克：那，那她的家在哪？
小林：远着呢，挨着越南。
说着，小林就忙别的去了。
迈克看看手里的票根，若有所思……

33　广西东兴　乡村公路

一辆农用车行驶在贫瘠的山道上……

车厢里坐着迈克，此刻他正看着四野的风景，又不时看一下手中的地图……

不一会，车停下了。

迈克利索地下车，他手里还提着一袋水果。他看着连绵起伏的群山、远处那片陈旧的村庄和一缕缕炊烟……

这就是我们一开始见到的地方。

字幕：广西　东兴

司机是一位年过半百的男人，指着前面的村子，用当地方言说：那里就是飞凤村。

迈克没听懂，但明白是什么意思，便从钱包里拿出一张50元面值的美金递给司机，但后者却没有要，说：你还是给我人民币吧。

迈克还是没有听懂，那司机就从迈克的钱包里抽出了两张100元的人民币。

迈克点点头。

司机又对迈克说开了，连带比划，看上去是在提醒他注意什么，可迈克终于还是听不懂方言。

告别司机，迈克走上了那条通往山村的小道……

34　田间小道

已经是收获在即的季节，小道两边的稻田都是一片金黄，几个农民正在田间干活，他们看见迈克这个外国人，全都停下来，好奇地盯着他看。

迈克对大家微笑着，一边哼唱着：唱山歌嘞……

田间里的农民全都开心地笑了……

35　飞凤村　村口

迈克终于走进了这个叫飞凤的偏僻山村。由于他的突然出现，让各家的人全都从窗口、门口露出了脑袋，他们的神情是一样的好奇，却没有人迈出家门来。连村里的狗都不敢上前……

迈克正迟疑着，这时，一个大约十三岁的少年骑着一头牛过来了，迈克便上前拦住他打听，用汉语问道：请问，这里是飞凤村吗？

少年：是啊。

迈克：我是迈克，从美国来，想找个人……

说着，就拿出手机，给少年看上面自己偷拍的阿玉照片。

少年笑了：她是我姐，我叫阿龙。

迈克很意外，接着也开心地笑了：这么巧……

可是，等这个叫阿龙的少年从牛背上跳下来时，迈克这才发现，原来他是个瘸子，只有一条腿。

阿龙：我姐不在家，她在桂林呢。

迈克有些失望：可她的同事明明告诉我，她昨天晚上就回家了，还说你妈妈病了……

阿龙笑了：那肯定是骗你的，我阿妈好着呢！

迈克这才意识到上当了，自嘲一笑……

36　桂林　旅游公司宿舍

小林格格笑个不停……

阿玉推了她一下：小林，你这玩笑可开大了！

小林：不是你让我帮你把那家伙支开吗？

阿玉：谁知道他还真的跑去了，我刚接到阿妈的电话，骂我呢……

小林：没准啊，这会儿你阿妈正在招待这个未来的洋女婿呢！

阿玉把小林推倒在床上：你再瞎说？

两个姑娘闹成了一团……

37　飞凤村　阿玉家

阿玉的家很简朴,但与农民的家还是有所不同,因为阿玉的母亲是一位乡村小学的教师,家中有书架、办公桌,电视机和电话,墙上还贴了一些"优秀教师"之类的奖状,另外还有像贝克汉姆这样足球明星的画,显然是阿龙的偶像。

阿玉的母亲刘老师,年过半百,但显得有些憔悴,她很瘦弱,戴着一副旧式的近视眼镜。此刻,她正和迈克、阿龙一起吃饭。

几个孩子好奇地站在门口,其中又有两个挂着拐杖。

刘老师给迈克夹菜:乡下的菜还吃得惯吗?

迈克:很好吃!这些,在美国根本就吃不到。

刘老师:你的汉语说得不错……

迈克:阿玉的英语也说得很棒,歌也唱得好,她很优秀。

刘老师:迈克,你在美国是做什么工作的?

迈克迟疑了一下:我以前开过工厂,后来,倒闭了……

刘老师:电视上倒是常说,美国这几年正闹经济危机。

迈克:现在想想,这样倒也不错,要不,我哪有时间来桂林旅游?也就不会认识阿玉了……

刘老师看出迈克的心思,淡笑了一下。

38　飞凤村

阿龙领着迈克出村……

这时,村里的人都陆续从家里走出来了,有的还端着饭碗。迈克忽然发现了一个事实——这个村子里的人很多都是瘸子,有的挂着拐杖,有的坐着自制的土轮椅,这让他不免有些惊讶……

39　村外　河边小桥

他们沿着一条小路走着,走过一座小石桥,迎面又走过去一个瘸子。

迈克看着周围,不禁感叹:这地方风景很好……就是太,太……

他一时想不起适当的词语。

阿龙:你是不是想说"太穷了"?

迈克：对，是穷……穷得让人都买不起一副假肢……

阿龙有些困惑：假肢？什么假肢？

迈克比划着：就是假的腿，但是，装上之后，可以穿上裤子，可以像正常人一样逛街……

他总是忘不掉那句让他引以为豪的广告用语。

阿龙：好像在电视上见过……那东西贵吗？

迈克：不贵，也就两千块，你觉得可以承受吗？

阿龙：要是桂林有，我姐肯定会给我买。

迈克：不用，我送你一副。

阿龙：真的？

迈克伸出手：来，我们拉钩。

两人还真的拉钩了。

这时，迎面又走过来一个瘸子，看了他们一眼……

等那人走远，迈克又问阿龙：这里……怎么会有这么多的瘸子？

阿龙：是地雷炸的。

迈克没有听懂。

于是，阿龙又比划着说：地雷——炸的。

迈克惊讶地看着阿龙：地雷？

阿龙：我们村有117个人，但只有165条腿；我们学校320人，只有483条腿……

迈克慢慢陷入了沉思……

（暗场）

40　桂林　某酒店客房　（夜）

刚从东兴乡下回来的迈克洗好澡，正对着镜子刮胡子，听见电话铃响，便走出来拿起话筒：哈喽。

传来的是阿玉的声音，也用英语：迈克，我是阿玉……

迈克很意外：阿玉？

阿玉的电话声：今晚月亮很好，你愿意出来走走吗？

迈克高兴地：OK！

41　漓江边上　（夜）

月亮落在漓江里，波光粼粼……

迈克和阿玉一起在江边散步，没想到这次的恶作剧，反倒拉近了他们的关系，两人用汉语交谈着。

阿玉：不好意思，让你白跑了那么远的路……

迈克：不，我没有白跑，我见了你母亲，她很慈祥，还有你弟弟阿龙，他很聪明，我们现在是朋友了……

阿玉：对我的家乡印象如何？

迈克：好山，好水，好风光……就是残疾人太多，有很多人拄着拐杖……

因为激动，迈克后面的话便下意识地换成了英语：阿龙说是地雷炸的，可我还是不明白，和平时期怎么还会有地雷？

阿玉的表情黯淡下来，同样也用英语回答：那都是过去留下的……将近20年前，那里发生过一场战争……

这一说，迈克就明白了：我好像记起来了，但我没想到就发生在那里……

阿玉：那一带是前线，双方都在埋设地雷……

迈克：有多少？

阿玉：两千公里的边境线上，双方至少埋下了500万枚地雷……

迈克惊讶地：500万枚？

阿玉：这还是官方公布的数字。

迈克一声叹息：上帝，这太可怕了……地球上最美丽的地方，竟然会有这样的悲剧……

阿玉：战争虽然早已结束，可是地雷却至今没有清除干净，每年都有人不幸踩上地雷，包括像阿龙这样的孩子……

迈克再次思索着……

（电话铃声先出……）

42　纽约　史蒂文家　卧室　（夜）

正在睡梦中的史蒂文突然被电话铃声惊醒。

他欠起身,看看床头柜的电子钟,此刻才是凌晨三点多。

他拿起电话,传来的是迈克那遥远的声音:史蒂文,我是迈克……

史蒂文:从中国回来了?

43　桂林市　某酒店客房

这里是北京时间下午三点多。

迈克:没有,我还在桂林。史蒂文,我找到了一块很大的市场……

史蒂文的电话声带着疑问:市场?你不是都已经破产了吗?

迈克很兴奋:我现在没有时间跟你解释,但是我要你尽快帮我把仓库里那一批货,全都发到广西防城港来!

44　纽约　史蒂文家　卧室　(夜)

史蒂文将信将疑:全都发过去,市场有那么大吗?

迈克的电话声:这里的市场规模难以想象……

史蒂文:见鬼,你到底是去中国旅游还是谈买卖啊?

45　桂林　某酒店客房

迈克:中国有句成语叫顺手牵羊,史蒂文,你得尽快帮我办理一些海关的法律手续,回头我把具体的发货地址 E-mail 给你……

46　纽约　史蒂文家　卧室　(夜)

史蒂文:不不,迈克,你还是先把运输费划到我账上,这样一大笔钱我不可能替你垫付。另外,这也不是我分内的事,我们之间需要一份协议,这笔生意我至少得有10%的提成……

47　桂林　某酒店客房

迈克爽快地:OK!

(暗场)

48　桂林　街道　某中餐馆外　(夜)

暮色苍茫,街上渐渐热闹起来……

渐渐从这家中餐馆里传出迈克的声音：阿玉，过几天我想去周围走走……

49　某中餐馆外（夜）

迈克和阿玉正在用餐，一边交谈着……

阿玉：好啊，桂林不大，该看的地方你差不多都看过了。

迈克：这里的人不爱说普通话，所以我想带着阿龙，让他给我当翻译，可以吗？

阿玉：他正好刚放暑假，就是腿脚不方便。

迈克：我答应以后帮他装上假肢。

阿玉：他在电话里都跟我说了，你不用破费，两千块钱我还是能出得起的，但这份情我领了。

迈克：不用，这是我自己的产品。我以前就是做假肢的……

阿玉有些诧异：你？做假肢？

迈克：对，我的工厂能生产品种齐全的假肢，在美国，"天足"这个牌子在同行业里还是有点名气的……

阿玉笑了：假肢居然叫"天足"？这肯定是哪个中国人给你取的……

迈克：没错，是我妻子，她是台湾人……

阿玉的筷子停下：难怪你能说汉语……

迈克意识到口误，便立即纠正，有点难堪地：其实现在已经是前妻了……来中国之前，我们刚刚离婚……

阿玉避开迈克的目光，随即沉默下来……

（暗场）

50　广西　凭祥　友谊关

一艘公交大巴驶来，停下。

旅客们下车，其中就有迈克，他带着阿龙作为向导和方言翻译，到这一带考察假肢市场来了。

在他身后不远的地方，就是著名的友谊关门楼，能看见威武的中国士兵持枪站岗。

字幕：广西　凭祥

迈克用照相机给站岗的士兵拍照，又将镜头拉近，又拍下了对面的越南那边的哨兵。然后，他看了看"友谊关"三个字，问阿龙：那是三个什么字？

阿龙：友谊关。

迈克：友谊关？

阿龙：对。

迈克不禁摇了摇头。

51 凭祥乡下

当天下午，迈克和阿龙来到了一个边境村落，在村口，他正向一位村长模样的人在展示自己笔记本电脑里的假肢产品……

一些村民依旧是好奇地围在边上观看，他们也大都是瘸子。

村长用当地方言说：两千块还是贵了一点……能按批发价卖吗？

阿龙用普通话翻译：他说两千块还是贵了，问你能不能按批发价卖？

迈克想了想：十副以上可以打九折。

阿龙又用方言对村长说了。

村长又问：那五十副可以打八折吗？

阿龙继续翻译。

迈克点点头：OK！

村长很满意，也说：OK！

（暗场）

52 广西 防城港 码头

防城港停泊着几艘国际海轮，一些大型吊车在繁忙地装卸集装箱货物……

字幕：广西 防城港

不一会，一辆出租车驶来，下车的还是迈克和阿龙。

迈克看着这个大码头，不无感慨地：没想到，这个码头竟然有这么大……

这时，他的手机响了，他看了一下，接听。

很快就传来了史蒂文的声音：迈克，我找了关系，相关的法律手续全都办齐了，货已经开始装箱……

53　纽约港

一只大吊臂正起吊一只集装箱装上海轮……

史蒂文站在码头上打手机：一共是两个集装箱，等于给你全盘清仓了。预计一个月以后就能抵达广西防城港……

54　防城港　码头

迈克兴奋地：我现在就在防城港……这个港口很大……

史蒂文电话声：你的市场调查做得怎么样？

迈克：比我预计得还要好。

55　纽约港

史蒂文：那就好，别让我想起中国一句老话——煮熟的鸭子飞了。

56　防城港　码头

迈克颇为得意地：放心吧，它飞不了，你就安心用这笔钱结婚吧……

57　纽约港

史蒂文不屑地：我没你那么傻，见到喜欢的女人就想到结婚……

58　防城港　码头

迈克：我不跟你闲扯了，我得赶紧去租一间大仓库……

说着，他挂上了手机，对阿龙做了一个很酷的手势。

可是阿龙说：迈克，我饿了。

迈克这才想起该吃点东西了，就问：想吃什么？

阿龙：肯德基！

59　防城港　码头仓库

一大包肯德基和一大瓶可口可乐放到了阿龙面前。

此刻，迈克和阿龙坐在这间空旷的大仓库里用餐。两只箱子作为椅子，一只汽油桶当做桌子。

阿龙：迈克，你真的打算把假腿运过来呀？

迈克：货已经发出了，一个月之后就能到这里。

阿龙很是向往：装上假腿，真的就能走路了？

迈克：当然，你可以像正常人那样穿着裤子逛街。

阿龙：那上学也没问题了？

迈克：没问题。

阿龙：那可以踢足球吗？

迈克迟疑了一下，耸了耸肩：这个，暂时还不行……不过我相信，只要我的工厂活过来，我就能生产出能踢足球的假肢！

阿龙：你的厂子……死了？

迈克：现在看起来，只是休克，很快就会活过来……

两人拿起可乐碰杯。

过了片刻，迈克又向阿龙提起了一个话题：阿龙，你姐姐有男朋友吗？

阿龙有些犹豫：以前有过……

迈克：那现在呢？

阿龙：我姐不让跟你说这个。

迈克：好，那就不说……

两人继续吃喝起来……

（暗场）

60　桂林市　漓江码头　游轮

一段时间过去了。

又是一个早晨，小林和船员们正在布置着游轮，挂上了一些彩旗和彩灯，感觉就是像过节一样。

阿玉和几个来自歌舞学生的姑娘正在对着镜子化妆、换演出的衣服……

小林走过来，问正在化妆的阿玉：阿玉，这段时间怎么没见到那家伙啊？

阿玉：他到乡下玩去了。

小林：这人真傻，先是一阵子猛追你，眼见着有戏了，忽然又钻到乡下去了，白费力气……

阿玉：别瞎说，什么叫"有戏"啊？

小林：还装呢，那次你俩到江边遛弯，我看见了……

阿玉：不就是遛弯嘛，大惊小怪。

这时，船长吹响了哨子：到点了，各就各位，今天的游客多，大家都精神点……

于是，阿玉收拾利索，前去迎接登船的游客。她的目光一直留意着人群，但还是没有发现迈克的身影……

很快，游客都上齐了。一声汽笛之后，船员们解开缆绳，游轮渐渐离岸……

就在这时，迈克从远处跑来了，一边喊着：等等我——

眼见着他就要往上跳了，船上的阿玉情不自禁地大喊：迈克，小心！

但是迈克突然跃起……

他跨上了船，然后一个趔趄，阿玉连忙扶住了他，两人会心一笑……

61　漓江　游轮

架子鼓再次敲起来……

小乐队正在演奏"刘三姐"的过门……

那几个穿着壮族筒裙的姑娘开始了舞蹈，场面十分热闹。

然后是阿玉上场，今天的她格外引人注目，为游客们倾情演唱着：

唱山歌嘞——

这边唱来那边和……

迈克也走上来，接唱：

山歌好比春江水嘞——

哪怕滩险湾又多……

旅客们鼓掌……

游轮驶向远方，风景如画……

（暗场）

62　漓江码头　（夜）

夜幕降临，漓江边上不时升起焰火礼花，就像逢年过节一样。

忙碌了一天，迈克和阿玉从码头那边缓缓走来。

迈克：今天怎么这样热闹？

阿玉：今天是"七夕"……

迈克：七夕？

阿玉：中国农历的七月七日，是牛郎织女鹊桥相会的日子。

迈克：牛郎织女……这个神话传说我好像知道一点，他们很相爱。可我不知道什么是"鹊桥"。

阿玉：鹊桥，就是喜鹊们在天上搭建的一座桥。

迈克很困惑：喜鹊还能搭桥呢？

阿玉笑着：牛郎和织女原本是恩爱的夫妻，后来王母娘娘拆散了他们，用银钗划了一道银河，让他们不能相会……

迈克似懂非懂：哦，银河原来是这样来的……

阿玉：于是喜鹊们就在每年农历的七月七日这一天，用翅膀在银河上搭建一座桥，让牛郎和织女相会……

迈克：这太浪漫了……

两人渐渐走远……

63　漓江码头附近　某酒吧　（夜）

这是一个幽静的酒吧，人不多，灯光也很幽暗，看上去很有情调。迈克和阿玉对面坐着，一边吃着西餐一边低声交谈着。为了不想让外人听见谈话的内容，他们这次使用的是英语。

阿玉：这次下去时间可不短，差不多有一个月了……

迈克：我几乎在边境线上走了一趟，收获很大……

阿玉：哪些地方让你印象深刻？

迈克：其实我这次下去，不是旅游。我是在进行市场调查。

阿玉很困惑：市场调查？

迈克：要想推销产品，市场调查是第一步。

阿玉更加困惑：你想推销什么？

这时，迈克打开随身带来的笔记本电脑，向阿玉展现自己的假肢产品，真是各式各样，琳琅满目。

阿玉却不感兴趣，甚至觉得有点不舒服：迈克，今天是"七夕"，你却让我看这些东西……

迈克却还是兴致勃勃：你知道吗，我将要做一笔生意。广西边境一带，需要假肢的人太多了，还有云南那边……

阿玉：每次见面你都跟我谈假肢，就不能不提这个吗？

迈克：阿玉，这笔生意我们一起做，你是这里的公众人物，有影响力，你帮我推销，我给你10%的提成……

阿玉吃惊地：闹了半天，你是在利用我帮你做生意？

迈克使劲解释：不不，这不是利用，是双赢——中国人现在不是特别爱说这个词吗？

阿玉实在无法忍受，扔掉手里的餐巾布，生气地离开了。

迈克这才意识到自己哪里出了问题，一时不知所措……

（暗场）

64　漓江码头　游轮

翌日是个阴天，那艘游轮即将出发。

迈克的身影又出现了，但这次他没有登船，而是站在一个不起眼的角落，看着船逐渐离开……

船上的阿玉也失去了往日的笑容，只顾埋头干活。

这时她的手机响了，她看了一眼，然后挂断了——显然，这还是迈克打来的。

65　漓江码头

沮丧的迈克慢慢收起手机，望着江面上已经远去的游轮，不禁一声叹息……

66　桂林市区　老街

老街上熙熙攘攘，车水马龙……

迈克茫然地走着，想着和阿玉之间出现的不愉快，神情显得阴郁，就跟今天的天气一样。

忽然，他无意中看见了对面的一个橱窗里陈设着假肢产品，便停住了……

67　老街　假肢店内

迈克推门走了进来……

这个新开张的店十分冷清，没有一个顾客，只有一个微胖的女店员在打瞌睡，见有人进来了，便打了个哈欠。

迈克礼貌地：你好。

女店员好奇地看着迈克：你会中国话呢？

迈克点点头：你们这个店是新开了吧？我以前没见过……

女店员：上个星期才开张。

迈克：我想看看你们的产品……

女店员：腿还是手？

迈克：腿。

女店员看了看迈克的腿，觉得有些奇怪——这人的腿明明是好好的。

迈克解释：不是我自己使用，我就是想了解一下这个产品……

女店员尴尬地笑了一下，就从货架上搬出了一条"腿"，放在了迈克面前，然后用抹布擦了擦上面的灰尘。

迈克仔细察看着，能感觉到他的手法很专业。

迈克：这副假肢多少钱？

女店员：这是最好的，三千八。

迈克又指着货架上另外一种稍嫌简单的：那种呢？

女店员：这个便宜，三千二。

迈克：两千能卖吗？

女店员看了迈克一眼：两千连本都捞不回来……

说着，就把那副假肢抱走了。

迈克却暗地里笑了……

68　某酒店门前

这就是迈克下榻的那家五星级酒店，出入的客人大都是前来旅游的外国人。

一辆出租车驶来，在门前停下。

迈克从钱包里拿出10美金给司机。

但是司机说：先生，我们不收美金。

迈克：哦，对，我有人民币……

然后，他就递给了司机一张10元的人民币。

司机笑了一下：先生，你得再加50元。刚才广播里说了，今天人民币和美元的比价是1比6.48。

迈克愣了一下，很快就反应过来：不好意思。

于是，他再补上了50元人民币给司机，然后下了车。

等出租车离开之后，迈克突然意识到了什么疏漏，便脱口叫了声：上帝……

69　某酒店客房

迈克抓起电话就拨号，一边把领带扯下，看得出他是多么焦急……

70　纽约　史蒂文家　卧室（夜）

此刻是美国东部时间晚上11点左右，换了睡衣的史蒂文正打算睡觉，电话响了起来，他拿起话筒。

很快就传来了迈克急促的声音：史蒂文，我是迈克……

史蒂文：你怎么总是半夜里来电话？

71　某酒店客房

迈克焦急地：史蒂文，我可能犯了一个错误……我忽略了美元和人民币之间的比价，当时所说的两千，其实当地人都认为是人民币，而我一直认为是美元……

72　纽约　史蒂文家　卧室（夜）

史蒂文一听就傻了：上帝，你怎么连这个都没有搞清楚？还说什么市场调查，见鬼……

73　某酒店客房

迈克激动地：以前这些琐碎的事都是由会计师去处理，我只管产品生产和开发……你知道，我这人一向粗心大意，我老婆背着我跟邮差偷情，半年后才被我发现……

74　纽约　史蒂文家　卧室（夜）

史蒂文打断：迈克，我没工夫听你小子瞎扯。我得明确地告诉你，这错误是致命的，这笔生意你不仅赚不到一分钱，还得倒贴进去搬运费、运输费、仓储费——你他妈的赔大了！

75　桂林市　某酒店客房

迈克：史蒂文，你看看能不能帮我想想办法，求求你了……

史蒂文电话声：那批货马上就要到广西防城港了，我能想什么办法？不找你索赔就等于是放你一马了，别再烦我！

电话里出现了"咔哒"一声，接着边是"嘟嘟"的忙音。

迈克也放下了电话，双手紧紧捂住了脸，这个打击对他确实是致命的，简直就是雪上加霜。

过了片刻，传来了门铃声。

迈克前去开门，门外站着的是一个送快递的邮差，他递给迈克一个快件：先生，您的快件。

迈克有些困惑：哪来的？

邮差：防城港，请在这里签字。

迈克一下就傻了……

76　防城港　码头（雨）

烟雨中，一声低沉浑厚的轮船汽笛……

码头上，那艘由纽约港开来的货轮正在卸货……

大吊臂正把一只集装箱运到岸上……

迈克浑身被雨淋湿，绝望地看着茫茫的水面，他眼睛里也是湿漉漉的，分不清是雨水还是泪水……

独自站在大吊车边上迈克，此刻的身影显得是那样的渺小……

（化）

77　码头仓库　（雨）

那些贴着"天足"商标的货物，经过一个月的海上颠簸，如今全都堆放在这个大仓库里，迈克在其中茫然走动着……

货物上的广告用语依然很醒目——

你想扔掉拐杖和轮椅，穿条裤子逛街吗？

迈克撕下了那张广告……

（化）

78　码头仓库

迈克已经退掉了酒店，从桂林市搬进了这座仓库里，临时支上了一张行军床，周围堆放着一些方便面、矿泉水以及啤酒瓶。他一下苍老了不少，胡子拉碴，形容憔悴。

此刻他正在吃方便面，这时，听见了一声沉闷的门响，便抬头看去——

一只拐杖先伸进了门，接着就出现了阿龙的身影，身上还背着书包。

迈克有些意外：阿龙？

阿龙看着这满仓库的货物，满心欢喜地：迈克，我猜对了……我的腿该到了，开学了，我得穿着新腿去上学……

迈克递给阿龙一瓶矿泉水：对，新学期得有一个新形象……我这就给你装上！

说着，他就翻出了一只纸箱，然后用一把工具刀划开——里面是一副适合阿龙的假肢。

阿龙高兴地：哇噻！

迈克开始为阿龙装假肢……

门口的两名搬运工好奇地朝这边看着……

迈克的手脚十分利索，用不了一会，就装好了。

迈克：阿龙，站起来试试。

阿龙有些胆怯地站起来……

迈克又微调了一下长度：不用怕……扔掉拐杖……

阿龙扔掉了拐杖……

迈克：来，迈开你的新腿……走几步……

阿龙便按迈克说的做了，他慢慢挪动脚步，走了一步，接着又是一步、两步——他成功了！

阿龙一把抱住迈克，大声喊道：迈克，我可以穿着裤子上学了！

迈克也是激动不已，但他的激动还掺有心酸……

（暗场）

79 广西东兴 飞凤村

那座熟悉的村庄再次呈现在我们眼前，依旧是炊烟袅袅……

80 飞凤村 阿玉家

阿玉又回来了，正在收拾东西，把一些换季的衣服往行李箱里放。

刘老师一边批改作业一边问：这回去北京要住多少日子啊？

阿玉：通知上说是两个月。

刘老师：你都已经工作几年了，怎么还要培训啊？

阿玉：这次主要是培训外事接待业务，各地挑了一些英语比较好的。

刘老师摘下眼镜：阿玉，上回来的那个迈克跟你还联系吗？

阿玉迟疑了一下：最近没有……

刘老师：他还在桂林？

阿玉：可能吧，妈，你怎么变得爱打听了？

刘老师：我也就是随便问问，做你这行，有几个外国朋友也不是什么坏事……

阿玉：妈，我做饭了。

刘老师：等等阿龙吧，他今天一早就去了防城港……

阿玉有些意外：啊？

81 飞凤村 村口

一辆农用车在村口停下。

阿龙从上面下来，他已经扔掉了拐杖，往村里走去——虽然走得有些别扭。等他走进村，很快就吸引了许多人的目光，大家十分惊讶地看着这个少年，一时间没有人敢出声⋯⋯

阿龙调整了一下书包，很自信地往前走着⋯⋯

这时，忽然有个孩子问：阿龙哥，你不用拐了？

阿龙：不用了！

大家这才一起围过来，拉起阿龙的裤管，争相来看阿龙的那条假肢，用手抚摸着，议论纷纷——

"天啊，还真能走路呢！"

"穿上裤子一点都看不出来，像真的一样⋯⋯"

这时，刘老师出现了，喊了声：阿龙⋯⋯

阿龙回过头，微笑着朝妈妈走去⋯⋯

他越走越利索，一下子就扑到了母亲怀里：阿妈，我有腿了！

母亲的眼泪顿时就涌出了，紧紧抱住儿子：阿龙⋯⋯

这情形让窗户里的阿玉也看真切了，她也是一样的激动，热泪盈眶⋯⋯

（暗场）

82　防城港　码头仓库　（夜）

累了一天的迈克刚刚冲了个凉水澡，换上衣服，这时，他的手机响了⋯⋯

他拿起来接听，传来的是阿玉的声音，使用的是英语：迈克，我是阿玉⋯⋯

迈克：哦，阿玉，阿龙到家了吗？

83　飞凤村　阿玉家　（夜）

阿玉在外屋打手机。

里屋，阿龙已经睡下了，怀里还抱着那只假肢⋯⋯

刘老师坐在床边看着熟睡的儿子⋯⋯

阿玉含着眼泪：他已经睡了，谢谢你为他安上了假肢⋯⋯他很高兴，连睡觉都抱着它⋯⋯

84 防城港 码头仓库 （夜）

迈克：或许有一天，我能为他安上能踢足球的假肢……

85 飞凤村 阿玉家 （夜）

停了片刻，阿玉又说：迈克，你生意上的事，阿龙都对我说了……我很抱歉，不仅没有帮上你，反而还误导了你，当时我应该强调一下，两千元是指人民币，不是美元……

86 防城港 码头仓库 （夜）

迈克：不不，阿玉，这不能怪你，当时我们说的是汉语，是我自己太冲动，也太大意……

87 飞凤村 阿玉家 （夜）

阿玉：我知道你眼下处境很难，可我不能去看你了，明天，我要去北京参加一个培训班……

迈克的电话声：什么时候能回来？

阿玉：两个月以后……

88 防城港 码头仓库 （夜）

迈克：那，我们还能见面吗？

89 飞凤村 阿玉家 （夜）

阿玉：只要你还在，回来之后，我就去看你……

刘老师在里屋看着女儿……

90 防城港 码头仓库 （夜）

迈克：不，我去桂林机场接你，说定了！

阿玉电话声：迈克，你要保重……

迈克：我没事的，阿玉……到了北京，方便的时候，给我电话……

91　飞凤村　阿玉家　（夜）

阿玉：我会的，我会给你发 E‑mail……晚安，迈克……

92　防城港　码头仓库　（夜）

迈克：晚安……

挂上电话，迈克看着眼前这一堆货物，不禁苦笑了一下，然后躺到床上，自语：中国有句古话，偷鸡不成蚀把米……

（暗场）

93　防城港　码头仓库

翌日上午，迈克还在睡觉，就听见了外面的敲门声。

迈克立即穿上衣服：来了……

等他把门打开，外面站着的是一个穿西装、戴眼镜的陌生男人，年纪大约四十来岁。在男人身后，还停着一辆奔驰车。

迈克：你是……

陌生男人地上一张名片，用英语回答：我叫陈其，是阿玉的朋友。

迈克看了一下名片：陈先生是做外贸生意的？

陈其：对。阿玉今天一早就给我来了电话，说了你的事……

迈克：给你们添麻烦了……

陈其：我可以先看看产品吗？

迈克：当然，请进……

于是，两人便走进了仓库……

94　防城港　码头仓库内

笔记本电脑上不断出现着一张张假肢产品的照片。

陈其看过之后，将电脑还给了迈克，两人一边看着身边的这些假肢产品，一边交谈，使用的还是英语。

陈其：迈克，这些产品的质量都非常好，而且品种齐全，问题是价格。

迈克：陈先生有什么好的建议吗？

陈其：据我初步了解，国内的同类产品，虽然质量不如你，但价格要比你的报价至少低一半，要是按照这个报价，我能帮你一次性清仓销售掉，但对于你而言，这笔生意等于就赔掉了一半，何况还有不菲的运输费……这个条件你能接受吗？

迈克：这个，让我考虑一下……

陈其：行，我等你回话，不过尽可能快一点。

迈克：我会尽快答复……谢谢你，陈先生。

看完货，陈其便上了车，对迈克挥了一下手就驾车离开了。

迈克望着车远去，脸上似乎显出了一些安慰，便立即拿出计算器开始了算账，一边自语着：赔了一半……加上运输费，还能收回多少……

忽然，传来了阿龙的声音：迈克……

迈克一抬头，看见阿龙已经站在了门口。

迈克有些意外：阿龙？你没上学？

阿龙：今天是报名……

迈克：走路习惯吗？

阿龙点点头：我已经把拐扔了……

紧接着，门口陆续出现了阿龙的一些同学——他们居然全都是瘸子，拄着各式各样的拐杖。

迈克很是惊讶：阿龙，这，这是……

阿龙很为难地：这是我的同学……他们也想把拐扔了，像我一样……想问问你，能不能便宜一点？

学生们全都带着乞求的眼神看着迈克……

迈克一时不知所措，半张着嘴……

（暗场）

95　飞凤村　田野　（迈克的梦境）

一个八岁的男孩从水沟里摸出了一顶锈迹斑斑的军用钢盔，那上面还带着一个枪眼。这是童年的阿龙……

辽阔的田野上走着手工回家的乡亲，他们赶着耕牛，扛着农具，一路谈笑……

阿龙跟在后面，踢着那顶钢盔，就像提足球一样……

钢盔滚动着……

阿龙追赶……

孩子跑动的小腿……

这原本是一幅美丽动人的乡村图景，突然，传来了一声巨大的爆炸……

烟尘中，阿龙的一条腿飞到了天上……

阿龙哭喊：迈克——

96　防城港仓库　（夜）

迈克便在阿龙的惊呼声中惊醒了：阿龙——

他欠起身，一头是汗……

他不断地深呼吸，似乎是想竭力摆脱刚才这个梦魇……

窗外不时掠过闪电，伴着轻雷……

97　防城港　码头　（夜）

迈克从仓库里走出来，外面的天很黑，风很大，闪电和雷声时而划过，眼见着一场大雨将至……

他走到码头上，孤寂的路灯在风中显得格外迷茫，从海面上传出的轮船汽笛声空洞而悠远，一艘夜航的轮船正在远去……

迈克茫然看着眼前波涛起伏的水面……

（暗场）

（电话铃声先出……）

98　某公司　陈其办公室

桌上的电话响起，陈其拿起话筒：喂，我是陈其……

传来的是一个男人的声音：陈总，昨天你跟我谈的那笔生意，我们研究了一下，可以做。

陈其：那太好了。货现在就在防城港码头仓库，各项手续齐全，随时可以提。

男人的电话声：陈总，你看价格上能不能再让点？

陈其：张总，我不是跟你说了嘛，这笔生意，其实对方赔了一半，我们公司分文不赚，纯粹就是帮朋友一个忙……

男人的电话声：那，那就约个时间看看货吧……

陈其：行，我马上就来联系。

放下电话，陈其显得有些高兴，正打算拨打手机，这时他看见女秘书正引着迈克往这边走来了，便起身相迎：迈克，你来得正是时候，请坐……

两人坐下。

陈其：我刚和买家通了电话，他们接受了你的所有条件，提出来马上看货……

迈克却有些不自在：陈先生，这批货我决定不卖了……

陈其很是意外：不卖了？你找我不就是要销售这批货吗？

迈克：所以我必须上门向你表示歉意……

陈其：迈克，这笔生意虽然你是赔定了，但出手总归比压仓好吧？毕竟你还能收回五十多万美金……

迈克：这笔账我已经算过了……

陈其停顿了一下：迈克，我能问一下为什么吗？

迈克：因为一个梦……

陈其更是困惑，看着迈克……

（暗场）

99　飞凤村　乡村小学

简陋的乡村小学坐落在半山坡上，几间老房子，门前的操场上升着一面国旗，迎风飘扬着……

渐渐传出了孩子的朗读声——唐代诗人骆宾王的《咏鹅》：

鹅、鹅、鹅，
曲项向天歌。
白毛浮绿水，
红掌拨清波。

一辆堆满货物的皮卡车驶进了画面，向着学校驶去……

100　乡村小学　教室

刘老师正在给孩子们上课。等孩子们朗诵完毕,她又说:同学们放学回去以后,要把这首儿歌认真地抄写三遍,特别要注意几个难写字的笔划顺序……

这时,她无意中看见了窗外迈克。

学生们也好奇地看着窗外……

下课的铃声响了……

101　乡村小学　教室外

一位年纪大的校工在摇着铜铃铛……

孩子们并没有像潮水那样涌出来,因为迈克很快发现,这些孩子中也有不少是瘸子,拄着各式各样的拐杖,都好奇地围着迈克看……

迈克对孩子们笑着打招呼:你们好,我是迈克,从美国来……

孩子们起哄:美国佬!美国佬!

阿龙也挪着脚步走来了:迈克!

迈克摸着阿龙的头:怎么样,新的腿好用吗?

阿龙:好用,越来越好用!

这时,刘老师走来了:迈克,今天怎么有空来了?

迈克看看周围的孩子,感慨地:我来看看这些孩子……开学了,他们应该和阿龙一样,能扔掉拐杖上学……

刘老师叹了口气:这里很穷,孩子们可能用不起你的假肢……

迈克:我不要钱。

刘老师很意外:不要钱?

迈克语气变得沉重:昨天晚上,我梦见阿龙的一条腿被地雷炸飞了……

阿龙有些难过,低下了头……

迈克接着说:他原本可以成为像贝克汉姆那样的足球明星……所以我想,这批货不卖了,我要捐给那些连一副假肢也买不起的人,特别是这些孩子……

刘老师激动得眼泪都溢出了,紧紧握着迈克的手:迈克……

（暗场）

102　乡村小学　一组镜头

一把工具刀划开纸箱……

迈克取出一副假肢……

迈克在装配假肢……

迈克正为一个断腿的孩子安装假肢……

装上假肢的孩子扔掉拐杖，在阿龙的示范下，试着走路……

孩子们鼓掌……

又一个孩子已经安装好了假肢，扔掉了拐杖……

边上的老师和同学一起为他鼓掌……

这时，周围的一些乡亲们也都闻讯赶来了，他们不仅围观，还为迈克当下手帮忙……

迈克开心地笑了……

103　飞凤村　阿玉家　（夜）

到了吃晚饭的时候，刘老师端上了一盘刚炒好的菜。

迈克正在门口洗手……

阿龙：迈克，吃饭了。

迈克：好，我这就来……

他将脸盆里的水倒掉，走进屋，三个人一起吃饭。

迈克：每次我来，都能吃到您做的这么好吃的菜，谢谢你，刘老师……

刘老师：应该是我替孩子们谢谢你……看着这些孩子扔掉了拐杖，我真是比什么都高兴……

迈克：我也很高兴，这是我这辈子做的最开心的一件事。

刘老师：迈克，阿玉给你打电话了吗？

迈克：没有……不过我们约好，有空就发 E－mail……

刘老师没听明白：伊什么？

阿龙插言：就是电子邮件，很方便的。

刘老师：阿玉要是知道你在做这件事，一定很高兴……

迈克的神情渐渐露出了对阿玉的思念……

（暗场）

104　防城港　码头仓库　（夜）

迈克回到了仓库，此刻，他正在电脑上读阿玉发来的 E-mail……

阿玉的画外音：迈克，知道你在做这件善事，我真的感到了一种前所未有的幸福，我替孩子们谢谢你……

迈克在回复着……

105　北京　阿玉宿舍　（夜）

阿玉也正在北京的宿舍里看迈克的 E-mail……

迈克的画外音：阿玉，这样说让我感到惭愧，应该是孩子们成全了我，让我做了一件平生最值得骄傲的事……

106　防城港　码头仓库　（夜）

一双手正搬起"天足"牌产品，放上推车……

光着膀子的迈克把货物从仓库里搬出来，再放上外面的皮卡车……

迈克的画外音在继续：我的产品叫"天足"，现在看来这的确是个不错的牌子——这个天，不是天然，而是上帝。

107　北京　阿玉宿舍　（夜）

迈克的画外音在继续：战争夺去了孩子们的腿，上帝就会重新给他们安上，好让他们像正常人那样穿着裤子逛街，或许有一天还能踢足球……而我，就是上帝的使者……

阿玉合上电脑，甜蜜地回想着……

她的眼前又一次浮现出与迈克相处的情形——

迈克跳到漓江，向游轮划来，第一次和阿玉相见……

迈克在游轮上和阿玉一起唱"刘三姐"……

迈克和阿玉一起在江边散步……

阿玉的眼睛不禁湿润了……

（暗场）

108　防城港　码头仓库外

翌日一早，迈克装好了车，锁上仓库，又准备出发了，一边还哼唱着"唱山歌嘞……"。

这时，陈其开着车赶来了。

陈其下车：迈克……

迈克迎上前：陈先生……

陈其看着那辆装满货物的皮卡车，不无感慨地：迈克，你可真行……

迈克：看见孩子们能扔掉拐杖，我特别开心……你信吗？

陈其点点头：我信……所以一接到阿玉的电话，我就赶来了……迈克，让我们一起来做这件事吧！

迈克有点困惑：一起做？

陈其：这些商品我们统一作价，你我各出一半。

迈克：不不，这不可以，我是捐助。

陈其：那就这样，你这次从纽约发货起的所有费用，包括以后发生的费用，都由我公司承担，可以吗？

迈克笑了一下：陈，我也想问你一句——为什么你要跟我一起来做这件事？仅仅是因为你是阿玉的朋友？

陈其的表情渐渐凝重了，然后说：迈克，我带你去一个地方……

109　凭祥　公路

蜿蜒的乡间公路上，一辆奔驰车在公路上行驶着……

开车的是陈其，迈克坐在边上，两人都没有说话。

突然，前方出现了路障和几名穿着作训服的军人，正用小旗子指挥着他们停车。

于是，陈其按照指挥将车停在了路边。

陈其和迈克下车。

一名中尉军官上前向二人敬礼：前方正在执行爆破任务，道路暂时封锁。

陈其：明白……

迈克有些困惑，低声问：爆破任务？

陈其：对……

话刚落音，就听见从山坡那边传来轰隆隆几声巨响，接着，腾起了一股巨大的烟尘……

迈克紧张地：怎么回事？难道这里还是前线？

陈其：他们是在执行排雷任务。从 1993 年开始，中国政府和军队已经先后进行了两次大排雷……

迈克：我能想象得出，这任务很危险……

陈其：有很多军人为此牺牲了……

前方的路障已经拆除，陈其的车开动了……

110　凭祥　军人墓园

这是一大片军人的墓地，墓碑从山脚下一直排到了山顶上，让人震撼……

不一会，陈其的车驶来了，在山脚下停住。

陈其和迈克下车，前者手里拿着一束白色的菊花，往半山腰走来。迈克跟在后面，有些紧张地看着这些墓碑，那上面镶嵌的几乎都是年轻军人的照片……

陈其：这些大都是参加过当年那场战争牺牲的军人……

迈克：他们……太年轻了……

在一处墓地前，陈其停下了，把手里的菊花放在墓前。墓碑上的照片是一名年轻英俊的中尉军官，镌刻着这样几个字——

陈平烈士之墓

（1967——1995）

迈克：陈平是谁？

陈其：我弟弟。

迈克很是意外：你弟弟？

陈其：也是阿玉初恋的男朋友……

迈克更加惊讶：原来是这样……

陈其：三年前，他在一次执行排雷任务中牺牲，年仅 28 岁……

迈克：上帝……

陈其：其实阿龙也不是阿玉的亲弟弟，他的父母也是死于地雷，刘老师收养了他……

迈克摇摇头：该死的地雷……

（暗场）

111　乡村　田野

连绵起伏的山峦已经出现了枯黄……

树上的叶子开始落了，随风飘舞……

秋天来了……

迈克的画外音：阿玉，转眼秋天就来了，山里的景色很美。在陈其的帮助下，我的工作进行得十分顺利……

112　飞凤村

迈克还在为乡亲们安装着假肢，边上一些已经装上假肢的孩子正在跟阿龙练习走路……

刘老师给迈克送来了一碗茶，让他歇会……

迈克一边喝茶，一边看着手机上阿玉的照片……

迈克的画外音：这次的中国之行，让我感慨万千。我在这里遇到的都是好人，比如你母亲，你弟弟，你的乡亲，特别是你，你就是我心目中最美的刘三姐……

113　北京　首都国际机场

阿玉拖着行李箱走来，一边拿手机发着短信……

阿玉的画外音：迈克，本想给你一个意外的惊喜，想想还是提前告诉你吧。我们的培训班结业了，我取得了优秀的成绩。此刻，我已经来到了首都机场，再过几个小时，我们就能见面了……

114　飞凤村

迈克看到手机上的短信，顿时就一脸的喜悦。

这时，阿龙来了：迈克，吃饭了！

迈克：不，我不吃了……

阿龙：咱们村的假肢全都装完了呀！

迈克：你姐姐今天就要回来了，我得马上赶到桂林机场去接她！

阿龙：那也得吃了饭才能走啊！

迈克：那可能就来不及了……

说着，就上了那辆皮卡车，一发动，却没打着火。于是他又连试了两次，还是不行。

他有些沮丧地下了车：这车怎么突然坏了……

阿龙：能修好吗？

迈克摇摇头：这不是我的专业……

这时，刘老师也来了：迈克，怎么了？

阿龙抢先回答：他要赶到桂林去接我姐，可是车坏了。

刘老师：那只能到镇上去等班车了……

迈克：镇上的班车很多吗？

刘老师：得两小时一班。

迈克看看表：不行，那肯定来不及了……我，我去路边等顺风车。刘老师，阿龙，等接到阿玉，我们一起回来。

说着，就打算离开。

就在此时，忽然身后传来了一声齐喊：迈克——

迈克转过身，他惊讶地看见，几乎全村的人都出来了，他们中间没有一个拄着拐杖、摇着轮椅的，他们全都站立着为迈克送行……

迈克被这个场景所震撼，所感动，眼泪顿时就溢出了……

乡亲们在喊：迈克，谢谢你……

迈克对乡亲们深鞠了一躬……

（飞机引擎声先出……）

115　北京　首都国际机场

阿玉乘坐的那架波音飞机正在升空……

116　乡间田埂

迈克在田埂上奔跑着……

117　天空　飞机内

阿玉看着舷窗外的流云……

她眼前浮现的却是——

桂林机场，前来迎接他的迈克，手捧一束红玫瑰，正向她跑来……

118　乡村田埂

迈克在奔跑着……

他仿佛看见——

桂林机场，阿玉正向自己跑来……

119　天空　飞机内

阿玉和迈克紧紧拥抱……

突然，飞机遇见气流颤抖了几下，阿玉便定了定神，系上了安全带……

120　乡间小路

前方的公路上远远出现了一辆货车……

迈克为了抄近路，便插上了一条不起眼的小路，继续奔跑着，一边挥动着手里的衬衣呼喊着……

突然，一声爆炸……

烟尘中，一条腿飞上了天空……

（暗场）

121　纽约　曼哈顿　哈德逊河畔

画面渐渐亮起，冬天来了……

哈德逊河显得异常的冷清，几只海鸟从宽阔的水面掠过……

字幕：三个月后

纽约　曼哈顿　1998年12月24日

但是在曼哈顿，到处都布置得十分漂亮，几乎每座建筑前面都搭建着美丽的圣诞树，过往的情侣们都打扮得光鲜，装扮的圣诞老人在为行人送祝福……

一只轮椅摇到了河边……

这是迈克,他回到了纽约,但失去了一条腿,人也显得有些憔悴,甚至有些苍老。

他依旧像往常一样,用饼干屑喂着身边那些大胆的海鸟……

然后,他低声哼唱起来——

唱山歌嘞……

这边唱来那边和……

突然,身后传来了阿玉的歌声——

山歌好比春江水嘞……

哪怕滩险湾又多……

迈克慢慢回过头——

阿玉仿佛从天而降,正唱着歌款款向他走来……

他简直就不敢相信自己的眼睛!

阿玉微笑着……

迈克忧郁的脸上终于浮现出了笑容和泪水……

那位史蒂文就站在阿玉身后,他手里拖着阿玉的行李箱,显然,律师刚刚把阿玉接下飞机,却没有告诉迈克,好给他一个惊喜。

阿玉和迈克接吻……

看见这对终成眷属的有情人,史蒂文也露出了祝福的笑容……

阿玉推着轮椅上的迈克,沿着美丽的哈德逊河走去……

镜头越升越高……

歌声越来越远……

一群白鸽从城市的上空掠过……

(暗场)

黑底字幕：

从 1993 年开始，中国政府先后两次下达了在中越西南边境进行排雷的命令，历时 7 年，共清除中方一侧地雷 220 多万枚。

1999 年 8 月 11 日，中国政府向全世界庄严宣布，中越边境中方一侧地雷全部清除销毁……

2012 年 7 月 4 日，潘萌生日之夜，初稿于北京寓所

重 瞳
——霸王自叙
——根据作者同名小说改编

序 幕

1 北京·国家大剧院·外·日

雄伟的北京国家大剧院外景。镜头从建筑的水中倒影渐渐升起，呈现出整个建筑的风貌。

字幕：2010年9月·中国北京·国家大剧院

一辆出租车在镜头前停下。下车的是一个美国姑娘，大约二十七岁，她叫瑞秋，是美国某报纸驻京记者。她背着大挎包和照相机，匆匆向剧院跑去……

镜头跟着瑞秋，于是，我们渐渐听见了剧场内的排练声……

画外导演的声音：各部门注意，我们合一遍……预备——开始！

2 国家大剧院·排练厅·内·（如夜）

舞台的效果灯光渐渐明亮……

这是一个颇有现代艺术装置的话剧舞台，背景是抽象的项羽铠甲，随着音乐声，这副巨大的铠甲徐徐打开，扮演项羽的演员身着外黑内红的斗篷，正向着舞台前方走来，他仿佛就是从项羽的内心走出似的。

观众席中，只有导演一人。其实他也是本剧的编剧。他是一个四十多岁、不修边幅、戴着眼镜的男子。此刻他独自坐在这里，手边放着剧本、茶杯以及对讲机、手机等。剧本封面上写着——

　　重瞳（多场次话剧）

　　瑞秋进门，她悄悄从后面走近了导演。后者回头，正打算对她说什么，但瑞秋做了个"嘘"的手势，指了一下舞台……

　　舞台上，项羽在独白：我叫项羽。这个名字怎么看都是一个诗人——其实，很久以前我就觉得，自己就是一个诗人。但我的诗并非留在竹简上，而是刻在我的心中……我今天要讲的，是我自己的故事……

　　项羽展开了斗篷……

3　乌江边·外·早晨

　　斗篷在翻转着，由黑色变成了红色……

　　历史中的项羽出现了。尽管和舞台上的那个项羽由同一个演员扮演，但造型已经完全不同。舞台上的项羽是写意的，而历史故事中的项羽则十分写实。那时他不过二十七岁，身材修长而魁梧，但浑身上下散发的并非一个武士的气息，而是一种诗人和游侠的气质。他系好了斗篷，一身素服，腰间挂着佩剑，手中却拿着一根洞箫，沿着滚滚的乌江走来……

　　字幕：公元前210年春·乌江

　　乌江的浪拍击着沙岸……

　　在镜头的近景处，一个年迈的梢公正在检修着他的渔具，用梭子修补他的鱼网。

　　项羽走来了。

　　梢公：少将军。

　　项羽：今天没出江？

　　梢公：涨潮了，鱼儿都去海上了……

　　说完，他就扛起鱼网离开了。

　　项羽登上了老汉的渔船，靠在帆樯上，开始了吹箫……

4　国家大剧院·舞台·夜

　　萧声……

　　舞台上的项羽在独白：多么动人的萧声啊！我虽不通音律，但我能听懂我的萧声里蕴藏着楚歌的韵味。楚歌是从来就不受五音约束的，它天生就是自由的!它的魅力不在于气势上的恢弘,而在于本质上的悲怆……

5　黄河边·外·早晨

一匹乌骓马正在黄河上饮水。
镜头从水中的倒影,渐渐移到一只女人的手在梳理着马的鬃毛……
隐约传来了悠远的萧声……
乌骓马一扬头,它仿佛听见了萧声。接着,它脱离了女人的手,跑开了……
女人回头,她不过二十岁的样子,一袭白衣白裙白披风,有着惊人的美貌和玉洁冰清的气质。她就是虞姑娘——后来的虞姬。

6　乌江边·渔船·外·早晨

项羽还在吹萧,他的神情是那样的陶醉……

7　黄河边·外·日

马蹄似乎踏着萧声的节奏,沿着岸边小跑着……
这次,虞姑娘也听见了萧声……
她惊讶地:楚歌?
接着她就去追赶她的马了。她跑起来就像云一样的轻盈……

8　乌江边·渔船·外·黄昏

项羽还在吹萧,夕阳的余晖撒满了江面,波光粼粼……
项羽的形象成为夕阳中的一道剪影。

9　山道·外·黄昏

虞姑娘骑着乌骓马沿着山道奔来……

10　乌江边·渔船·外·早晨

项羽又一次来到这只渔船上,继续吹萧……

11　乌江边·外·早晨

虞姑娘骑着乌骓马沿着江岸奔来……

项羽的话剧旁白：后来，虞姑娘告诉我，从她听见萧声的那一刻算起，她翻山涉水一共跑了九天……我问她，怎么能从遥远的黄河边上听见我的萧声？她说，她不是用耳朵，而是用心在听……

12　国家大剧院·舞台·夜

一阵由板鼓敲击而出的马蹄声……

舞台上的项羽突然站了起来，他看见了乌骓马，激动不已：好一匹乌骓马啊！它的鬃毛在天光下熠熠生辉，它的形象就像一面战旗，迎着凛冽的风向我奔来了！来吧，我的乌骓，我的宝马！

13　乌江边·外·黄昏

乌骓马在奔驰着……

项羽被马的雄姿迷住了！他是那样地专注……

乌骓马迎着项羽奔来，仿佛就是来找它的主人似的。

项羽霍然跳下船，大喊了一声：吁——

乌骓马一声长嘶，扬起了前蹄，竟然把背上的虞姑娘掀了下来——

虞像一片白云似的落到项羽的怀里。

两个人就这样相见了！

项羽似乎有些羞涩，他向后退了半步。

虞姑娘：这里，是楚国么？

项羽：是，这里是楚国……姑娘，你从哪儿来啊？

虞姑娘：关外。

项羽：关外？

虞姑娘：可我是楚国人。父亲生前告诉我，如果有一天我听见了楚歌，我就可以回家了……你吹的是楚歌吗？

项羽似乎有些内疚：姑娘，其实你听见的不过是一支楚歌的前奏……

虞姑娘：即使是前奏，那也还是楚歌啊！楚歌如果再不吹响，恐怕就要失传了啊！

项羽坚定地：姑娘，我能把楚歌吹响……

虞姑娘狐疑地：你是谁？

项羽：我叫项羽。

虞姑娘：项羽？这个名字我好像不止一次在梦中听过……难道，你就是把楚歌重新吹响的人？

项羽：你信吗？

虞姑娘情不自禁地点点头。

项羽：请问，姑娘芳名？

虞姑娘俏皮地：我的名字你不是已经知道了吗？

项羽困惑地：我……

虞姑娘：刚才，是谁对着我的乌骓马大喊了一声——"YU"呀？

项羽：YU？

14　国家大剧院·舞台·夜

舞台上的虞姑娘正对着项羽说：YU——

项羽：YU——

虞姑娘：这就是我的名字。

项羽：这就是你的名字？

虞姑娘：这就是我的名字！

京剧的旋律中，虞姑娘翩翩起舞，围绕着项羽展开了自己的斗篷跑起了"圆场"……

他们终于走到了一起……

15　乌江边·外·黄昏

乌骓马载着项羽和虞姑娘正奔驰在乌江岸边……

落日在他们身后，江面一片辉煌……

音乐激荡……

（暗场）

第一章

16　竹林·外·早晨

又一个早晨，朝阳透过竹林的缝隙射入，形成一道道的光束……

字幕：公元前209年夏·雍丘

项羽在舞剑……

虞姬在一旁焚香弹奏着瑶琴……

项羽的一套剑法十分优美，他合着瑶琴的节拍舞动着。剑过之处，竹叶摇曳，纷纷落下……

一曲终了，项羽的舞剑也以一个优美有力的收式而结束。

项羽：虞姑娘，你知道这把剑的来历吗？

虞姬摇摇头。

项羽：这是我祖父留下的……

虞姬：项燕老将军？

项羽点点头。

虞姬：以前我听父亲说过，项老将军为兴邦报国，一生征战，最后被秦将王翦所戮……

项羽：不，祖父不是被王翦所杀，他是自裁的——用的就是这把剑！

17　舞台·内·夜

项羽和虞姬在舞台上对白。

项羽：虽说都是一个死，但对于军人，自裁无疑意味着光荣。这不仅关系到我们项家的荣誉，而且预示着一种宿命……

虞姬：宿命？

项羽：对……宿命……（面对观众）这是我一生中最忧郁的时光，我思念着我的祖父。某种意义上，多年之后我在乌江边上的自我了断，完全就是对祖父的一次公开的模仿……

18　竹林·外·早晨

虞姬：少将军，你想什么呢？

项羽定了定神，掩饰着：哦，我在掂量着这把剑的分量。

虞姬：我知道它的分量——它是你项家的使命，也是我们楚国的希望……

项羽：虞姑娘，我要用这把剑去消灭我最大的敌人——嬴政！不要看秦始皇荡平了六国，哪怕我们楚国只剩下两三户人家，但亡秦必楚！

虞姬：亡秦必楚？

这时，年过花甲的军师范增匆匆跑来了。

范增：少将军！

项羽：亚父！

范增兴奋地：好消息啊，少将军！嬴政死了！

项羽十分意外：你说什么？嬴政他死了？

范增：是啊，那嬴政在巡视途中暴死于沙丘，这难道不是天大的好消息吗？

项羽却陡然觉得失望：他，他居然就这么死了？可惜……

范增很困惑：可惜？

项羽：是的，我感到可惜！那嬴政也算得上是一代枭雄，他原本是可以做我的对手的！

范增：现在已经没有人可以做你的对手了！少将军，我们的机会来了！我们楚国有望了！灭秦兴楚，雄霸天下，一统江山——我们唾手可得啊！

项羽将剑收入到鞘中：亚父，其实我对江山，并没有什么兴趣……

他提着剑走了。

范增惊讶地看着……

19　舞台·夜

舞台的灯光转暗，只剩下一道追光，照着孤寂的项羽。

项羽：我是多么希望有朝一日带着我的女人，一马双跨，去过那种诗剑逍遥的日子啊！可是，我做不到……我总是在夕阳的余晖中，与祖父项燕染血的身影相遇……他在凝视着我，而所有楚国人灼热的目光也全都落在了我的身上……

（战鼓声渐渐响起……）

20 战场·楚军阵前·外·日

楚字大旗在风中飘扬……

战鼓在擂响着……

一排排战马肃立阵前……

一排排刀枪……

一排排盾牌……

画外响起报子的声音：报——秦将李由直奔我军阵前而来！

项羽骑着乌骓马，立于大旗之下，他的身边是军师范增。虞姑娘也在他的身后伴随着。

范增：李由就是宰相李斯的儿子。

项羽：来得正好。

说着，策马向阵前奔去……

马蹄过处，掠起阵阵黄沙……

21 战场·外·日

乌骓马奔驰而来，项羽挺着一杆长枪，与李由对峙阵前……

李由，一个三十多岁的秦军将领，手持偃月刀。

项羽：你就是李由吗？

李由：阁下想必就是项将军了。

项羽：既然你已经看出来了，我就不必自报家门了。

李由：作为军人，能与你项将军立马阵前，是李由的荣幸。

项羽：过奖了。李将军，交战之前，我有一个建议——你是否考虑投降？

22 舞台·夜

舞台上，李由与项羽在对峙着……

李由：住口！我父亲是大秦的重臣，我是大秦的将军，在我们还没有交手之前，你居然向我提出投降？听起来就像是在说一个市井的笑话！

项羽：李由！你不提你那父亲我倒没什么，你一提起我可就真的生气了！他不比赵高那老狗好多少——赵高坏在表面，而你父亲李斯却坏在骨子里！嬴政干了那么多伤天害理的事情，几乎桩桩都与你父亲有关，他活在世上就是恬不知耻！你不会忘记那场著名的"楚书坑儒"吧？

李由：不要再说了！大秦帝国已经是日薄西山，我今天来就是来替家父请罪的！我只有以这种方式，才能洗刷我李家的耻辱！你来吧，我愿意死在你的枪下！

23　战场·外·日

李由大喝一声：来吧！

他策马直奔项羽而来……

项羽躲闪过去：李由，你不是我的对手！

李由：我知道我不是你的对手，但你大可不必手软！

于是两人进行了一场短暂的厮杀，项羽用枪架住了项羽的刀，两人几乎是面对面了。

项羽：李由，放下武器，我免你一死！

说着，一枪将李由挑落马下！

李由从地上爬了起来，声泪俱下地：我李由求生不成，难道求死也无望吗？

说着，一把抓住项羽的长枪，狠狠刺进了自己的心脏！

乌骓马一惊，一声嘶鸣扬起了前蹄……

项羽震惊地看着倒地的李由，也翻身下马，扶起了李由：李将军！你对得起你的秦国，你也对得起你的父亲……

李由用最后一点力气，说出最后的一句话：多谢了，项将军……

李由头一歪，死去……

李由的战马跑开了……

楚字旗下的大军潮水一样涌来，呼啸着直奔秦军而去……

项羽抽出剑直指苍穹。

队伍立即停了下来。

队伍中，范增和虞姬也在注视着项羽……

项羽环视着他的军队，一脸肃然……

24　舞台·夜

镜头从项羽举起的剑摇下，这已经是在舞台上了。他在环视着"自己的军队"……

项羽：把李将军的尸体清水洗尘，白绫素裹，敬送秦军！

四名战士从幕后上场，将李由的尸体高高举起，正步送下……

项羽目送着李由：李由死了……他需要像军人那样地战死沙场，这是光彩的死。他以这种方式成全了他作为一个军人的本色，也挽回了他父亲人生的败笔……他的死让我第一次目击了一个军人的尊严和高贵！

音乐声、鼓声大作……

（暗场）

第二章

25　导演家·内·夜

导演的屋子是一个偌大的工作间，中间搭建着阁楼，环境和导演本人一样显得杂乱无章。厨房是开放式的，与客厅连成一体。

瑞秋把刚印出来的剧照和工作照挨个"粘"在磁板上。

导演在忙着做菜，一边和瑞秋说话。

瑞秋：明天排第二幕吗？

导演：对。这之前有一个短暂的过场。两年后，也就是在公元前的207年，日益强大的楚国军队正式拉开了攻打秦国都城咸阳的序幕。不过……

瑞秋：不过什么？

导演：当时楚怀王，也就是那个十六岁的少年，并没有任命项羽为上将军……

瑞秋：什么叫上将军？

导演：就是总司令。项羽和刘邦分别为左右两翼的统帅，楚怀王甚至宣布了一条决定——先入关中者为王。

瑞秋显然不明白：什么意思？

导演擦了擦手，顺便从书橱里拿出了一张古老的中国地图，摊开，指示着给瑞秋看，他的手指在地图上移动着：你看，这是涵谷关，是大秦帝国都城咸阳的最后一道屏障……

瑞秋：这我知道。

导演：项羽和刘邦谁先进入咸阳城，谁就可以就地称王，独霸一方了。

瑞秋似乎有些明白了：你还没有回答我，谁是上将军呢？

导演：他叫宋义，其实这家伙只是一个江湖术士，并不懂得军事。

瑞秋：那为什么还要让他当总司令？

导演：当时，项羽的军队可以说是兵多将广，这样一来，就让人不放心了。他们既需要项家的旗号和项羽的军事才能，却又不给他以信任……

瑞秋：这不是军事，这是政治。

她的手一松，桌子上的地图借着惯性卷起……

26 舞台·夜

项羽和范增在对话。

项羽：作为军人，我当以服从命令为天职；作为项家的后代，我当以匡复大楚的基业为己任，我可以被人利用，但不能容忍的是，对我又利用又不信任！我讨厌这肮脏的政治！

范增：少将军，你是个出色的军人，可你确实不懂得政治啊！

项羽：你现在最好不要对我谈论什么政治。赵国的使臣已经在这里住了几十天了，而我们在安阳却驻扎了四十六天，可宋义就是不肯发兵救赵，这样下去，赵国必亡啊！

范增：宋义的心思你难道还看不出来吗？他是想先让赵国和章邯的人马拼个鱼死网破，然后再趁虚而入，既向怀王交了差，又保全了自己的名声……

项羽：这还是政治！

范增：不过，依老夫之见，宋义按兵不动，倒也对我们有利……

项羽：亚父，您这话什么意思？

范增：你看，眼下季节愈发寒冷，阴雨不绝，我们的军需很快就成了问题，供应跟不上，将士的情绪就会受到影响，这就动摇了他宋义的威信，到那个时候……

项羽：我们也趁虚而入？

范增：正是！

项羽：那我们不也是在玩政治吗？

范增：少将军，这打天下可是从来就离不开这政治啊！

项羽看了范增一眼，愤然下场……

27　辕门·宋义大营·外·日·雨

阴雨连绵……

项羽的脚快速走进辕门……

镜头随着项羽的步伐降下，展现出宋义大营的全貌——它安扎在一座深宅大院里，这里带着回廊，四处站着岗哨。

字幕：公元前207年秋·安阳

项羽一连跨过几道门，镜头一直追随着他……

28　宋义大营·正厅·内·日·雨

宋义，一个四十多岁的瘦子，留着八字胡，此刻他正在会见赵国的使臣，却又在案前漫不经心地翻着竹简兵书……

使臣：上将军，请帮帮我们可怜的赵国吧！章邯的三十万人马已经将巨鹿城围了一个月，要是内无粮草，外无救兵，我们可就要亡国了啊！

宋义放下兵书，打了个哈欠：你难道没有看见这天的颜色吗？连天的大雨，我们怎么发兵？还是等雨过天晴再说吧……

项羽掀开了门帘，走了进来：等雨过天晴，恐怕赵国就已经不复存在了。

宋义打断：项羽！论横刀立马，我宋义不及你；可是论运筹帷幄，你项羽也不及我宋某人啊。否则，怀王怎么可能让我来执掌帅印呢？

项羽：那赵国的百姓你就坐视不管了吗？

宋义：真看不出啊，一个成天挥刀杀人的人，居然也这么仁慈……难怪啊，你那么珍惜在乌江边上捡回来的虞姑娘……

项羽愤怒：宋义！你可以侮辱我，但你不可侮辱我的女人！

说着，欲拔剑。

宋义惊吓地：你想干什么？

但这时虞姬从外面闯了进来，拦住了项羽。

虞姬：将军息怒！

宋义：看看，还是虞姑娘冷静，我不过是开了一个玩笑而已嘛……

项羽愤然离开……

29　宋义大营·回廊·日·外·雨

虞姬把项羽的剑送回到鞘。他们就站立在回廊上，头上的屋檐雨滴不断……

虞姬感叹道：这个世界不好……为什么人与人之间，总是在用刀说话？

项羽走近，扶着虞姬：等我们打进了咸阳城，我一定要让你住进举世无双的阿房宫，让华清池的水洗去你伴我征战的尘埃……

虞姬：这些并非我所愿……

项羽：那你愿什么？

虞姬：我愿天下太平……

这时，刚才那位赵国使臣从正厅里沮丧地走了出来，项羽迎了过去，使臣扑通一声对他跪下了。

项羽连忙将他扶起：赵国使臣，快快请起……

使臣：项将军，请你可怜可怜我们赵国吧！

项羽为难地：既然上将军如此裁决，我，我也爱莫能助……

使臣十分惊讶，也十分失望：如此看来，我真是找错人了……我也错看了你项大将军！

项羽：何出此言？

30　舞台·内·夜

镜头切换到舞台。

使臣慢慢站了起来：想你项家，世代良将，只可叹将门无后啊！

项羽吃惊地：大胆……

使臣：说什么以报国兴邦为己任，到头来，不过是一句空洞的口号！

项羽愤怒地：大胆！

一声惊雷掠过长空……

使臣：像这般见死不救，谈何正义之师？

项羽震惊地：啊！

第二声惊雷掠过……

使臣：像这般韬光养晦，岂不辱没了你项家的荣誉？

项羽更加震惊：啊！

第三声惊雷掠过……

31　宋义大营·回廊·日·外·雨

大雨……

赵国使臣指着天空：项将军，你看这天上飘的是什么？

项羽：大雨倾盆……

使臣：不，这不是雨……这是我们赵人的泪啊！望将军凭着一个军人的良知，帮帮我们赵国吧……

说完，他突然拔出了项羽的剑自刎！

项羽震惊！

虞姬震惊！

使臣倒在了庭院之中，他的血被雨水浇灌着，顿时，红了一片……

项羽将使臣的双眼抹下，然后把他手里的剑慢慢取下来，对着身后的虞姬说：你看见了吗？这也是在用刀说话！

说完，他立即冲向了正厅，一脚将门踢开，对着宋义大喊：宋义！你打算让赵人的血流干才发兵吗？

项羽冲了进去，很快，里面传来了宋义的一声惊叫：啊——

一名宋义的亲信校尉正打算持刀冲进去，范增突然举起了自己腰间的那块环形玉玦——这是他惯用的暗杀信号，立即就有一名士兵上前将那人砍了！

虞姬也受到了惊吓，但范增从后面扶住了她：虞姑娘，别害怕……

过了片刻，项羽提着宋义的人头走出来……

庭院里，已经站满了将士，一片肃然。

项羽环视着大家：兵发巨鹿，亡秦必楚！

大家齐声：兵发巨鹿，亡秦必楚！

32　山道·外·日·雨

项字大旗高高升起……

乌骓马一声长嘶……

鼓角齐鸣……

楚军浩浩荡荡……

33　章河·外·日·雨

滔滔漳河……

千帆竞渡，楚军在渡河……

当这些船抵达岸边受了了搁浅时，前面的楚军纷纷跳到水里，搭起了"人路"，后面的战士迅速通过……

项羽站立马上，对着钟离昧将军下令：钟离将军，把所有的船都沉了！

钟离将军：上将军，船要是沉了，我们可就没有退路了！

项羽勒马一笑：我要的就是背水一战！对了，把锅也给我砸了——弟兄们，打进巨鹿城，我请大家喝酒！

边上的范增会心地一笑。

将士们开始沉船、砸锅……

项羽策马往前方冲去，虞姬伴随在他身边……

（暗场）

34　导演家·内·夜

菜从锅里盛起，装到碟子里。导演和瑞秋正在准备用晚餐。

瑞秋一边倒着红酒，一边说：这就是后人所说的"破釜沉舟"？

导演把菜摆上：对，它成了一条著名的成语。

瑞秋：断了后路，背水一战，这我能够理解。可干吗非要把锅砸了呢？

导演：因为晚饭的时间已经预定好了，在巨鹿城，那里有的是锅——来，咱们也吃饭吧。

瑞秋：这是一个无比自信的男人。

导演喝了一口酒，接着说：其实，项羽这一招也是做给章邯看的，章邯一看这个阵势，就知道项羽是来拼命的，所以心里就发虚了，只让一个叫王离的将军前来叫阵。可王离根本就不是项羽的对手……

35 战场·外·日

项羽和王离正在激战中……

不出几个回合，王离就被项羽斩于马下，当即死亡。

项羽一勒缰绳，回头大喝：来人！把败将王离的首级高挂辕门之上，以振军威！

36 辕门外·项羽大帐·外·日

王离的首级装在一只竹子编成的笼子里，正在慢慢升起，高挂于辕门外的旗杆子上……

楚军的将士在欢呼着，在喝酒……

项羽的马队自战场归来，他欣赏着旗杆上的王离首级，带着胜利者的骄横翻身下马。

一个老兵将一碗酒跪着递给了项羽，他正准备接，但后面上来的一只手将酒夺了过去——原来是虞姬来了。

虞姬把那碗酒洒在了旗杆之下，这个惊人的举动，让周围的欢腾一下子静了下来。

项羽：虞姑娘，你这是……

虞姬：王离将军战死沙场，是尽了一个军人的本分。他的死难道不值得你尊重吗？

项羽：他不过是我手下了一员败将！

虞姬：你们不过是各为其主罢了，你可以消灭他，但你不可以侮辱他的尸体！

项羽：我想怎么处置他都可以！

虞姬：上将军，你这样对待一个以死报国、马革裹尸的烈士，不觉得这是在玷污你项家高贵的血液吗？

项羽：放肆！

虞姬冷冷地看着项羽：我替你感到羞耻……

说完，她失望地跑开了。

项羽沮丧而愤怒，最后还是拔出了剑，将旗杆上的绳索砍断，王离的首级滑落而下，但他死去的眼睛却带着一丝鄙视看着项羽……

这死人最后的目光竟击中了项羽，他手里的剑不禁落下，扎在地上，慢慢摆动着……

37 舞台·内·夜

那把剑依旧扎在地上，摆动着……

舞台上只剩下了项羽，他在反省着自己……

项羽：这是我失去理性的季节。虞姬的话非但没有引起我的检讨。反倒让我更加疯狂……不久，章邯带着二十万秦来降，我虽然依从亚父的主张，将旧帐一笔勾销，但还是在一个风声鹤唳的黄昏，我下令……我下令……我下令——

38 万人坑·外·黄昏·阴天

十几匹战马拉着人造的推土机迎着镜头奔来……

镜头从巨大的沟壑中升起，我们看见了骇人听闻的场景——成千上万的秦军俘虏被捆绑着，被楚军推进了沟壑中进行活埋……

俘虏的呼喊声一片……

项羽立于乌骓马前，扶着剑，冷酷地看着眼前了一切……

乌骓马惊吓地挣脱了项羽的手，跑了……

项羽似乎有些困惑……

39 辕门·项羽大帐外·黄昏·阴天

乌骓马一口气跑了回来……

正好，虞姬从大帐里走出来，正打算把洗好的衣服晾上，忽然看见乌骓马奔了过来……

虞姬很是困惑……

40 万人坑·外·黄昏·阴天

活埋还在进行着……

那些想拼命爬上来的秦兵，不是被刀砍下去，就是被箭射杀……

项羽似乎动了一丝恻隐之心，背过身去……

41　树林·外·黄昏·阴天

虞姬骑着乌骓马穿过树林……
疾驰的马蹄……

42　万人坑·外·黄昏·阴天

挥动的铁锹……
活埋已经接近于尾声,楚军在疯狂掩盖着土……
项羽坐到了一块石头上,茫然看着阴霾四伏的天空……

43　山梁·外·黄昏·阴天

疾驰的马蹄……
乌骓马驮着虞姬远远奔来……

44　万人坑·外·黄昏·阴天

这里,活埋已经结束,刚才那个巨大的沟壑,现在已经成了一个巨大的土丘……

只有项羽还坐在那块石头上,扶剑沉思着……

一声马嘶,项羽回头,他看见乌骓马驮着虞姬奔来了,也许是心虚,他故意将脸转开了。

万人坑中,有一只干瘦的手艰难地伸出了地面,微微动弹着……

虞姬翻身下马,几乎是连滚带爬地扑向了那只手,企图将他从土中拽拉出来!

但是,后面上来的一只军靴踩住了虞姬的手!

虞姬回头,面前站立的是项羽。

他们冷冷地互相注视着……

土中的那只手不再动弹了,僵住了。

虞姬的眼泪无声地落了下来,她愤怒而鄙视地看了项羽一眼,然后跑开了……

乌骓马掉头追赶虞姬而去……

项羽孤独地站在万人坑上,天,开始下雨了……

他的心声渐渐而起：我这是怎么了？往日，这个时辰我是在读书……

45 舞台·内·夜

项羽在独白：或者是在吹箫……也许是带着虞姬在赏月……可就在今天，我居然那么坦然地活埋了二十万秦兵……二十万，这些尸体连接起来恐怕就通向了咸阳，这难道就是我的路？（他抚摸着自己的剑）我祖父留给我的这把剑不是让我来屠杀这些无辜的……这不是我……从前那个会吟诗作画的男人哪里去了？从前那个会吹奏楚歌的男人哪里去了？从前那个高贵的灵魂哪里去了？我是谁？我是谁……我是谁——

46 万人坑·外·傍晚·雨

下雨了……

"我是谁"的喊声似乎在山谷中回荡……

按剑的项羽仿佛是听见了这个声音，他猛然回头，但是身后已经是暮色苍茫……

雨越下越大……

项羽把剑扎在了泥土上，他再次看见了那只暴露在泥土外面的手，他用力一脚，把这只手慢慢地踩到了土里……

这是带着深刻忏悔的一脚。

（暗场）

47 导演家·内·夜

夜已深，室内没有的灯光，只有月光落在床前。

导演从噩梦中惊醒地坐了起来，直喘气……

瑞秋也被弄醒了，她开了台灯，坐了起来。

瑞秋：怎么了？

导演：做了一个梦……

瑞秋：噩梦？

导演没有回答，而是点上了一支香烟。

瑞秋：你是不是觉得，项羽的残暴，使他不能成为你心目中的英雄了？

导演迟疑片刻，坐到桌子前：我在想，是什么让他变得如此残暴？二十万人，太可怕了……

瑞秋：我想，这应该跟他当上总司令有关。

导演看了瑞秋一眼，然后说：我得加上一场戏，明天就排……

说着，他按灭了香烟，打开台灯，拿起了钢笔，在剧本上快速地写着……

48　舞台·内·夜

舞台上的项羽在独白：两千年过去了，每当我想起这触目惊心的一幕，我就魂飞魄散……这是我人生最大的败笔，是我项家最大的耻辱！也是我噩梦的开始……很多次，我都从这噩梦中惊醒，我看见那些冤魂围绕着我，他们在对着我哭对着我笑，他们嘲笑的是我项家高贵的血统！在这噩梦中，我终于看见了一个魔鬼正在向我逼近——我看不清他狰狞的面目，但我记住了他的名字——权力！权力！

观众席中，瑞秋有些害怕似的挨近了导演……

49　项羽大帐·外·夜

夜已深。项羽的大帐内还亮着灯光……

一个身材魁梧的身影沉重地走来，他是降将章邯，一个三十多岁的男子。

大帐前站岗的哨兵上前拦住，但是章邯首先取下了自己腰间的佩剑，交给了哨兵……

50　项羽大帐·内·夜

树立的铸铁油灯，跳动的光焰……

项羽背对着帐门，在等候着章邯进来。

章邯入帐：末将章邯参拜上将军！

项羽依然是背面站着：章将军，你知道我今夜把你叫来，是何用意吗？

章邯慢慢跪下：上将军是想取章邯项上的首级……

项羽：所以你在走进大帐之前就主动摘下了你的佩剑？

章邯：临死之人，无须佩剑……
　　项羽这才慢慢转过身来，低声地：章邯，你是在以这种举动羞辱于我吗？
　　章邯：末将不敢！
　　项羽突然摘下自己的佩剑，扔到了章邯面前，后者吓了一跳。
　　项羽：你错了，章将军。
　　章邯困惑地看着项羽……
　　项羽：我是想让你拿着我的剑，来取我项上的首级！
　　章邯惊吓地：末将不敢！

51　舞台·内·夜

　　项羽和章邯在表演着。
　　项羽：我宁可让这颗骄傲的人头被你削去，也不愿意顶着它接受你无限的蔑视！
　　章邯：上将军，章邯无意这么做啊！
　　项羽：可我乐意你这么做——来，拿起我的剑！
　　章邯：不……
　　项羽：快拿起我的剑！
　　章邯举着项羽的佩剑，跪爬到项羽跟前，声泪俱下地：上将军，该杀的是我呀！将军如此坦荡，章邯也不能不实言相告。巨鹿兵败，我虽降楚，但心中至今无有归顺之意。那二十兵马，就是为了以防不测，以期日后东山再起！这怪不得将军多疑，实在就是章邯居心叵测，罪不可赦！
　　观众席中，瑞秋的情绪变得不满，她起身离开了……

52　国家大剧院·外·日

　　瑞秋带着不满的情绪从剧院里面走出来……
　　导演在后面追赶：瑞秋！瑞秋！
　　瑞秋站住，却没说话。
　　导演：你怎么说走就走啊？
　　瑞秋：这不是我心中的项羽……
　　导演：你别急……我想听听你的意见。

瑞秋气恼地：项羽活埋了二十万秦兵，这是血写的历史，你怎么可以随意去篡改它？

导演有些心虚了：我没有改变……其实，我也是在寻找一种可能性……

瑞秋：你这不是在寻找，你是在粉饰，在美化！

导演沉默了……

瑞秋：可是你知道吗，人血不是胭脂，这样恰恰是毁灭了一个真实的项羽！

53　项羽大帐·内·夜

项羽扶起了章邯，他也是泪光闪现着……

项羽：章将军，你，你这是在替我项羽开罪啊！请受我项羽一拜！

说毕跪下。

章邯扶起项羽：上将军！

这时，范增匆忙走进了大帐。脸色严峻。

范增：上将军，刚刚得到消息——刘邦的队伍已经进入了涵谷关！

项羽：他倒是捷足先登了！

54　涵谷关·外·日

鼓号声中，高耸的涵谷关下，飘扬着"刘"字大旗……

字幕：公元前206年·涵谷关

刘邦，一个四十多岁的男子，正骑在一匹白马上，昂首通过了涵谷关……

刘邦对自己的军师张良说：军师，项羽的队伍现在何地啊？

张良：预计明天他们可以到达新丰鸿门一带。

刘邦：离我们倒是不远……

张良：可他们还是晚了一步。

刘邦难以掩饰得意之色：成败往往也就是这一步之遥啊！

张良：行前怀王有旨——先入关中者为王，沛公，我应该称您为汉王了！

刘邦似乎不屑：汉王？这个称呼听起来怎么就不能令我激动呢？

张良：阁下的心事，在下明白。

刘邦对手下一名将军樊哙说：传我的命令，部队驻扎灞上，入关之前，要约法三章，秋毫无犯。违令者，杀无赦！

樊哙：樊哙得令。

他的队伍浩浩荡荡通过了涵谷关……

（暗场）

第三章

55　鸿门·山坡·外·日

连绵起伏的山峦……

在山冈上，四处驻扎着项羽的军队。近景处的一块粗糙的石碑上镌刻着两个苍劲的大字——"鸿门"。

字幕：公元前206年秋·新丰鸿门

随着镜头的摇移，出现项羽的旁白：自从行前有了怀王那句"先入关中者为王"，那刘邦就一路上投机取巧，遇敌不战，遇城不攻，直奔咸阳城而去了。但是，临行之前我从他那张过于白皙的脸上，一眼就能看出，此人的野心决不满足于做一个关中之王，他想要的是做嬴政第二……

闪回：离开楚国都城薛城之前，在怀王大殿门前，项羽和刘邦分别上马，拱手作揖道别。

刘邦：项籍兄弟，你我就此一别，再见恐怕就在咸阳了！

项羽：沛公，要是你先进咸阳，还望给我一杯酒洗尘啊。

刘邦：哪里！即使是我先进咸阳，那也不过是为项将军清扫街道而已……

项羽：沛公，言重了！

项羽巡视着营地走来，战士们在杀猪、宰羊，士气一片高昂。

在山坡之上，远远看见范增在观看着天象……

项羽走来：亚父，你在看什么呢？

范增：我在看咸阳城上空的那片云……

范增的视野中，远处的咸阳城上空飘移着一朵祥云……

范增：成龙虎之形，且现五彩之色……

项羽：这难道就是常言所说的那种天子之气？

范增心事很重地：在老夫看来，这恐怕是一个危险的征兆啊！

项羽：危险的征兆？

范增：上将军，对沛公此人，在薛城的时候我们就已领教。这两年的征战，我们辛苦射鹿，他倒不费吹灰之力扛起猎物就走，侥幸先进了咸阳——我们可不能就这么袖手旁观啊！

项羽一笑：亚父，听您的意思，你不会是想让我去效法从前那个刺客荆轲吧？

范增：只要你一声令下，咸阳城内顷刻间就会血肉横飞……

项羽打断：可我不喜欢这种方式！

说完，他离开了。

范增有些失望地叹了口气。

56　舞台·内·夜

舞台上，项羽在独白：我明白范增的意思。我和刘邦之间，是到了应该清算的时候了，但我还是不喜欢那种小人之举，我需要以我自己的方式——男人的方式，军人的方式，最为公平的方式……

57　鸿门·项羽大帐·内·日

项羽用手试着剑锋，思索着……

58　鸿门·辕门·项羽大帐外·日

范增手持一份竹帖，从外面匆匆而来……

59　鸿门·项羽大帐·内·日

范增进来：上将军！沛公派人送来了帖子，他明天要来鸿门拜见阁下。

项羽将剑送入鞘内：他来得正是时候……

范增：确实正是时候！这对于我们而言，实在是一个天赐的良机啊！

项羽：天赐良机？

范增：对，天赐良机！

项羽一笑，把帖子扔到了案子上：亚父，你又想歪了。

说着，他走出了大帐。

范增有些失望，拿起帖子琢磨着。

他的手慢慢放在了自己腰间的那块环形的玉玦上……

60　舞台·内·夜

舞台上，一群舞女在起舞……

这就是鸿门宴的场景，项羽和刘邦的两班人相对而座，正在饮酒……

舞女过后，是项庄舞剑。他一个三十多岁的将军，此刻正在表演着"醉剑"……

项羽的旁白：这就是历史上那场著名的"鸿门宴"，所谓"项庄舞剑，意在沛公"。作为一篇美文，太史公司马迁这个段落真可谓精彩绝伦！但他却忽视了一些重要的细节，或者对此语焉不详，从而使"鸿门宴"演变成了阴谋的代名词。这令我深感遗憾！其实，那天的真实情形是另外的样子……

项庄舞动的剑……

61　鸿门·项羽大帐·内·日

项庄在舞剑，不时接近刘邦……

刘邦感到紧张，但表面上还是保持着镇静。

项羽在注视着……

项羽的旁白：当酒过三巡之后，项庄突然跳出来表演拙劣的剑舞，欲借机行刺刘邦，这无疑是范增的安排。但是我极不愿意看见在我的大帐里发生"荆轲刺秦"的把戏。我讨厌这种下流的行刺与暗杀！

范增坦然地捋着胡须……

对面的张良也镇静地摇着羽扇……

于是，当项庄再次逼近刘邦时，项羽突然起身，用自己的剑挡住了项庄的剑！

范增有些意外。

刘邦和张良也互相看了一眼……

项庄：上将军，您这是……

项羽：项庄，独自舞剑好似独自饮酒，岂不乏味孤单？而且，你的剑法一点也不优美……

项庄低声地：上将军，我可是奉命行事啊！

项羽：你奉谁人之命？在这里，只有我才可以号令三军！

项庄：可是我……

项羽：还不给我下去！

于是，两个侍者便把项庄拖了出去。

项羽回到自己的座位上，举起酒爵：诸位，请——

大家再次饮酒……

项羽的旁白：我要遏制这份疯狂！我不能再允许任何人来玷污我项家的名声。是的，我可以让刘邦死，但决不能用阴谋！我要让这个男人死得服气，更希望他死得像个男人……

刘邦欲走出大帐，但被范增拦住了。

范增：沛公，您这是……

刘邦：哦，我头有点儿晕，想出去吹吹风……

范增：老夫知道，沛公可是海量啊！这才酒过三巡，怎么就上头了？莫非是今天上将军的酒不对你的胃口？

刘邦：不不……好酒……好酒！

范增：既然酒好，那老夫就再敬沛公一杯。

刘邦：那，那饮完此杯，我是不是就可以上路了？

范增：上路？哈哈哈……你当然是要上路的。不过，既来之，则安之，这天色还早，好戏还在后头呢？

刘邦：好戏？

62 舞台·内·夜

项羽离开座位，站起来：好戏可以开始了！沛公——

刘邦：上将军！

项羽：刘邦！

刘邦：项籍兄弟！

项羽：你不是一直在梦想着君临天下吗？

刘邦：愚兄可从来不曾有此非分之想啊！

项羽：你怎么想的，我很清楚。今天，我们之间的事情也应该有个了断了……

刘邦紧张地：了断？

项羽：对，我想当着众将官的面，做一个彻底的了断！来，拔出你的剑！

鼓声突然而起……

刘邦：你，你这是想和我决斗？

项羽：胜者为王，败者也不失为英雄，这方式可算公平？

刘邦：这，这又是何苦呢？

项羽：如果你贪生怕死，也可以不与我交手，但你必须许下诺言，从此退出这个用刀说话的舞台——我甚至可以陪你一块退出……

这话一说，范增就很不高兴了，他的手再次放到了腰间的那块玉上……

项羽：来，拔出你的剑，像个男人！

刘邦的手微微战抖着，放到了剑柄上……

二人对视着，移动着……

一旁的张良在注视着范增……

项羽的旁白：我在耐心地等待着……只要刘邦一出手，我就可以用我的方式达到我的目的了！但是，谁能料到，就在这最后的时刻，一个老人的错误举动改变了一切……

鼓声紧迫……

63　鸿门·项羽大帐·内·日

大帐的两边的附帐内，闪现着刀斧手的身影……

范增暗中举起了玉玦！

张良也突然放下手中的羽扇，喊道：上将军！

鼓声戛然而止！

项羽回头：子房先生，您有话说吗？

张良：刚才亚父三示玉玦，如果我记得不错，每回只要他亮出这块玉，那就意味着有一颗人头落地……可我不知道，今天这颗人头该是谁脖子上的——该不会是沛公的吧？

刘邦接过话头：子房先生，你多虑了。这是在上将军的大帐里，谁人有这个胆量？

张良：我想也是……

说着，他又摇起了羽扇。

刘邦：上将军，你的人格一直令我钦佩。今天我起身来鸿门的时候，同僚大都劝我不要轻举妄动，但我还是来了。我想，我与上将军是拜把换帖的兄弟，这兄弟之间，有什么话不好说，至于血刃相见吗？

范增冷笑着：沛公，你好自信啊！

刘邦：即使要杀我，也应该不是今天，你是堂堂的上将军，而并非傀儡，怎么可能会听从一个老人的唆使呢？

范增愤怒地：刘邦，你今天进得了这鸿门，只怕是出不去了！

突然，项羽一剑劈断了酒案！

项羽：亚父，你喝多了！

范增：上将军！

项羽：你喝多了！

边上的两名侍卫将范增拖下。

张良松下了一口气……

刘邦也抹去了额头上渗出的冷汗，走近项羽：上将军，我没说错话吧？

项羽回过头：你说得很对。我项羽从来就不会听从任何人的唆使摆布，更不会去干那些鼠窃狗偷的小人勾当！

刘邦：那，我是不是可以……回去了？

项羽：请便。

刘邦拱手：多谢上将军热情款待。明天一早，我就打开关门，鼓号齐鸣，迎接上将军的大队人马开进咸阳……

项羽：如此看来，我们后会有期了。

刘邦：后会有期！

于是，刘邦、张良等人迅速离开了大帐……

64 鸿门·范增营帐·内·日

被临时羁押在这里的范增，看着刘邦一行的马队远远离开，不禁仰天大喊：错过了！天赐良机啊！

（暗场）

65　长安街·吉普车内

吉普车行驶中的主观，长安街上，熙熙攘攘。

瑞秋的声音：你说，要是在鸿门宴上项羽杀了刘邦，情形会怎样？

切入车内。

导演在驾驶着汽车，瑞秋坐在边上，一边吃着零食。

导演：那中国的这段历史就完全改写了。

瑞秋：从后来的情况看，范增的话没有错，项羽确实是错过了一次极好的机会……

导演：他错过的可不是一次……其实，也不能说是错过。

瑞秋：为什么？

导演：因为他是项羽。

汽车融进了车流……

（暗场）

第四章

66　骊山·秦始皇陵·外·黄昏

夕阳西下，骊山一片萧索。

项羽独自骑着乌骓马，踏上了骊山之颠，回望着炊烟袅袅的咸阳城……

他的心声渐渐出现了：那个黄昏，我独自踏上了骊山。在这个并不伟岸的山丘之下，埋葬着不可一世的秦始皇嬴政……

67　舞台·内·夜

项羽在独白：现在，它已在我的马蹄之下。夕阳残照下的咸阳城，炊烟袅袅，那豪华无限的阿房宫镶嵌其间，如同一颗璀璨的宝石，闪耀着惊人的光辉……这该是大秦帝国最后的风景了！

幕后响起报子的喊声：秦王子婴求见上将军——

68 阿房宫·大殿外·外·夜

子婴，一个瘦弱的三十多岁的男子，他神色慌张，正由楚军士兵押来……

69 阿房宫·大殿·内·夜

豪华的大殿，透着威严与阴森。项羽没有坐在宝座上，而是在欣赏着宫殿内的一些陈设，仿佛就不是在等待着接见子婴。

子婴战战兢兢地走进来，有些疑惑地看着项羽的背影。当项羽一回头，他便连忙扑通一声跪倒在地：败臣子婴叩见上将军！

项羽凑近看着子婴，他似乎也有点疑惑：你就是秦王子婴？

子婴：败臣不敢言王！

项羽哈哈笑了起来：好一个"不敢言王"！

子婴：子婴今日拜见上将军，愿意俯首称臣。

项羽的情绪突然变得愤怒：子婴！

子婴：败臣在！

项羽蹲到了子婴的面前，仿佛像谈心似的问：我听说上次你见沛公，是抬着一口棺材的，而且，脖子上还缠上了一条白绫，是这样吗？

子婴：对……

项羽：可你今天来见我，怎么取消了这样的安排？

子婴紧张地：上将军，您是要我死吗？

项羽站起来，这才坐到宝座上：我对你的死不感兴趣……我讨厌的是你的投降！

70 阿房宫·大殿外·外·夜

大殿外，范增在倾听着里面的谈话，显得有些困惑……

71 阿房宫·大殿·内·夜

项羽：子婴，你好歹也算是一国之君，尽管你在位不过四十六天。君王是一个国家的象征，你来投降就意味着让全体秦国人变成了亡国奴……

你没有尝过亡国的滋味，可我尝过！你一个人的错误举动便会让整个秦国蒙羞受辱，阁下觉得这样妥当吗？

子婴悲伤地：上将军，你的话让我茅塞顿开啊！子婴今日无非是替先人受过……

项羽：不对！你是在替整个秦国捐躯！

子婴慢慢站立起来，对着项羽的背影再次深鞠一躬，然后，他走出了大殿……

72　阿房宫·大殿外·外·夜

子婴恍惚地走出了大殿，一旁的范增看着他，慢慢取下了腰间的佩玉……

当子婴走到庭院中央之际，埋伏在楼上每个角落的弓箭手弯弓齐发……

无数的箭射向了子婴，把他钉到了地上！

窗前的项羽，被窗外这一惨相所触动，他慢慢落下了窗幔……

73　舞台·内·夜

灯光转暗，舞台上只有一束追光，使项羽的身影渺小而孤寂……

项羽在感叹着：子婴死了，死得如此惨烈！这倒让我的内心生出了几分悲哀。这是他的命。一个人是很难摆脱自己的命运的，就像无法与自己的影子分离。我也同样不能逃脱命运的安排……从这个意义上，我和这个子婴真有点同病相怜了……

他慢慢走出了舞台，追光渐暗……

74　天空·月亮·外·夜

月亮在浮云涌动的天空中穿行……

天空之下，是宁静的阿房宫……

75　阿房宫·寝宫·内·夜

阴森的寝宫内，没有烛光，只有从窗棂透过的月光，照射在项羽的卧榻上，他已经睡了……

忽然，门慢慢被从外面推开了。

一袭白衣的虞姬手持一只烛台，悄然而入。

项羽醒来，意外地：虞，你来了？

虞姬淡淡笑了一下。

项羽：白天的时候我已经安排人去彭城接你了……我没想到你会来得这么快……

虞姬：不，我没来，我还在家乡……

项羽困惑地：你没有来？那，那你是在……

虞姬：我在你的梦里……

项羽：梦里？不，你是在这座华丽的宫殿里，我们可以在此对酒当歌，共度良宵……

虞姬：我宁愿留在你的梦里。

76 舞台·内·夜

舞台上烟雾萦绕，营造出了项羽的梦境。

项羽：为什么？难道这阿房宫不好吗？

虞姬：阿房宫虽好，但无有人间的气息。

项羽更加迷茫：你是说，这座举世无双的豪华宫殿如同一座坟墓？

虞姬不语。

项羽也突然觉得不适：是呀，我怎么突然觉得，一丝丝的寒气正侵蚀着我的骨头……

虞姬：上将军……

项羽：虞，你怎么也这么叫我？

虞姬：楚霸王……

项羽：虞？

虞姬：我现在是否该唤你为圣上了？圣上……

项羽：虞！

虞姬：皇帝……

项羽：虞姬！我不喜欢这个称号！我……我好像也不喜欢这座宫殿了……

虞姬：我来，是想告诉你，妈妈的头发全白了！

项羽：妈妈的头发全白了？我该回家了……虞……

虞姬消失在烟雾之中。

77　阿房宫·寝宫·内·夜

项羽大喊一声：虞——

他惊醒地坐了起来，周围是一片月光。

范增捧着烛台进来了：霸王，你怎么了？

项羽忧伤地：刚才虞姬在梦里告诉我，妈妈的头发全白了……亚父，我们该回家了。

范增很是诧异：你说什么？回家？

项羽：对，回家。

范增放好烛台：霸王，如今秦朝已灭，天下归心，刘邦也修好了西行的栈道，知趣地回到了汉中。我们本应该在这咸阳城里恢复朝纲，重整河山，你怎么能在这个时候想到回家呢？

项羽：我早已说过——我对江山不感兴趣。

范增十分震惊：我们出生入死打下的江山，难道要拱手相让于他人？

项羽没有理会，走出了寝宫……

78　阿房宫·大殿·内·夜

项羽来到大殿，范增紧随其后。

范增继续劝说着：霸王，切不可意气用事啊！

项羽：我不想做皇帝，也决不容忍别人坐享其成。天下是大家的天下，为什么要一个人来掌管？

范增：这天上，从来可都是一个太阳啊！

项羽：不，我要天上有十八个太阳！我想好了，把天下分成十八块，我项羽只要其中的一块，那就是虞姬的家乡——西楚！

范增：万万不可啊！秦王嬴政好不容易统一了天下，你若重回分封割据的老路，岂不成了历史的罪人？

项羽回过头，看着范增：历史的罪人？

他突然大笑了起来……

79　舞台·内·夜

项羽在大笑……

项羽：后来的历史学家们和范增的口气一样！我对历史是外行，我只能对自己的行为负责——我就是讨厌皇帝这个称号，我也没看见这以后的两千多年的中国历史上出了几个好皇帝！我还是愿意去做从前那个会写诗，会舞剑，会用洞箫吹奏楚歌的那个少年——他已经离我很遥远了，我必须追回这个英俊的形象。

他停顿片刻，情绪也转为忧郁，接着说：我是谁？这是一个需要弄清楚的问题……如今我是上将军，我是西楚霸王。可我成了上将军就活埋了二十万的秦兵，我做了西楚霸王，就住进了这座精美绝伦的豪华宫殿，不见人间烟火……我大权在握，刚愎自用，为所欲为，倘若日后我做了皇帝，那我和那个暴君嬴政又有什么两样？我不能再在这里住下去了！

80　阿房宫·大殿·内·夜

项羽推开大门，大喝一声：来人——

一将官跑来：上将军！

项羽：立即给我准备好柴草，我要把阿房宫付之一炬！

将官不知所措……

范增赶紧上前：且慢！

他把项羽拉到了一旁：霸王，你，你果真要烧掉这阿房宫？

项羽：军中无戏言。

范增：可这阿房宫耗尽了天下百姓的钱财，你把它烧了如何向天下人交代啊？

项羽：那我正好用它来祭奠这天下劳苦的苍生！

范增焦急地：可，可这是为了什么呀？！

项羽：很简单，我担心在这座宫殿里住久了，嬴政会借我的身子还魂！

范增哑然。

项羽重新走到门前，大殿外已经有一群将士手持了火把。

项羽：烧……给我烧！火烧阿房宫！

81　阿房宫·大殿外·外·夜

一支支火把扔到柴火上……

顿时，阿房宫的一些角落里腾起了冲天的大火……

火光映照着项羽严峻的脸……

范增失魂落魄地惨笑着：烧吧！烧吧！你烧掉的是楚国复兴、一统江山的霸业啊！

阿房宫被冲天的大火笼罩着……

82　舞台·内·夜

天幕上大火熊熊……

项羽站在一个高坡之上，望着冲天的大火，高声喊道：我是江东子弟，那里有我的白发母亲，那里有我心爱的女人，那里有我的父老乡亲，他们都在等待着我回家！就让这冲天的大火，照亮我东归的大道吧！

音乐大作……

（暗场）

第五章

83　导演家·内·日

那张古老的中国地图再次出现在我们眼前。导演正和瑞秋讨论着。

导演的手中红蓝铅笔正指引着一条路线：……你看，这应该就是两千年前项羽的大军东归的路线。可是，几乎在这同一时刻，刘邦的队伍就从这个地方——陈仓，杀回来了。

瑞秋：这就是著名的"明修栈道，暗渡陈仓"？

导演点点头：刘邦的真面目，这个时候才真正显露出来了。他很快占领了咸阳和洛阳，下一个目标就是西楚之都彭城了。

瑞秋：他倒是一心要做皇帝的，当然后来他也真的登上了宝座，成了汉高祖——我没说错吧？

导演：你说得没错。可刘邦毕竟不是项羽的对手，睢水一战，汉军死伤者竟达三十万人，尸体把河流都堵塞了，以至于改道……

瑞秋：这太可怕了。

导演：是啊，每一次江山更替，无不伴随着血流成河……中外的历史都一样。所以有人说，当人变坏了，历史就开始了；如果人变好了，历史也就结束了。睢水一战，以汉军惨败而告终，但刘邦还是逃脱了，撇下了他的老父亲和他的老婆——也就是后来的吕后。

瑞秋：一个很不称职的男人，但最后却做了皇帝。历史总爱跟人开玩笑。

导演又指着一个地点：你看，这个地方叫荥阳……

瑞秋：荥阳？

导演：公元前206年的秋天，刘邦就被项羽围困在这座城里……

84　荥阳城·外·日

随着导演的声音，荥阳古城的轮廓渐渐呈现在我们的视野中……

字幕：公元前206年秋·荥阳

古城已经关闭，处于被楚军重重围困之中。城外驻扎着楚军的人马，气氛一片萧索……

85　荥阳城·城墙上·外·日

城墙上，刘邦和张良等人在观看着城外的情形，两人的情绪都很忧郁。刘邦看了一会，不禁叹了口气，沉重地离开了……

86　荥阳城·刘邦大营·正厅·内·日

回到大营的刘邦沉重地放下了酒樽。面对如此困境，他是一筹莫展。一旁的张良在轻轻摇着羽扇，他在暗自思索……

刘邦：子房先生，您觉得我们守得住这荥阳城吗？

张良：依城内的粮草，可以守到后天。

刘邦：后天……

张良：如果韩信将军的人马能如期到达，我们会涉险过关。

刘邦：韩信乃寡人心腹爱将，汉室江山兴衰存亡，就在此一举了。

张良却没有再说。

这时，樊侩将军进来报告：汉王！

刘邦一看樊侩，急忙迎上前问：怎么样？韩信的大军何时能到荥阳？

樊侩的脸色已经说明了一切：三天。

刘邦一听就沮丧地坐下了，突然，他愤怒地喊了起来：三天？他是来替我收尸么？

张良则慢慢走出了大厅……

87　荥阳城·刘邦大营外回廊·外·日

张良心情沉重地走来，与迎面走来的一位叫纪信的谋士相遇。此人年龄与相貌都与刘邦有几分相似。

纪信：子房先生，听说韩信的人马三天后才可以到达？

张良点点头。

纪信焦急地：那不是亡羊补牢吗？

张良不禁一声叹息，走开了。可是，等他走了几步之后，他突然又停了下来，回身叫道：纪先生！

纪信回头……

88　荥阳城外·项羽大帐·内·日

项羽正在案上看着竹简兵书。

范增撩开帐帘进来，一脸的怒色。

项羽头也没抬地，还以为是卫士：虞姑娘接回来了吗？

范增把腰间的那块佩玉取下来，放到了项羽面前。

项羽这才抬头，一笑：亚父？

范增的语气带着责备：都什么时候了，你还有这些闲心！

项羽将竹简收起：我在等待刘邦的投降。

范增：荥阳城内已经是草尽粮绝，我们理应破城而入，杀他个痛快，你居然还在等待着他的投降？

项羽迟疑片刻，把那只玉玦还给范增：难道除了杀人，我们就没有别的办法了？

范增：霸王啊！这回刘邦已经是瓮中之鳖了，你可千万别再上演一出"鸿门宴"了！

项羽：可我不想再杀人了！

范增：那你就等着被别人所杀吧！

这时，外面的一名将官走进来：报！

项羽：说！

将官递上一张竹帖：这是张良刚才派人送来的。

项羽接过竹帖，打开一看：亚父，你看，刘邦已经决定了，午夜时分打开城门，向我军投降。

范增随便看了一眼，便将竹帖扔到一边：这是张子房的诡计啊！

项羽：何以见得？

范增：你想想看，刘邦虽然目下身陷困境，但他还有大片的河山在手，还有韩信几十万兵马可搏，他怎么可能俯首称臣呢？

项羽：我和刘邦之间本来就不是什么君臣关系。我不过是想让天下人知道，尽管刘邦有张良、萧何这样的谋士，有韩信这样的骁将，但照样做不了我项羽的对手……

范增：你要的就是这个？

项羽：对，我要的就是这个！

89　舞台·内·夜

范增十分纳闷：那你当初对秦王子婴怎么是另一个态度呢？

项羽：很简单。刘邦是我的敌手，交战的结果非亡即降。而那个子婴是作为秦王朝最后的象征而存在的，他选择投降就是苟且偷生，会让全体秦国人蒙羞受辱，他必须以一死谢天下！

范增：这老夫就不懂了！同样是你的敌人，一个不战而降你却要他死；一个和你鏖战多年，野心勃勃，做梦都想置你于死地，而你反倒要接受他的投降——这，这是什么逻辑？

项羽：这是我项羽的逻辑。

幕后突然传来了锣声……

接着传出报子的喊声：汉王打开城门，投降而来！

项羽一笑，撩开斗篷出帐……

90　荥阳城·正门·外·夜

锣声继续在响着……

月色中，荥阳城的城门在徐徐打开……

只见一队人马，放下了武器，打着火把，簇拥着一辆马车，正慢慢走来。车上，安然坐着刘邦……

楚军阵营，严阵以待。钟离昧在注视着渐渐近来的汉军。

项羽和范增等将官骑马而来。

钟离昧：霸王，你看！刘邦这混蛋还是服软了！

项羽：是啊，早知如此，何必当初？

范增沉默着，却一直盯着前方的那辆车……

两军的人马渐渐接近……

突然，荥阳城的后门方向传来了喧闹声……

项羽：怎么回事？

话音刚落，只见一名将官策马而来……

将官：霸王，出事了！

91　荥阳城·后门·外·夜

突然从城中冲出的汉军在樊哙的带领下，正在与楚军拼杀，掩护刘邦和张良等人在突围……

92　荥阳城·正门·外·夜

此时的范增也看出了破绽，惊呼一声：霸王！车上坐的不是刘邦啊！我们上当了！

前来诈降的汉军也纷纷从掩藏的马车上抽出刀枪，冲上前与楚军拼命搏杀。两军交战，自然汉军死伤惨重。

车上那个所谓的刘邦，实际上是纪信，他站立起来，摘下自己的冠冕，对着项羽高呼：霸王，汉王已经突围，天下最后还是汉家的天下！

说着，他用火把把自己点燃自焚了！

项羽被纪信这一壮举所震撼，立即抱拳赞叹：好一个壮士！

范增恼羞成怒，老泪纵横，指着项羽：等着吧！你……你早晚要死于刘邦之手！

说完，他骑着马走上了另一条小道……

项羽目送着远去的范增……

他的心声渐渐而起：范增，我的亚父……你终于还是离我而去了……

93　舞台·内·夜

项羽登上高坡，目送着远去的范增：从你日益衰老的背影里，我看到了对我的失望。可我还是愿意尽早结束这场战争。楚汉争锋，百姓苦不堪言，我不忍心再看见尸横遍野、血流成河的悲惨景象！战争从来都是通向和平的一条险径，但绝非前途……是到了该偃旗息鼓的时候了，我得带着我的江东子弟回家……

音乐渐渐而起……

话外响起了导演的声音：停！

舞台上的灯光转换成亮场，导演走上舞台，一些演职员也从幕后聚集到了舞台边上。

瑞秋在抓紧时间拍摄工作照。

导演：今天就到这里吧。这段时间大家都辛苦了，放假三天。

大家欢呼：好啊！

94　长安街·外·日

导演的吉普车在行驶着，他本人在驾驶着车，瑞秋坐在边上。

瑞秋：这三天我们怎么安排？

导演：你想怎么安排？

瑞秋：我想出去走走……你最好带我去一个远离城市的地方。

导演看了瑞秋一眼，连忙将车拐弯……

95　首都机场·跑道·外·日

一架飞机正在升空，渐渐消失在我们视野之中……

（暗场）

第六章

96　今日荥阳·鸿沟·外·日

镜头缓缓摇动，展现出鸿沟的全貌，渐渐带出标有"鸿沟"的石碑。

一只手在触摸着石碑——这是导演。

照相机的镜头在不断闪现着，拍下了这里的各种景色。

导演和瑞秋已经来到了这里，他们是来度假的，但更像是在凭吊古战场，寻找那时楚汉争锋的历史痕迹。

导演：这就是鸿沟。

瑞秋感慨地：真是难以想象，两千多年前的中国历史竟然是从这里演变而来……

导演：是啊，刘邦虽然荥阳脱险，但论当时的势力，根本敌不过项羽。所以，不久他就让军师张良送来了求和信，表示愿意以鸿沟为界，以东归楚，以西属汉，从此两分天下。

瑞秋：可惜后来的情形并非如此。

导演不禁感叹一声：当人变坏了，历史又开始了……

97 荥阳·鸿沟·外·日

鼓号齐鸣……

镜头自鸿沟的底部而起，升成古鸿沟的全貌。鸿沟以东，站立着浩浩荡荡的楚军，鸿沟以西则站立着一队队的汉军。两军隔鸿沟对峙。

作为的背景黄河上，停泊着楚军的战船……

98 荥阳·项羽大帐·内·日

肃穆的大帐内，置放着两张大案子。项羽和刘邦相对而坐，正在签定历史上著名的"鸿沟之约"。

他们的身后，战立着各自的将领。只是在项羽这边，已经没有了军师范增。因此，摇着羽扇的张良就显得格外引人注目。

"鸿沟之约"已经刻在竹简之上，签字在进行着……

项羽拿起毛笔，在竹简上一挥而就。

刘邦也完成了签名。

接着，上来两个工匠，将他们二人的签名，用烧红的烙铁烫上。

张良的脸上带着难以掩饰的诡异之色。

签字结束，侍女上酒。

舞女表演着歌舞……

随着舞女的旋转,切换到了舞台……

99 舞台·内·夜

舞女的旋转……

一段歌舞之后,舞女退下。

刘邦起身,拱手作揖:项籍兄弟,多谢你给了我天大的面子,签订了这份"鸿沟之约"。从此以后,你我按章办事,天下一分为二,旧账一笔勾销。

项羽:和谈是结束战争的最好方式。但我还是想提醒汉王一句——男人当重诺言,讲信义。

刘邦:诺言……信义……霸王放心,这鸿沟之约一签,我即刻就班师回朝……

项羽:班师回朝?

刘邦立即改口:不不,是带着我的人马回到汉中。不过,临行之前,我还是希望霸王把家父和贱内归还于我……

项羽:这个我已经安排妥当了。

刘邦:那我就感激不尽了!项籍兄弟,你我就此一别了,请受我刘邦一拜。

项羽:汉王客气了。

幕后突然传来了鼓乐声……

刘邦:这,这鼓乐之声怎么今天听起来,是如此的叫人心慌啊?

项羽:不,是让我们这些当王的人灵魂震颤!

100 荥阳·鸿沟·外·日

项羽送刘邦一行走出大帐,一路却都在沉默着。他们从楚军的队伍前通过,将士们注视着他们……

项羽的心声在激荡:你看看——这些东征西战的将士,哪一个不是遍体鳞伤?这些黎民百姓,哪一家不是生灵涂炭?山河破碎,满目疮痍,面对这些,我们难道不感到愧疚?

刘邦的心声:这些都已经成为往事了,往事如烟,就让它随风散了吧……

刘邦一行上马,离去……

项羽依旧伫立在坡上……

101　荥阳·鸿沟·外·日

楚军已经撤离,这里只剩下了项羽。远处的黄河上,太阳的光辉仿佛浮雕一般。他坐在地上,用久违的洞箫吹起了《楚歌》……

项羽深情地吹着萧……

他的眼前,又一次浮现了几年前第一次在乌江边上与虞姬相会的情形……

忽然,身后传来了一声马嘶……

项羽回头一看,离开很久的虞姬和那匹乌骓马竟然奇迹般地来到了他的跟前……

项羽站了起来,相信这不是幻觉,他轻轻唤了一声:虞——

虞姬俏皮地:你怎么知道我的名字?

项羽纵身上马,把虞姬抱在怀里,乌骓马撒开四蹄奔跑着……

102　山边·温泉·外·黄昏

千万只白天鹅在飞翔着……

山边的温泉里,虞姬在裸浴……

一旁,项羽靠在树上吹奏着《楚歌》……

太阳落入黄河,一片辉煌……

(暗场)

第七章

103　舞台·内·夜

天幕上出现了清澈的月夜,一轮圆月悬挂在天空。

舞台上,项羽和虞姬依偎在一起,在赏月交谈着。虞姬一边梳理着自己的长发……

虞姬:你看,天上的月亮在对着我们笑呢。

项羽：你知道为什么吗？

虞姬：因为你已经和刘邦签定了"鸿沟之约"。

项羽：我觉得我的签名很漂亮！

虞姬：霸王，这回是你主动求和的么？

项羽：胜利者从来不会主动求和。

虞姬：你的悲剧可能就在于你一贯的胜利。其实，我倒是更愿意看见你一次失败，哪怕是小小的失败……

项羽有些困惑：你居然愿意看见我的失败？

虞姬：胜败乃兵家常事。经历了失败的军人，才算是一个完整的军人。

项羽点点头：有道理……只是可惜啊……

104 垓下·山坡·外·夜

山峦起伏，在山坡上是错落的营帐，楚军东归，经过了这个后来被称为四面楚歌的地方——垓下。

字幕：公元前206年秋·垓下

依旧是月夜……

项羽和虞姬走在山坡上，一边赏月一边交谈。

虞姬：可惜什么？

项羽：可惜仗就这么打完了……

虞姬：是不是仗打完了，你又觉得寂寞了？

项羽：不是寂寞……是遗憾。

虞姬：遗憾？

项羽不禁叹道：想我项羽自起事以来，大小战役经历了七十余次，却至今还没有遇见一个真正的对手……

虞姬：这也许就是你从来没有失败的理由吧。其实……

项羽：其实什么？

虞姬有些迟疑：其实……真正的对手，自己往往是看不见的。

这句话引起了项羽的沉思……

105 舞台·内·夜

项羽：现在，战争结束了，我可以带着你，骑上我们心爱的乌骓，云游四方，逍遥在山水之间了。

　　虞姬：你真的以为，战争已经结束了？

　　项羽：这难道还有什么可怀疑的吗？你看，"鸿沟之约"墨迹未干呢！

　　虞姬：可我总有一种不祥的预感……

　　项羽：预感？你预感到什么了？

　　虞姬：我感觉刘邦的队伍并没有回到汉中，而是正在悄悄地向我们逼近……

　　项羽：难道，这垓下就是楚汉两家最后的战场了？

　　虞姬：霸王！

　　项羽：起风了……

　　虞姬：起风了……

　　音乐陡然大作！

106　垓下·战场·外·日

　　狂风大作……

　　风中抖动的"楚"字大旗……

　　旗下，站立着几匹大马，位于中间的是乌骓，项羽在观望着前方，虞姬的马就在他的旁边。

　　项羽：我看见了……

　　虞姬：你看见什么了？

　　项羽：我看见汉军的队伍正以合围之势向我们逼来，而且他们打出的是"韩"字旗号。

　　虞姬：韩信？

　　项羽：对，就是他！

　　钟离昧：霸王，刘邦既然打出了韩信这张王牌，那就是想置我们于死地啊！

　　前方，"韩"字旗帜下，韩信正拔剑挥动着……

　　汉军向潮水一样涌来……

　　项羽：这帮小人！

107　舞台·内·夜

　　天幕上风起云涌……

项羽在独白：这两千多年来我一直在想，对于一个男人，最无耻的行径莫过于背信弃义！如果天下由一个既不信守诺言、又不准备践约的家伙所控制，必定黑暗无边！我履行了诺言，"楚河汉界"是我对历史的郑重交代；而对于刘邦，那无疑是他耻辱的标记。这个小人撕毁了协定，"鸿沟之约"不过是他的缓兵之计，他想趁着我东归的疲惫企图一举将我歼灭，然后他就可以安心坐上他梦寐以求的皇帝宝座了！现在，我们在这个叫做垓下的地方被韩信几十万兵马重重围困，粮草给养也只能维持几天了，情况前所未有的紧急……

激越的打击乐……

108 垓下·战场·外·日

两军对峙。

项羽持枪策马而来，韩信也前来迎战。他年龄与项羽相仿，算得上是一个英俊的将领。

韩信：霸王，别来无恙？

项羽冷笑着：我现在是否应该称你作齐王了？

韩信：你是不是以为，像我这等平寒之士不配称王啊？

项羽：我知道此刻你很得意，但我还是愿意把你看作一名军人。

韩信：我本来就是一名军人。

项羽：可你连军人起码的德性都丢失了！你见过没有下战表就前来偷袭的军人吗？

韩信：出其不意，攻其不备，我只认为只要能打胜仗的军人，才算得上称职的军人。

109 舞台·内·夜

项羽和韩信在对峙中。

项羽：自多年前我第一次看见你，我就十分欣赏你的军事才能。这一点，我自信当初没有看错。

韩信：可你最后还是容不下我！足见你心胸狭隘，有眼无珠！

项羽：那是我听说了你至今还广为传诵的"胯下之辱"的"美德"之后，就开始鄙视你的人格！一个男人怎么可以随便舍弃自己的尊严？我实在不明白，后人竟把这个下作的举止视为"大丈夫能屈能伸"？而我信奉的是，义重如山、刚正不阿、宁折不弯！韩信，我们是两种人啊！

韩信冷笑着：我没有兴趣来听这番宏论了。霸王，军人以服从命令为天职。我是汉王的部下，他的命令我当然只能执行。

项羽：韩将军，这大概就是我们的不同了。我是发布命令的，你是执行命令的，但是，一年前你的汉王在荥阳城被我围困之际，你怎么就忘记执行他的命令呢？

韩信：……

项羽：仅此一点，你就不及自焚救主的纪信。现在你倒来劲了。韩将军真是个善于把握时机的人啊！你深知我行军疲惫，粮草短缺，桃子不摘自落，你轻而易举地就名利双收了！可这对于一个军人，是不是很不过瘾啊？

韩信：霸王，你最好不要逼我动手……

项羽：笑话！倘若我今天能死在你的枪下，倒要感谢你的成全了。毕竟，是你让我像个军人那样度过了生命最后的时光……来吧！

110　垓下·战场·外·日

项羽和韩信展开了厮杀……

几个回合之后，韩信抵挡不住，只能脱离了战场逃走……

汉军退却，楚军欢呼……

（暗场）

111　垓下·楚军营地·外·夜

宁静的月夜，似乎让人觉得这里已经远离了战场。楚军的将士，依然严阵以待，保持着警惕与肃穆……

项羽带着钟离昧巡营而来，将士们起身战立，行注目礼……

突然，一处营帐里传来了嘶哑的喊声：娘——

项羽驻脚，走了进去……

112　垓下·楚军营帐·内·夜

项羽走进了营帐……

刚才呼喊的是一个重病的小战士，他的眼睛已经缠着布巾，正躺在一个老兵的怀里，奄奄一息。

小战士还在呻吟着：娘……

老兵老泪纵横，哄着小战士：土根，你娘正给你做年糕呢……

小战士的脸上渐渐泛上少许的笑容，匝巴着几下嘴，头一歪，死去了。

项羽的眼睛也湿润了。

113 垓下·项羽大帐·内·夜

虞姬换上了一身崭新的白衣白裙，正在给油灯添油……

项羽慢慢走进了大帐。

项羽从后面将虞姬抱住：虞姬，你换上这身衣服，真是好看……

虞姬心事忡忡：霸王，韩信今天虽然一仗落败，但他不会一败再败，他会死死拖住你，直到你草尽粮绝，把你拖垮！

项羽：他妄想！区区三十万人马算不了什么！我会带着你，带着弟兄们突出重围的！

虞姬：这四面都是汉军，你真的以为，你还能突得出去吗？

项羽：那就来一场真正的决战吧！

虞姬：没有什么决战了。即使你今天杀了这个刘邦，明天还会有另一个刘邦要做皇帝；即使你自己做了皇帝，你又如何能够保证，你和刘邦毫无二样呢？

项羽：如此看来，这又是宿命了……

突然，外面渐渐传来了楚歌的声音……

虞姬：霸王，你听？

项羽：楚歌？

虞姬：是楚歌……

114 舞台·内·夜

楚歌声激荡开来……

项羽：四面楚歌？

虞姬：四面楚歌……

项羽：四面楚歌！

虞姬：难道汉军已经略地拔城？

项羽：不，这是张良的雕虫小技，企图扰乱我的军心。其实，他错了！我分明从这悲怆的楚歌旋律中听出了另一种声音——那是汉军对我的敬重！虞姬，你听，这四面的楚歌，像大海的潮汐，由远而近。这是真正的楚歌，其声悲壮悠扬，仿佛九天而落。这凄美的歌声寄托着我们楚人最朴素的理想，那就是人间的正义与和平。

虞姬：将军！我曾经对你说过，你的悲剧就在于你是一个常胜将军，但我今天决不希望你失败！我不希望你败在韩信这种人手里——这种人不配做你的对手！你也决不能投降！如果你是我心爱的男人，你就答应我——突出去！

项羽：我答应你，虞！

虞姬斟酒，跪递给项羽：将军，请饮此杯！

项羽：虞……

虞姬取下了项羽的佩剑，开始了表演……

京剧"夜深沉"的旋律中渐起……

虞姬：（唱）劝君王饮酒听虞歌，
　　　　　　解君忧闷舞婆娑。
　　　　　　嬴秦无道把江山破，
　　　　　　英雄四路起干戈。
　　　　　　自古常言不欺我，
　　　　　　胜负只是一刹那。
　　　　　　宽心饮酒宝帐坐……

一曲未终，虞姬突然刎颈自尽！

115　垓下·项羽大帐·内·夜

虞姬突然自刎，项羽的酒杯落在了地上。

项羽：虞！

虞姬慢慢倒下……

项羽把虞姬搂在了怀里，悲痛地：虞！

虞姬说出最后一句话：大王，恕臣妾先行一步了……

项羽：虞！

油灯在风中抖动着……

116　舞台·内·夜

项羽紧抱虞姬造型。一束追光照射在他们身上。

项羽悲号：虞——

项羽：虞姬在楚歌声中刎颈而去了。她的血很暖，喷射到我的脸上，与我的泪水融成了一体。几年前，我们在乌江之滨相见时，她听到的只是楚歌的前奏，而今，她已经成了楚歌的一部分……我很悲痛，但更多的是为此生拥有这样一个女人而自豪。我慢慢地将虞姬的身体放倒，小心地割下了她的首级，用撕下的战旗将她包裹，背在了自己的肩头……

项羽拔出剑，站立在高坡：弟兄们，让我们唱着楚歌上路吧！

楚歌声大作……

一道光束里，项羽挥剑的英姿如同一尊雕塑。

（暗场）

尾　声

117　乌江·外·黎明

乌骓马的四蹄踏着江水急驰而来……

项羽浑身溅满了血迹，他肩上背着虞姬的头颅，来到了他久别的乌江——当年，他和虞姬就是在此相会的。

此刻正是黎明时分，江面迷雾重重……

项羽的眼前，再次闪现出第一次见到虞姬的情形……

项羽：虞，我们到家了……

突然，江面上的雾气散开了，接着，我们看见一只帆船正顺风而来。那船还是当年停泊在乌江边上的那艘船，摇橹的也还是那位老梢公。

船近岸……

梢公：霸王，您回家了？

项羽：老人家，我……回来了……

梢公：那，快上船吧，家乡的父老乡亲们，都在等着您回去呢！

项羽：老人家，我不打算过江了……

梢公惊讶地：霸王啊！江东虽小，可仍有千里江山和数十万人马，你完全可以重整旗鼓，东山再起啊！

项羽：可我从来就是一个不爱江山的男人啊！

梢公：霸王，事关重大，你千万不可意气用事！韩信的兵马很快就会赶来……

项羽：老人家，您已经尽到了你的责任，请你用这一叶扁舟，送我的乌骓过江吧！

说着，他把乌骓马牵上了船……

乌骓马回头，似乎不肯离去……

118　舞台·内·夜

舞台上显得十分空荡，只剩下了项羽。

项羽：现在，这里只剩下我一个人了……我一剑在手，茫然四顾……想我项羽，从二十三岁起事，大小战役经历了七十六次，还是没有遇见一个真正的对手……

这时，虞姬的头颅在说话：其实，有一个对手一直在追随着你，与你形影不离……

项羽顿时大悟：虞，我明白了……这个对手就是我自己！现在，是到了我跟这个对手决一死战的时刻了……

项羽举起了手中的剑……

119　乌江·外·黎明

不同角度的项羽拔剑……

项羽毅然自刎……

这时，韩信带着人马已经赶到，他目击到这个情形，不禁震动……

项羽回首看了韩信一眼，微笑着，倒下……

不同角度的倒下……

韩信等人摘下了头盔，对项羽的自裁表示最大的敬重。

江心，站立在船上的乌骓马仰颈发出一声长嘶，毅然跳到了江里，为主人殉情而去！

江水冲击着项羽和虞姬的头颅……

120 舞台·剧场·内·夜

项羽的斗篷再次翻转过来，成为黑色……

舞台上的项羽在对着观众独白：太史公司马迁并不真正懂得我，倒是一千多年之后，一位杰出的女词人洞穿了我的灵魂——"生当做人杰，死亦为鬼雄"！我和虞姬的血一起洒在了乌江边上，江水竟然没有把它冲刷干净，每年的春天，这块土地上都会开出一片灿烂的红花……

天幕上，一片灿烂怒放的虞美人……

项羽：人们亲切地叫她——虞美人……

观众鼓掌、起立……

观众席中，导演和瑞秋也在鼓掌……

舞台上，全体演员在谢幕，接受鲜花……

121 国家大剧院·门前·外·夜

观众散场，鱼贯而出……

导演和瑞秋挽着手，走在人群之中……

122 长安街·外·夜

灯火通明的长安街，车水马龙。

刚刚散场的观众正走向自己的汽车，或者走上公交车。

导演和瑞秋也上了自己的吉普车，导演正打算上车时，忽然站住了，看着前方——

广阔的长安街上，从天安门方向，一匹黑马正奔驰在两边的车流之中……

那就是乌骓马，它的雄姿还是那样的美丽而飘逸……

导演深情地注视着乌骓马……

当他们相会时，乌骓马还回头看了导演一眼……

导演情不自禁地转过身，但是，乌骓马的身影已经消失了。

导演坐上了车。

瑞秋：你刚才看什么呢？

导演浅笑了一下，没有回答。但他的心声在说：我在看一个两千年前的幽灵，但是，他就行走在今天的街上……

导演发动汽车，车开走……

镜头渐渐升起，展现出长安街的全景……

片尾曲中，字幕由下而上。

2008 年 9 月初稿，12 月改定于北京

附　录：

电影《重瞳——霸王自叙》的编导阐述

　　这部电影改编自我的中篇小说《重瞳——霸王自叙》。小说发表于《花城》杂志2000年第一期，至今仍还有人在谈论着。几年后我又把它改编成了话剧，话剧有两个本子，一是文学本《重瞳——霸王自叙》，发表于《江南》杂志2005年第一期；另一个是演出本，发表于《剧本》月刊2008年第五期——去年三月，该剧由中国国家话剧院在京首演，取得很大成功。但剧名已经被人改成了《霸王歌行》。后来，这个戏又代表中国，赴韩国、埃及参加了国际戏剧节，据说影响也不错。其实"重瞳"是一个很好的名字，它有意味，暗示着另种眼光或者新的视角，去看待两千多年前的项羽。这个故事是老的，新的是另一种可能的解释。

　　第一，它没有颠覆司马迁等史家提供的历史事实，一些大的事件，如"破釜沉舟"、"鸿门宴"、"楚河汉界"、"四面楚歌"、"霸王别姬"、"乌江自刎"等，全部都在；但它确实寻求到了一种新的解读与阐释，从而重新塑造了一个全新的项羽形象。

　　第二，无论是小说，还是后来的话剧，以及未来的电影，都一律采取了"第一人称"的叙述方式，也即"霸王自叙"。这是一部项羽的自述史，它似乎是以项羽亡灵的视角来俯视今天的世界，检讨自己的人生，思考战争与和平、江山与美人、权力和人性这些命题。这个视角，或者这种选择，正好契合了克罗齐所说的"一切历史都是当代史"的著名论断。

　　第三，现在的电影文学剧本，以一部关于项羽的话剧的诞生历程作为结构线索，同时以话剧演出和电影交融的方式进行表达，这个形式感是我感兴趣的。电影展现的是故事和气氛，而话剧承担的是电影中的人物内心和情绪。话剧主要是哈姆雷特式的独白,也就是说,电影里项羽的内心,以话剧的方式打开。这应该是我愿意做这样一部电影的最大理由。

既然是把话剧和电影做到一个文本里,那么,处理的手法自然也有鲜明的区别。比如,在未来的拍摄阶段,电影部分的基调是历史的、写实的、朴素的、凝重的;而话剧部分则是现代的、舞台的、写意的、抽象的。二者之间存在着一种看似不和谐的呼应。在这部电影里,一个演员实际上是在完成两个角色,其表演方式也自然不同。另外,我会考虑全片的音乐采用京剧交响的编配,梅派那段经典唱腔作为插曲。剧本里还有一个视角,即导演和女记者瑞秋的视角,他们是当代人的视角,也算得上中西方的视角,插在其中,意在强调一种现代眼光对于历史的观照。

除此之外,选择这个题材,还因为它具有国际性。一些美国、日本的朋友曾经告诉我,项羽的故事,他们国家的人大致是知道一些的。就像我们知道"特洛伊木马"。这个基础不可忽视,失去了它就意味失去了比较。

这几年,我的主要精力都花在电视剧上,作为编剧和导演,一气拍下了所谓的"谍战三部曲"。其实我是在为电影热身。这个阶段基本上算是过去了。从明年开始,我将投入到电影创作上来,拍几部自己想拍的电影。这个电影剧本初稿完成之后,便有几家著名的影视机构与我接触,洽谈合作。也有人提出,是否一定要这么写?这么拍?我的回答是一定。和以前写小说一样,我对形式总有一种固执的痴迷。形式不仅是载体,形式也是内容的一个部分,如果失去了这个形式,我的创作欲望便会丧失。同时我还相信,这么写,这么拍,不会影响到观众的观看心理,也许他们是喜欢的,是可以接受的。但站在投资人立场上,他们更加关心的是票房,尽管大家都愿意做成一部叫好又叫座的电影。

既然涉及到市场票房,自然将不可避免地要启用明星的影响力。据他们初步测算,这个戏的制作经费应该不低于一亿人民币。那么,按照目前国内的电影市场,则需要接近三亿的票房保证,才会持平。至于国际市场,那是另一回事了。在今年的上海电影节上,我接触到几位海外的电影发行人,他们看过这个剧本后,倒是给予了我应有的鼓励和信心,都表示"看好"。但他们的"看好"能否影响到投资方的决心，我就无从知晓了。现在《作家》杂志决定发表这个剧本，写下这段话，除了对剧本作出一点阐述，也表达我对这本伴随我全部创作过程的期刊的一份感谢。

2009年12月8日　北京寓所